黎章辉／主编

中国法院类案检索与裁判规则专项研究丛书

中国法学会研究会支持计划
最高人民法院审判理论研究会主持

票据纠纷案件裁判规则

人民法院出版社

图书在版编目（CIP）数据

票据纠纷案件裁判规则 / 黎章辉主编. -- 北京：人民法院出版社，2022.7
（中国法院类案检索与裁判规则专项研究丛书）
ISBN 978-7-5109-3541-1

Ⅰ．①票… Ⅱ．①黎… Ⅲ．①票据－经济纠纷－审判－案例－中国 Ⅳ．①D922.287.5

中国版本图书馆CIP数据核字（2022）第116403号

中国法院类案检索与裁判规则专项研究丛书
票据纠纷案件裁判规则
黎章辉　主编

责任编辑：马　倩
封面设计：鲁　娟
出版发行：人民法院出版社
地　　址：北京市东城区东交民巷 27 号（100745）
电　　话：（010） 67550526（责任编辑） 67550558（发行部查询）
　　　　　65223677（读者服务部）
客 服 QQ：2092078039
网　　址：http://www.courtbook.com.cn
E － mail：courtpress@sohu.com
印　　刷：天津嘉恒印务有限公司
经　　销：新华书店

开　　本：787 毫米×1092 毫米　1/16
字　　数：335 千字
印　　张：18.75
版　　次：2022 年 7 月第 1 版　2022 年 7 月第 1 次印刷
书　　号：ISBN 978-7-5109-3541-1
定　　价：68.00 元

版权所有　侵权必究

中国法院类案检索与裁判规则专项研究

首席专家组组长：姜启波

首席专家组成员（以姓氏笔画为序）：
丁文严　王保森　王　锐　王毓莹　代秋影　包献荣
刘俊海　李玉萍　李　明　杨　奕　吴光荣　沈红雨
宋建宝　陈　敏　范明志　周海洋　胡田野　袁登明
钟　莉　唐亚南　曹守晔　韩德强　黎章辉

票据纠纷案件裁判规则

主　编：黎章辉
专家组（以姓氏笔画为序）：
王　冬　李源源　邓相红　汪娣娣　张丽敏　张满洋
熊进光　魏　巍

中国法院
类案检索与裁判规则专项研究
说　明

　　最高人民法院《人民法院第五个五年改革纲要（2019—2023）》提出"完善类案和新类型案件强制检索报告工作机制"。2020年9月发布的《最高人民法院关于完善统一法律适用标准工作机制的意见》（法发〔2020〕35号）对此进行了细化，并进一步提出"加快建设以司法大数据管理和服务平台为基础的智慧数据中台，完善类案智能化推送和审判支持系统，加强类案同判规则数据库和优秀案例分析数据库建设，为审判人员办案提供裁判规则和参考案例"。为配合司法体制综合配套改革，致力于法律适用标准统一，推进人民法院类案同判工作，中国应用法学研究所组织了最高人民法院审判理论研究会及其下设17个专业委员会的力量，开展中国法院类案检索与裁判规则专项研究，并循序推出类案检索和裁判规则研究成果。

　　最高人民法院审判理论研究会及其分会的研究力量主要有最高人民法院法官和地方各级人民法院法官，国家法官学院和大专院校专家教授，国家部委与相关行业的专业人士。这些研究力量具有广泛的代表性，构成了专项研究力量的主体。与此同时，为体现法为公器，应当为全社会所认识，并利用优秀的社会专业人士贡献智力力量，专项研究中也有律师、企业法务参加，为专项研究提供经验与智慧，并参与和见证法律适用的过程。以上研究力量按照专业特长组成若干研究团队开展专项研究，坚持同行同专业同平台研究的基本原则。

　　专项研究团队借助大数据检索平台，形成同类案件大数据报告，为使用者提供同类案件裁判全景；从检索到的海量类案中，挑选可索引的、优秀的例案，为使用者提供法律适用参考，增加裁判信心，提高裁判公信；从例案中提炼出同类案件的裁判规则，分析裁判规则提要，提供给使用者参考。从司法改革追求的目标看，此项工作能够帮助法官从浩如烟海的同类案件中便捷找到裁判思路清晰、裁判法理透彻的好判决（即例案），帮助法官直接参考从这些好判决中提炼、固化的裁判规则。如此，方能帮助法官在繁忙工作中实现类案类判。中国法院类案检索与裁判规则专项研究，致力于统一法律适用，实现法院依法独立行使审判权与法官依法独立行使裁判权的统一。这也正是应用法学研究的应有之义。

专项研究的成果体现为电子数据和出版物（每年视法律适用的发展增减），内容庞大，需要大量优秀专业人力长期投入。有关法院裁判案件与裁判内容检索的人工智能并不复杂，算法也比较简单，关键在于"人工"，在于要组织投入大量优秀的"人工"建设优质的检索内容。专项研究团队中的专家学者将自己宝贵的时间、智力投入到"人工"建设优质内容的工作中，不仅仅需要为统一我国法律适用、提升裁判公信力作出贡献的情怀，还需要强烈的历史感、责任感，具备科学的体系思维和强大的理性能力。此次专项研究持续得越久，越能向社会传达更加成熟的司法理性，社会也越能感受到蕴含在优质司法中的理性力量。

愿我们砥砺前行。

2022 年 7 月

票据纠纷案件裁判规则

前　言

近年来，为统一法律适用和裁判尺度，最高人民法院作了很多努力，发布了很多司法文件，开展类案检索就是努力的方向之一。2020年，最高人民法院发布了《关于统一法律适用加强类案检索的指导意见（试行）》，将类案检索提升到了前所未有的高度。而裁判文书网等大数据检索平台的不断完善，也为开展类案检索和研究提供了良好的支持条件。从大数据检索到的海量类案中挑选具有参考价值的优秀案例，已成为当前解决法律适用问题，保持司法裁判一致性的重要途径。

票据法是典型的商法，技术性和专业性都极强，票据法理论不但精深而且关联甚多，用一般的法律观念、裁判经验难以把握。而且，票据法问题与票据实践的联系非常紧密，随着我国社会经济的发展，票据应用越来越广泛，创新越来越多，给票据审判工作带来不少难题。为更好地适应我国票据市场的发展，满足时代的需要，通过实践性的案例抽象出一般的裁判规则，就成为一个可行的选项。

本课题就是基于以上背景而形成的一个成果。鉴于票据法的专业性和实践性特点，为使裁判规则更符合票据交易实际需要，在裁判规则拟定以及文稿写作过程中，曾多次邀请上海票据交易所、银行以及有关高校等实务界、理论界的专家学者座谈研讨。在此基础上，本书经过多次修改，吸收了专家学者的真知灼见，以期研究从实践出发，并服务于实践、有益于实践。最终形成的21条裁判规则涉及票据签发、承兑至消失的全生命周期可能遇到的基本的、主要的、关键的问题，应该说，总体上实现了密切联系实践的初衷。

应当承认，因为一些主客观原因，本书还存在不少遗憾。一方面，由于票据纠纷是一个相对小众的审判领域，总体案件数量不多，具有参考价值的典型案例就更少，在类案检索过程中没有收集到足够的具有匹配度和说服力的优秀案例，导致研究的样本不足。另一方面，由于写作人员票据法理论水平和审判经验有限，特别是对票据交易实践认识还不到位，导致研究不够深入。对因此而产生的不当之处，欢迎广大读者和专家学者批评指正。

没有比人更高的山，没有比脚更远的路，只要肯攀登、敢出发，再难的问题也总能找到办法。本书权作一块铺路石，让更多有志于票据法理论和实践的朋友一起努力，不断完善票据纠纷的审判规则，为规范和完善我国票据市场，促进中国特色社会主义市场经济发展提供更有力的司法保障。

票据纠纷案件裁判规则

凡 例

一、法律法规

1.《中华人民共和国民法典》,简称《民法典》。
2.《中华人民共和国票据法》,简称《票据法》。
3.《中华人民共和国商业银行法》,简称《商业银行法》。
4.《中华人民共和国民事诉讼法》,简称《民事诉讼法》。
5.《中华人民共和国企业破产法》,简称《企业破产法》。

二、司法解释及司法文件

1.《最高人民法院关于适用〈中华人民共和国民法典〉有关担保制度的解释》,简称《民法典担保制度司法解释》。

2.《最高人民法院关于适用〈中华人民共和国民事诉讼法〉的解释》,2022年3月22日第二次修正,该修正自2022年4月10日起施行,简称《民诉法司法解释》。

3.《最高人民法院关于审理票据纠纷案件若干问题的规定》,简称《2000年票据纠纷司法解释》。2020年最高人民法院以法释〔2020〕18号文对该规定进行了修正,简称《2020年票据纠纷司法解释》。

5.《全国法院民商事审判工作会议纪要》,简称《九民会议纪要》。

目 录

第一部分　票据纠纷案件裁判规则摘要　// 001

第二部分　票据纠纷案件裁判规则　// 013

票据纠纷案件裁判规则第 1 条：因出票人或承兑人签发与其预留本名的签名式样或者印鉴不符的纸质商业承兑汇票给他人造成损失的，商业承兑汇票的出票人、承兑人和背书人应当依法承担民事责任　/ 015

　　一、类案检索大数据报告　/ 015
　　二、可供参考的例案　/ 018
　　三、裁判规则提要　/ 021
　　四、辅助信息　/ 023

票据纠纷案件裁判规则第 2 条：纸质商业汇票背书转让，背书人虽未在被背书人栏填写被背书人，但在背书人栏内签章，表明背书人有转让汇票的意思表示，一旦该汇票为他人合法取得，转让行为即发生，票据权利发生转移　/ 025

一、类案检索大数据报告 /025
二、可供参考的例案 /027
三、裁判规则提要 /032
四、辅助信息 /034

票据纠纷案件裁判规则第3条：电子商业汇票持票人应当通过电子商业汇票系统（ECDS，下同）线上行使票据追索权，持票人未通过电子商业汇票系统行使追索权的，不产生追索法律效力 /035

一、类案检索大数据报告 /035
二、可供参考的例案 /037
三、裁判规则提要 /044
四、辅助信息 /046

票据纠纷案件裁判规则第4条：以汇票、支票、本票出质，出质人与质权人应当严格采取"背书记载'质押'字样并签章交付相关票据"的方式，质权自权利凭证交付之日起设立 /048

一、类案大数据检索报告 /048
二、可供参考的例案 /049
三、裁判规则提要 /054
四、辅助信息 /055

票据纠纷案件裁判规则第 5 条：不完全质押背书在未补充完全"质押"字样（或签章）之前，债权人不能享有票据质权；而在出质人或质权人补记"质押"字样之后，票据质权即可有效成立；就票据实务而言，质权人也可以不补记"质押"字样，而以一般背书转让的受让人之身份直接向票据债务人主张票据权利 / 057

  一、类案大数据检索报告 / 057
  二、可供参考的例案 / 058
  三、裁判规则提要 / 064
  四、辅助信息 / 065

票据纠纷案件裁判规则第 6 条：贴现银行在银行承兑汇票背书连续且没有形式瑕疵的情况下完成对该汇票的贴现，虽然对涉及基础交易关系相关资料的审核中有疏忽，但不构成重大过失的，享有票据权利，不应返还票据 / 067

  一、类案检索大数据报告 / 067
  二、可供参考的例案 / 069
  三、裁判规则提要 / 077
  四、辅助信息 / 078

票据纠纷案件裁判规则第 7 条：商业保理公司在应收账款项下受让的商业汇票具有票据权利，在单纯买卖光票项下，应认定为"名为保理，实为借贷"，按照与交易对手的借贷关系进行裁判 / 082

一、类案检索大数据报告 /082
二、可供参考的例案 /083
三、裁判规则提要 /090
四、辅助信息 /092

票据纠纷案件裁判规则第8条：贴现行的负责人或者有权从事该业务的工作人员与贴现申请人合谋，伪造贴现申请人与其前手之间具有真实的商品交易关系的合同、增值税专用发票等材料申请贴现，贴现行主张其享有票据权利的，人民法院不予支持。对贴现行因支付资金而产生的损失，按照基础关系处理 /096

一、类案检索大数据报告 /096
二、可供参考的例案 /097
三、裁判规则提要 /110
四、辅助信息 /113

票据纠纷案件裁判规则第9条：在纸质商业汇票代理贴现情形中，贴现行提示付款被拒付后，依据贴现协议的约定，请求贴现申请人（委托人）及其前手（代理人）按照合同法律关系返还贴现款并赔偿损失的，如果贴现合同法律关系有效成立，代理人已在票据上表明其代理关系和完成签章，且贴现行不存在恶意或重大过失的，对其诉请应予支持 /115

一、类案检索大数据报告 /115
二、可供参考的例案 /118
三、裁判规则提要 /126
四、辅助信息 /127

票据纠纷案件裁判规则第 10 条：当事人虚构转贴现事实，或者当事人之间不存在真实的转贴现合同法律关系的，应当按照真实交易关系和当事人约定本意依法确定当事人的责任 / 129

  一、类案检索大数据报告 / 129

  二、可供参考的例案 / 131

  三、裁判规则提要 / 136

  四、辅助信息 / 137

票据纠纷案件裁判规则第 11 条：担保人以银行未对真实贸易背景尽合理审查义务存在过错为由，主张担保合同无效免除担保责任的，人民法院不予支持 / 140

  一、类案检索大数据报告 / 140

  二、可供参考的例案 / 142

  三、裁判规则提要 / 152

  四、辅助信息 / 153

票据纠纷案件裁判规则第 12 条：票据贴现属于国家特许经营业务，合法持票人向不具有法定贴现资质的当事人进行"贴现"的，该行为应当认定无效，贴现款和票据应当相互返还。当事人不能返还票据的，原合法持票人可以拒绝返还贴现款 / 155

  一、类案检索大数据报告 / 155

  二、可供参考的例案 / 157

三、裁判规则提要　/ 162

四、辅助信息　/ 165

票据纠纷案件裁判规则第 13 条：在合法持票人向不具有贴现资质的主体进行"贴现"，该"贴现"人给付贴现款后直接将票据交付其后手，其后手支付对价并记载自己为被背书人后，又基于真实的交易关系和债权债务关系将票据进行背书转让的情形下，应当认定最后持票人为合法持票人　/ 166

一、类案检索大数据报告　/ 166

二、可供参考的例案　/ 169

三、裁判规则提要　/ 178

四、辅助信息　/ 179

票据纠纷案件裁判规则第 14 条：电子商业承兑汇票持票人在到期后提示付款，在承兑人未应答的情况下，其开户银行电票系统也未按照人民银行规定作出应答（付款或拒付），该银行应对持票人承担逾期赔偿责任　/ 180

一、类案检索大数据报告　/ 180

二、可供参考的例案　/ 181

三、裁判规则提要　/ 186

四、辅助信息　/ 187

票据纠纷案件裁判规则第 15 条：持票人在票据到期日前提示付款，承兑人无应答，且在票据到期后，持票人未在法定提示付款期内进行提示付款，丧失对票据出票人以及承兑人以外的债务人的追索权　/ 192

　　一、类案检索大数据报告　/ 192
　　二、可供参考的例案　/ 194
　　三、裁判规则提要　/ 201
　　四、辅助信息　/ 203

票据纠纷案件裁判规则第 16 条：票据权利是一种特定的、重要的财产权利，指持票人向票据债务人请求支付票据金额的权利，与商事活动紧密联系。持票人向票据主债务人或其他付款义务人请求按票据上所记载的金额在一定时间内行使票据权利或者保全票据权利，若票据权利人在一定时间内不行使相应的票据权利或者因票据记载事项欠缺而丧失票据权利的，仍享有民事权利，可以请求商业承兑汇票的出票人（出票人为承兑人时）或者承兑人（当收款人出票，债务人承兑时），银行承兑汇票的出票人返还其与未支付的票据金额相当的利益。银行承兑汇票的承兑人无须承担失效票据的兑付责任，对已收取的承兑保证金应退回出票人　/ 206

　　一、类案检索大数据报告　/ 206
　　二、可供参考的例案　/ 208
　　三、裁判规则提要　/ 213
　　四、辅助信息　/ 214

票据纠纷案件裁判规则第 17 条：恶意申请公示催告，除权判决作出后，付款人尚未付款的情况下，最后合法持票人可以在法定期限内请求撤销除权判决，待票据恢复效力后再依法行使票据权利 / 217

  一、类案检索大数据报告 / 217
  二、可供参考的例案 / 218
  三、裁判规则提要 / 220
  四、辅助信息 / 222

票据纠纷案件裁判规则第 18 条：恶意申请公示催告，除权判决作出后，付款人已经付款的情况下，最后合法持票人有权请求申请人承担侵权损害赔偿责任 / 225

  一、类案检索大数据报告 / 225
  二、可供参考的例案 / 228
  三、裁判规则提要 / 233
  四、辅助信息 / 234

票据纠纷案件裁判规则第 19 条：债务人是票据的出票人，被裁定适用破产程序，该票据的付款人继续付款或者承兑的，付款人以由此产生的请求权可以申报债权 / 236

  一、类案检索大数据报告 / 236
  二、可供参考的例案 / 238
  三、裁判规则提要 / 248

四、辅助信息 / 250

票据纠纷案件裁判规则第 20 条：持票人因票据拒付向直接前手行使原因债权的，持票人可先行使票据权利（票据追索权），若票据债权兑付后，原因债权自然消灭；若债权人实现原因债权，须同时返还相关票据；如债权人无法返还相关票据，债务人也无须履行原因债务 / 252

一、类案检索大数据报告 / 252

二、可供参考的例案 / 255

三、裁判规则提要 / 262

四、辅助信息 / 264

票据纠纷案件裁判规则第 21 条：票据后手承诺对直接前手及其指定的前手放弃追索权，按照《票据法》对追索权的规定，持票人仍享有对其前手的起诉权，前手也可依据双方约定免追索的合同关系进行抗辩，人民法院应依据双方的合同关系作出裁判 / 265

一、类案检索大数据报告 / 265

二、可供参考的例案 / 267

三、裁判规则提要 / 276

四、辅助信息 / 278

第一部分
票据纠纷案件裁判规则摘要

第一部分

第六届全国党代会文件摘要

票据纠纷案件裁判规则第 1 条：

因出票人或承兑人签发与其预留本名的签名式样或者印鉴不符的纸质商业承兑汇票给他人造成损失的，商业承兑汇票的出票人、承兑人和背书人应当依法承担民事责任

【规则描述】本条规则主要是关于签章不符的情况下，损失如何承担。本规则是对《票据法》第二十二条和《2000年票据纠纷司法解释》第四十一条适用后果的细化。明确因签章不符造成他人损失的，商业汇票的出票人、承兑人和背书人应当依法承担民事责任。

票据纠纷案件裁判规则第 2 条：

纸质商业汇票背书转让，背书人虽未在被背书人栏填写被背书人，但在背书人栏内签章，表明背书人有转让汇票的意思表示，一旦该汇票为他人合法取得，转让行为即发生，票据权利发生转移

【规则描述】本条规则主要是关于纸质商业汇票背书瑕疵时的票据权利转移。本规则是对《票据法》第二十七条、第三十条和《2020年票据纠纷司法解释》第四十八条的具体适用，背书人未记载被背书人名称即将票据交付他人的，合法持票人在票据被背书人栏内记载自己的名称与背书人记载具有同等法律效力。

票据纠纷案件裁判规则第 3 条：

电子商业汇票持票人应当通过电子商业汇票系统（ECDS，下同）线上行使票据追索权，持票人未通过电子商业汇票系统行使追索权的，不产生追索法律效力

【规则描述】本条规则主要是关于电子商业汇票如何行使票据追索权的问题。对于电子商业汇票，沿用纸质商业汇票通过诉讼等线下方式行使票据追索权，其效力应如何判断。本规则涉及对《电子商业汇票业务管理办法》性质的认定，以及

《票据法》第四条、第七十条第二款的理解。

◆ 票据纠纷案件裁判规则第 4 条：

以汇票、支票、本票出质，出质人与质权人应当严格采取"背书记载'质押'字样并签章交付相关票据"的方式，质权自权利凭证交付之日起设立

【规则描述】 本条规则主要阐述的是《民法典》施行后票据质权如何设定的问题。本规则是对《民法典》第四百四十一条和《最高人民法院关于适用〈中华人民共和国民法典〉有关担保制度的解释》第五十八条适用后果的细化，明确票据质权的设立条件。

◆ 票据纠纷案件裁判规则第 5 条：

不完全质押背书在未补充完全"质押"字样（或签章）之前，债权人不能享有票据质权；而在出质人或质权人补记"质押"字样之后，票据质权即可有效成立；就票据实务而言，质权人也可以不补记"质押"字样，而以一般背书转让的受让人之身份直接向票据债务人主张票据权利

【规则描述】 本条规则主要是针对在不完全质押背书的情况下，质押背书效力如何确认。本规则是在细化《2000年票据纠纷司法解释》第五十五条规定和《2000年票据纠纷司法解释》第四十九条规定中适用后果的前提之下，再结合实际商业贸易习惯得出的结论。明确在不完全质押背书情况下，票据质押背书效力的确认条件。

❖ 票据纠纷案件裁判规则第 6 条：

贴现银行在银行承兑汇票背书连续且没有形式瑕疵的情况下完成对该汇票的贴现，虽然对涉及基础交易关系相关资料的审核中有疏忽，但不构成重大过失的，享有票据权利，不应返还票据

【规则描述】 本条规则主要阐述的是票据贴现下票据权利如何归属的问题。本规则是对《票据法》第十二条和《2020年票据纠纷司法解释》第十五条适用后果的细化。明确贴现银行在贴现过程中对关涉基础交易关系相关资料过程中虽有疏忽但不构成重大过失，仍享有票据权利。

❖ 票据纠纷案件裁判规则第 7 条：

商业保理公司在应收账款项下受让的商业汇票具有票据权利，在单纯买卖光票项下，应认定为"名为保理，实为借贷"，按照与交易对手的借贷关系进行裁判

【规则描述】 本条规则是关于商业保理公司在保理业务中受让商业汇票的情形下，如何判定商业保理公司是否具有票据权利。其中应收账款是否真实存在，影响着保理公司能否享有票据权利。《商业银行保理业务管理暂行办法》第八条规定："本办法所称应收账款，是指企业因提供商品、服务或者出租资产而形成的金钱债权及其产生的收益，但不包括因票据或其他有价证券而产生的付款请求权。"光票保理，因不存在应收账款真实交易，故属于"名为保理，实为借贷"，只享有对其直接前手的借贷债权，不享有票据权利。

票据纠纷案件裁判规则第 8 条：

贴现行的负责人或者有权从事该业务的工作人员与贴现申请人合谋，伪造贴现申请人与其前手之间具有真实的商品交易关系的合同、增值税专用发票等材料申请贴现，贴现行主张其享有票据权利的，人民法院不予支持。对贴现行因支付资金而产生的损失，按照基础关系处理

【规则描述】 本条系对《票据法》第十二条和《九民会议纪要》第一百条的理解与适用，重点解决通谋虚伪表示可否适用于票据行为，以及贴现行审查贴现申请人与其前手是否具有真实贸易合同、增值税发票等材料作为重大过失的判断标准问题。

票据纠纷案件裁判规则第 9 条：

在纸质商业汇票代理贴现情形中，贴现行提示付款被拒付后，依据贴现协议的约定，请求贴现申请人（委托人）及其前手（代理人）按照合同法律关系返还贴现款并赔偿损失的，如果贴现合同法律关系有效成立，代理人已在票据上表明其代理关系和完成签章，且贴现行不存在恶意或重大过失的，对其诉请应予支持

【规则描述】 此规则的主要依据是《票据法》第五条、第十二条以及《支付结算办法》第九十三条、第九十五条的规定，同时符合《民法典》第四百九十条、九百二十五条规定精神。

票据纠纷案件裁判规则第 10 条：

当事人虚构转贴现事实，或者当事人之间不存在真实的转贴现合同法律关系的，应当按照真实交易关系和当事人约定本意依法确定当事人的责任

【规则描述】 此条规则的依据是《全国法院民商事审判工作会议纪要》第一百条规定之精神以及中国人民银行颁布的《商业汇票承兑、贴现与再贴现管理暂行办

法》《支付结算办法》等规范性文件。

❧ 票据纠纷案件裁判规则第 11 条：

担保人以银行未对真实贸易背景尽合理审查义务存在过错为由，主张担保合同无效免除担保责任的，人民法院不予支持

【规则描述】 本条规则主要涉及担保人认为银行对真实交易背景的审查存在瑕疵，并借此拒绝承担保证责任的情况。本规则是对《票据法》第十条和《商业银行法》第三十五条银行审查义务的深化和适用后果的明确。银行对交易背景的审查义务仅限于形式审查，银行业务操作瑕疵不影响保证合同的效力。担保人以银行未对真实贸易背景尽合理审查义务存在过错为由，主张担保合同无效免除担保责任的，人民法院不予支持。

❧ 票据纠纷案件裁判规则第 12 条：

票据贴现属于国家特许经营业务，合法持票人向不具有法定贴现资质的当事人进行"贴现"的，该行为应当认定无效，贴现款和票据应当相互返还。当事人不能返还票据的，原合法持票人可以拒绝返还贴现款

【规则描述】 票据贴现属于国家特许经营业务，依据《九民会议纪要》的相关规定，为了维护金融市场的稳定，防止票据违法交易的发生，针对不具有贴现资格的当事人之间的"贴现"交易应当认定为无效行为。

票据纠纷案件裁判规则第 13 条：

在合法持票人向不具有贴现资质的主体进行"贴现"，该"贴现"人给付贴现款后直接将票据交付其后手，其后手支付对价并记载自己为被背书人后，又基于真实的交易关系和债权债务关系将票据进行背书转让的情形下，应当认定最后持票人为合法持票人

【规则描述】 票据具有无因性和独立性，后手之间的票据交易应当独立于前手之前的票据转让行为。通过真实的交易关系和债权债务关系进行的票据转让，并在票据上连续背书的，使得票据满足要式性和文义性的要求，应当认定受让票据方享受票据权利。

票据纠纷案件裁判规则第 14 条：

电子商业承兑汇票持票人在到期后提示付款，在承兑人未应答的情况下，其开户银行电票系统也未按照人民银行规定作出应答（付款或拒付），该银行应对持票人承担逾期赔偿责任

【规则描述】 根据央行《电子商业汇票业务管理办法》第六十条的规定，电子商业承兑汇票承兑人在票据到期后收到提示付款请求，且在收到该请求次日起第 3 日（遇法定休假日、大额支付系统非营业日、电子商业汇票系统非营业日顺延）仍未应答的，接入机构应按其与承兑人签订的《电子商业汇票业务服务协议》，作扣划承兑人账户资金支付票款签收应答，或无款支付的拒付应答。由此确保持票人享有追索权。因银行系统造成延误退票的，该银行应对持票人承担逾期赔偿责任。

◆ 票据纠纷案件裁判规则第 15 条：

持票人在票据到期日前提示付款，承兑人无应答，且在票据到期后，持票人未在法定提示付款期内进行提示付款，丧失对票据出票人以及承兑人以外的债务人的追索权

【规则描述】《票据法》规定，持票人应当在票据到期后 10 日内向票据承兑人提示付款。在票据实务中，持票人常在提示付款期前就在电子商业汇票系统向承兑人提示付款，承兑人无应答，电子商业汇票系统显示提示付款待签收，应视为承兑人以默认形式拒绝在到期日前兑付，持票人应在票据到期日后 10 日内再次向承兑人提示付款，完成提示付款的义务，否则丧失对前手（除出票人、承兑人）的票据拒付追索权。

◆ 票据纠纷案件裁判规则第 16 条：

票据权利是一种特定的、重要的财产权利，指持票人向票据债务人请求支付票据金额的权利，与商事活动紧密联系。持票人向票据主债务人或其他付款义务人请求按票据上所记载的金额在一定时间内行使票据权利或者保全票据权利，若票据权利人在一定时间内不行使相应的票据权利或者因票据记载事项欠缺而丧失票据权利的，仍享有民事权利，可以请求商业承兑汇票的出票人（出票人为承兑人时）或者承兑人（当收款人出票，债务人承兑时），银行承兑汇票的出票人返还其与未支付的票据金额相当的利益。银行承兑汇票的承兑人无须承担失效票据的兑付责任，对已收取的承兑保证金应退回出票人

【规则描述】票据利益返还请求权，是指持票人根据票据法的规定而享有的，当票据权利因时效或者票据记载事项欠缺而消灭时，请求出票人或者承兑人返还其与未支付的票据金额相当的利益的权利。此条规则的法律依据是《票据法》第十八条的规定，实践依据是在持票人因超过票据权利时效或因票据记载事项欠缺而丧失票据权利后提起"票据利益返还请求权"诉讼中，法院基本上是依据此法条"可以请求出票人或者承兑人返还"，判决承兑银行须承担支付失效票据的票款。

◆ **票据纠纷案件裁判规则第 17 条：**

恶意申请公示催告，除权判决作出后，付款人尚未付款的情况下，最后合法持票人可以在法定期限内请求撤销除权判决，待票据恢复效力后再依法行使票据权利

【规则描述】 本条规则是关于恶意申请公示催告，除权判决作出后，付款人尚未付款的情况下，如何保障最后合法持票人的合法权利。在前述情形下，最后合法持票人可根据《民事诉讼法》第二百二十三条的规定，在法定期限内请求撤销除权判决，待票据恢复效力后再依法行使票据权利。

◆ **票据纠纷案件裁判规则第 18 条：**

恶意申请公示催告，除权判决作出后，付款人已经付款的情况下，最后合法持票人有权请求申请人承担侵权损害赔偿责任

【规则描述】 本条规则是关于恶意申请公示催告，除权判决作出后，付款人已经付款的情况下，如何保障最后合法持票人的合法权利。在前述情形下，因恶意申请公示催告并持除权判决获得票款的行为损害了最后合法持票人的权利，最后合法持票人可根据《票据法》第一百零六条有权请求申请人承担侵权损害赔偿责任。

◆ **票据纠纷案件裁判规则第 19 条：**

债务人是票据的出票人，被裁定适用破产程序，该票据的付款人继续付款或者承兑的，付款人以由此产生的请求权可以申报债权

【规则描述】 票据作为流通证券，经背书后可不断地转让，所以其债务人是特定的，而债权人则是不确定的，凡持票人即为债权人。由于票据固有的无因支付特性，所以持票人向付款人要求承兑或付款时，付款人便应当履行承兑或付款义务。在票据出票人的破产案件被受理后，付款人继续承兑或付款，由此所产生的债权如不能作为破产债权，付款人便会受到损失。如果苛以付款人在承兑或付款时对票据

进行严格审查，必会造成票据的支付拖延，甚至拒绝支付，从而影响其流通性。承认承兑人或付款人的破产债权，则有效地消除了由此造成的不良影响。

♠ 票据纠纷案件裁判规则第 20 条：

持票人因票据拒付向直接前手行使原因债权的，持票人可先行使票据权利（票据追索权），若票据债权兑付后，原因债权自然消灭；若债权人实现原因债权，须同时返还相关票据；如债权人无法返还相关票据，债务人也无须履行原因债务

【规则描述】 本条规则主要阐述的是持票人在票据拒付后，票据追索权与原因债权的行使顺序及行使后果问题。该规则是对《票据法》第六十一条和《民法典》第五百七十七条内容的适用，当原因债权与票据债权存在竞合的情况下，债权人可任意选择其中一种行使。

♠ 票据纠纷案件裁判规则第 21 条：

票据后手承诺对直接前手及其指定的前手放弃追索权，按照《票据法》对追索权的规定，持票人仍享有对其前手的起诉权，前手也可依据双方约定免追索的合同关系进行抗辩，人民法院应依据双方的合同关系作出裁判

【规则描述】 此条是关于票据后手对票据前手免追索协议的认定效力。免追索协议主要发生在贴现行与转贴现行之间，对其效力的认定直接影响前手依据免追索协议对持票人的抗辩权。如果认定免追索协议有效，前手对持票人的抗辩权能够得到人民法院的支持，反之，人民法院不予支持。

第二部分
票据纠纷案件裁判规则

票据纠纷案件裁判规则第 1 条：

因出票人或承兑人签发与其预留本名的签名式样或者印鉴不符的纸质商业承兑汇票给他人造成损失的，商业承兑汇票的出票人、承兑人和背书人应当依法承担民事责任

【规则描述】本条规则主要是关于签章不符的情况下，损失如何承担。本规则是对《票据法》第二十二条和《2000年票据纠纷司法解释》第四十一条适用后果的细化。明确因签章不符造成他人损失的，商业汇票的出票人、承兑人和背书人应当依法承担民事责任。

一、类案检索大数据报告

时间：2021年2月5日之前，案例来源：Alpha案例库，案件数量：39件，数据采集时间：2021年2月5日。本次检索获取了2021年2月5日前共39篇裁判文书，其中：（1）涉及与预留签名式样或者印鉴不符的纸质商业承兑汇票的有13件：11件判决出票人、承兑人和背书人承担民事责任；2件认为银行系统无相应票据出票信息，票据签章为伪造，未判决出票人、承兑和背书人承担民事责任。（2）其余26件均不属于签发与其预留本名的签名式样或者印鉴不符的纸质商业承兑汇票的情形，部分为签发支票与签发与其预留本名的签名式样或者印鉴不符，部分当事人之间没有真实的交易关系或债权债务关系等。整体情况如下：

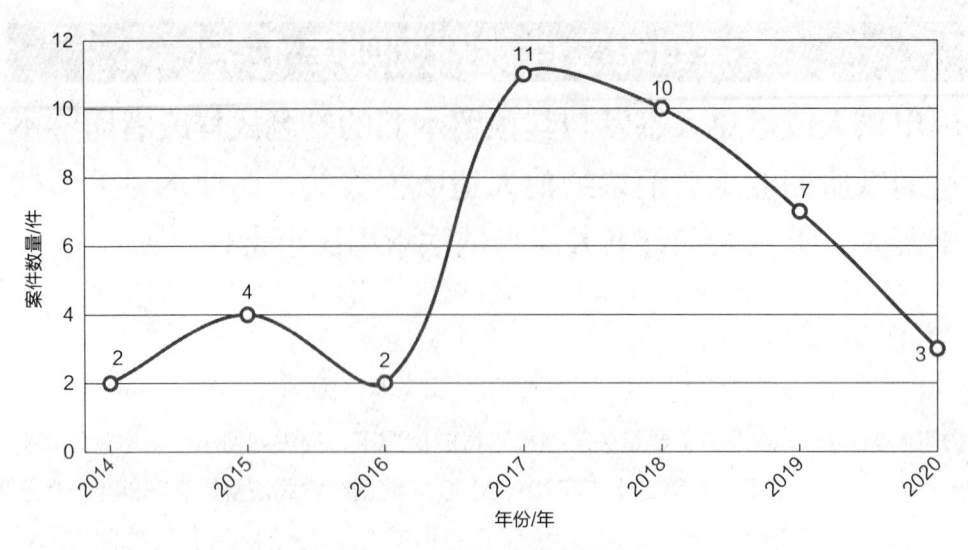

图 1-1 案件年份分布情况

从上方的年份分布可以看到当前条件下案例数量的变化趋势。

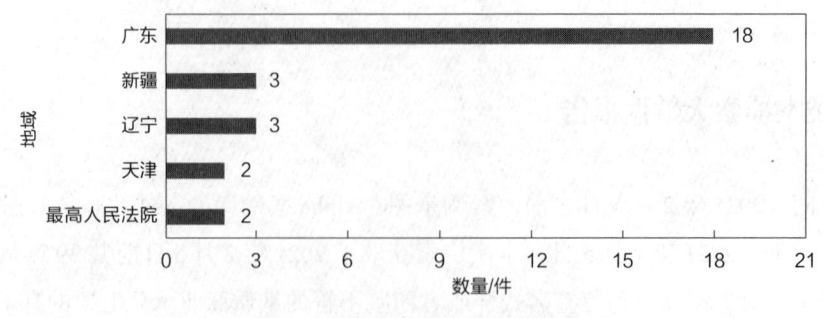

图 1-2 案件主要地域分布情况

从地域分布来看，当前案例主要集中在广东省、新疆维吾尔自治区、辽宁省，分别占比 46.15%、7.69%、7.69%。其中广东省的案件量最多，达到 18 件。（注：此处显示该条件下案例数量排名前五的省份。）

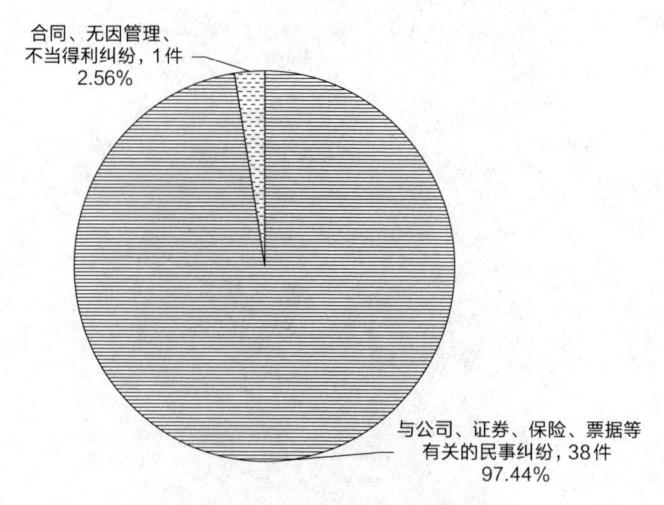

图1-3 案件案由分布情况

从上面的案由分类情况可以看到，当前的案由分布由多至少分别是与公司、证券、保险、票据等有关的民事纠纷，合同、无因管理、不当得利纠纷。

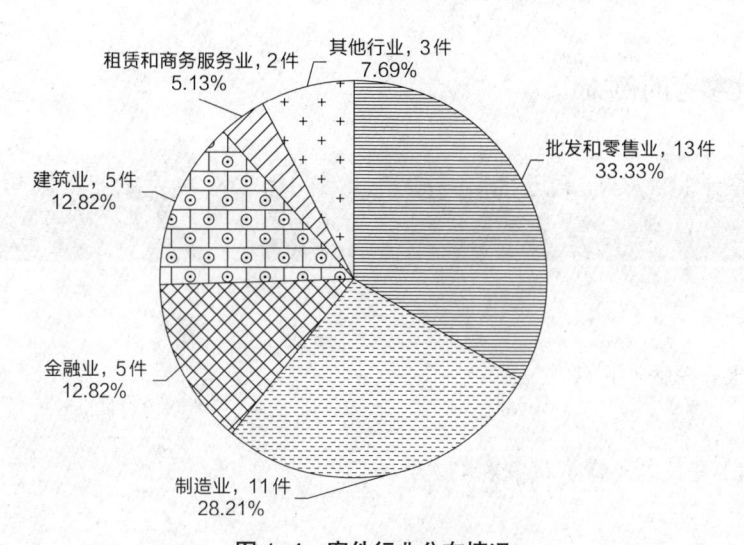

图1-4 案件行业分布情况

从上面的行业分类情况可以看到，当前的行业分布主要集中在批发和零售业、制造业、金融业、建筑业、租赁和商务服务业。

再审，1件
2.56%

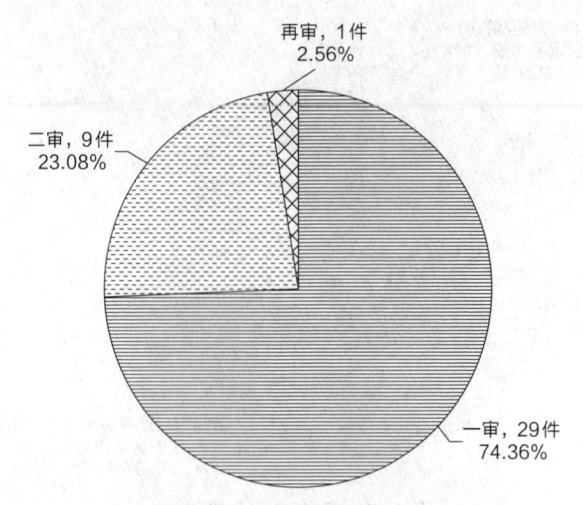

二审，9件
23.08%

一审，29件
74.36%

图1-5 案件审理程序分类情况

从上面的程序分类统计可以看到当前的审理程序分布状况。一审案件有29件，二审案件有9件，再审案件有1件。

二、可供参考的例案

例案一：上海建浦进出口有限责任公司与上海复天企业发展有限公司纠纷案

【法院】

上海市普陀区人民法院

【案号】

（2014）普民二（商）初字第492号

【当事人】

原告：上海建浦进出口有限责任公司

被告：上海复天企业发展有限公司

【基本案情】

2011年9月1日，上海建浦进出口有限责任公司（以下简称建浦公司，甲方）与厚晟公司（乙方）签订《国内代理采购协议》（协议号：20110901-01）一份，约定：乙方委托甲方代理自己向乙方指定的逸盛公司采购2002吨原厂PTA货物。货物交付后，厚晟公司将两张上海复天企业发展有限公司（以下简称复天公司）出具的商业承兑汇票背书给建浦公司。两张商业承兑汇票载明：金额均为 1000 万元，汇票号码分别为 20019602、20019604，付款人均为复天公司，开户行为建行愚园路支行，收款人均为案外人昆明宁川投资有限公司，出票日期均为 2012 年 1 月 6 日，汇票到期日均为 2012 年 7 月 6 日，汇票承兑人及出票人均处盖有复天公司财务章及侯某某的印章；两张汇票背部背书人处均由昆明宁川投资有限公司、厚晟公司盖章，被背书人载明为厚晟公司及建浦公司。

7 月 6 日，建浦公司将上述两张汇票背书委托建行上海第五支行收款。该行以账户存款不足，且签章与预留印鉴不符（缺私章）为由退票，并向建浦公司出具《退票理由书》。

【案件争点】

商业承兑汇票是否因与银行预留印鉴不一致而无效。

【裁判要旨】

根据票据法的相关规定，汇票的出票人签章系绝对记载事项，未记载则汇票无效。《票据管理实施办法》第十四条规定："商业汇票上的出票人的签章，为该单位的财务专用章或者公章加其授权的代理人的签名或者签章。"《支付结算办法》第二十三条第二款、第三款规定："单位在票据上的签章，应为该单位的财务专用章或者公章加其法定代表人或者授权的代理人的签名或者盖章……支票的出票人和商业承兑汇票的承兑人在票据上的签章，应为其预留银行的签章。"第二十四条规定："出票人在票据上的签章不符合《票据法》《票据管理实施办法》和本办法规定的，票据无效；承兑人、保证人在票据上的签章不符合《票据法》《票据管理实施办法》和本办法规定的，其签章无效，但不影响其他符合规定签章的效力……"上述规定系由中央人民银行颁布的部门规章，该行系金融行业主管机关，故参照适用。复天公司是系争商业承兑汇票出票人、承兑人，其系以上述两重身份在系争商业承兑汇票上签章。根据上述部门规章规定及票据法司法解释相关规定，即使复天公司作为承兑人的签章与预留银行印鉴不完全相符，承兑人签章无效，但其作为出票人在票据上已盖有相应财务章及授权代理人的印鉴，且签章符合法律规定，出票行为合法有效，复天公司作为出票人应承担相应的最终付款责任。综上，建浦公司作为合法持票人，在行使票据付款请求权被拒绝的情况下，有权依法向出票人复天公司行使票据追索权。

例案二：华夏银行股份有限公司南昌分行与南昌远祥科技有限公司、中建六局土木工程有限公司票据纠纷案

【法院】

江西省南昌市东湖区人民法院

【案号】

（2017）赣 0102 民初 244 号

【当事人】

原告：华夏银行股份有限公司南昌分行

被告：南昌远祥科技有限公司

被告：中建六局土木工程有限公司

【基本案情】

2016 年 7 月 6 日，华夏银行股份有限公司南昌分行（以下简称华夏银行）与南昌远祥科技有限公司（以下简称远祥公司）签订了一份《债务代为偿还协议》，约定：（1）华夏银行依据与江西启能科技有限公司于 2015 年 12 月 29 日签订的《流动资金借款合同》，向江西启能科技有限公司发放借款 5000 万元，截至 2016 年 7 月 6 日，江西启能科技有限公司尚欠华夏银行贷款本金 5000 万元、利息 500 万元。（2）因远祥公司积欠江西启能科技有限公司债务，远祥公司自愿代江西启能科技有限公司偿还江西启能科技有限公司所欠华夏银行的债务利息，远祥公司将其通过合法方式取得的一张商业承兑汇票［付款人：中建六局土木工程有限公司（以下简称中建六局土木公司）；收款人：武汉广盟物贸有限公司；票面金额：人民币 485 万元；汇票号码：00100061/21987076］背书转让给华夏银行，用以代为偿还江西启能科技有限公司所欠华夏银行债务利息，不足部分由江西启能科技有限公司继续承担责任，远祥公司在本协议签订之日起 30 日内向华夏银行背书转让上述商业承兑汇票，并将汇票交付华夏银行实际占有。协议签订后，远祥公司于 2016 年 1 月 22 日将其通过背书取得的商业承兑汇票再次背书给华夏银行，汇票载明："付款人为中建六局土木公司，开户银行为辽阳银行同信支行；收款人为武汉广盟物贸有限公司；出票金额为 485 万元；汇票号码为 00100061/21987076。"后中建六局土木公司认为诉争商业承兑汇票上印章与其公章不一致，不应承担票据责任，华夏银行未收到票据款项。

【案件争点】

商业承兑汇票是否因与银行预留印鉴不一致而无效。

【裁判要旨】

商业承兑汇票均盖有中建六局土木公司的财务专用章及其法定代表人黄某某的法人印鉴，签章形式完备。签章不一致并不是商业汇票无效的法定情形，诉争票据并不因签章不一致而否定票据本身的法律效力。于某某具有授权，其代理行为所产生的法律后果及于中建六局土木公司。中建六局土木公司希望以开设银行账户及诉争票据中所用公章与中建六局土木公司提供的公章两者并非同一枚公章的鉴定结论来推定本案票据上公章及法人章均系案外人于某某私刻，该推论依据不足，既不符合房地产建设工程中使用公章的客观实际情况，也有违法律逻辑的推理过程。即使开设银行账户及诉争票据上的公章经鉴定与中建六局土木公司提供的公章两者并非同一枚公章，也不影响本案中商业承兑汇票的效力。

三、裁判规则提要

（一）预留印章的作用

根据商业汇票出票、承兑流程，出票人、承兑人须在银行开立银行结算账户，并预留签章为该单位的公章或财务专用章，加其法定代表人（单位负责人）或其授权的代理人的签名或者盖章。在开立账户时，留存出票人、承兑人将来签发、承兑商业汇票要用到的签名或者盖章样式，即预留印章。此种签章由银行审查，探究其是否表明了出票人、承兑人身份合法存在，其预留的签章所代表的行为人是否有能力进行出票行为。简而言之，预留印章就是银行借以判断是否应该对持票人进行付款的工具。若出票人、承兑人未在银行预留印章，则每当有持票人要求银行见票付款时，作为出票人委托人的银行无从判断该票据是否为出票人所开具或承兑人所承兑，因为即使在票据中填写有签章，其签章的形态内容可能形形色色而导致真假难辨，无法判断票据的持有者是否为票据权利的合法享有者，大大增加了银行支付资金的风险。另外，若是没有预留印章，则银行在见票时为了提高支付行为的安全系数，亲自审查票据上的签章是否真实，这无疑给银行的工作带来了不必要的负担。票据是为了方便经济生活的产物，如此这般难免使票据的简便灵活之本质得不到彰显，那么票据也就无存在之必要了。故银行有在收到出票人、承兑人签章的商业汇票后与出票人、承兑人在己处预留印章进行对比的义务。这既保护了出票人的资金安全，又预防了自己盲目付款而给自己带来不必要的损失。

（二）签章与预留印章不一致的法律后果

实际经济交往中，商业承兑汇票流转过程中的任何一手持票人根本无法知晓该汇票上出票人（承兑人）签章与其在银行预留的印鉴是否一致，但却要其承担无效票的法律风险；一些不法机构利用该法条漏洞，在商业承兑汇票上故意加盖与在银行预留签章不一致的财务专用章或代理人签章后对外支付，到期则被其开户银行拒付退票，以无效票为由实现逃避付款责任的目的。

当商业汇票与出票人、承兑人预留签章不一致时，商业汇票的出票、承兑行为是否就绝对无效？善意持票人的权利应当如何保护？

此时商业汇票上出票人、承兑人的签章并不是伪造的而是具有真实意思的签章，仅仅是形式上与预留于付款人处的签章存在差别。对此，《2020年票据纠纷司法解释》第四十条规定，票据出票人在票据上的签章上不符合票据法以及下述规定的，该签章不具有票据法上的效力：（1）商业汇票上的出票人的签章，为该法人或者该单位的财务专用章或者公章加其法定代表人、单位负责人或者其授权的代理人的签名或者盖章；（2）银行汇票上的出票人的签章和银行承兑汇票的承兑人的签章，为该银行汇票专用章加其法定代表人或者其授权的代理人的签名或者盖章；（3）银行本票上的出票人的签章，为该银行的本票专用章加其法定代表人或者其授权的代理人的签名或者盖章；（4）支票上的出票人的签章，出票人为单位的，为与该单位在银行预留签章一致的财务专用章或者公章加其法定代表人或者其授权的代理人的签名或者盖章；出票人为个人的，为与该个人在银行预留签章一致的签名或者盖章。《票据管理实施办法》第十四条规定："商业汇票上的出票人的签章，为该单位的财务专用章或者公章加其授权的代理人的签名或者签章。"《支付结算办法》第二十三条第二款、第三款规定："单位在票据上的签章，应为该单位的财务专用章或者公章加其法定代表人或者其授权的代理人的签名或者盖章……支票的出票人和商业承兑汇票的承兑人在票据上的签章，应为其预留银行的签章。"第二十四条规定："出票人在票据上的签章不符合《票据法》《票据管理实施办法》和本办法规定的，票据无效；承兑人、保证人在票据上的签章不符合《票据法》《票据管理实施办法》和本办法规定的，其签章无效，但不影响其他符合规定签章的效力……"

综合上述规定，对签章与预留印章不一致的法律后果，可以作出如下分析：

（1）出票人签章。支票的出票人签章必须与预留印章一致，否则不发生票据法上的效力。但对商业汇票而言，签章仅须为真实的财务专用章或法人章加有权人员签字即可，无须与预留印章一致。（2）承兑签章。商业汇票承兑人签章必须与预留签章保持一致，否则签章无效，但不影响其他符合规定的签章的效力。但是，无论法律上对其效力判断如何，相应票据都可能因签章与预留印章不一致而被银行拒付。在这种情况下，因出票人签章是真实的，因而商业汇票是有效的，商业汇票的持票人可以向出票人、背书人行使追索权。因签章与预留签章不一致导致承兑无效的后果是，行为人不对票据权利人承担相应的票据义务。根据《民法典》第一百五十七条之规定，民事法律行为无效……有过错的一方应当赔偿对方由此所受到的损失，以及《票据法》第一百零六条之规定，依照本法规定承担赔偿责任以外的其他违反本法规定的行为，给他人造成损失的，应当依法承担民事责任，承兑人应当对持票人的损失承担赔偿责任。

四、辅助信息

高频词条：

《票据法》

第二十二条　汇票必须记载下列事项：

（一）表明"汇票"的字样；

（二）无条件支付的委托；

（三）确定的金额；

（四）付款人名称；

（五）收款人名称；

（六）出票日期；

（七）出票人签章。

汇票上未记载前款规定事项之一的，汇票无效。

《2020年票据纠纷司法解释》

第四十条　票据出票人在票据上的签章上不符合票据法以及下述规定的，该签章不具有票据法上的效力：

（一）商业汇票上的出票人的签章，为该法人或者该单位的财务专用章或者公章加其法定代表人、单位负责人或者其授权的代理人的签名或者盖章；

（二）银行汇票上的出票人的签章和银行承兑汇票的承兑人的签章，为该银行汇票专用章加其法定代表人或者其授权的代理人的签名或者盖章；

（三）银行本票上的出票人的签章，为该银行的本票专用章加其法定代表人或者其授权的代理人的签名或者盖章；

（四）支票上的出票人的签章，出票人为单位的，为与该单位在银行预留签章一致的财务专用章或者公章加其法定代表人或者其授权的代理人的签名或者盖章；出票人为个人的，为与该个人在银行预留签章一致的签名或者盖章。

《票据管理实施办法》

第十四条　商业汇票上的出票人的签章，为该单位的财务专用章或者公章加其法定代表人或者其授权的代理人的签名或者盖章。

《支付结算办法》

第二十三条　银行汇票的出票人在票据上的签章，应为经中国人民银行批准使用的该银行汇票专用章加其法定代表人或其授权经办人的签名或者盖章。银行承兑商业汇票、办理商业汇票转贴现、再贴现时的签章，应为经中国人民银行批准使用的该银行汇票专用章加其法定代表人或其授权经办人的签名或者盖章。银行本票的出票人在票据上的签章，应为经中国人民银行批准使用的该银行本票专用章加其法定代表人或其授权经办人的签名或者盖章。

单位在票据上的签章，应为该单位的财务专用章或者公章加其法定代表人或其授权的代理人的签名或者盖章。个人在票据上的签章，应为该个人的签名或者盖章。

支票的出票人和商业承兑汇票的承兑人在票据上的签章，应为其预留银行的签章。

第二十四条　出票人在票据上的签章不符合、《票据管理实施办法》和本办法规定的，票据无效；承兑人、保证人在票据上的签章不符合《票据法》《票据管理实施办法》和本办法规定的，其签章无效，但不影响其他符合规定签章的效力；背书人在票据上的签章不符合《票据法》《票据管理实施办法》和本办法规定的，其签章无效，但不影响其前手符合规定签章的效力。

票据纠纷案件裁判规则第 2 条：

纸质商业汇票背书转让，背书人虽未在被背书人栏填写被背书人，但在背书人栏内签章，表明背书人有转让汇票的意思表示，一旦该汇票为他人合法取得，转让行为即发生，票据权利发生转移

【规则描述】本条规则主要是关于纸质商业汇票背书瑕疵时的票据权利转移。本规则是对《票据法》第二十七条、第三十条和《2020年票据纠纷司法解释》第四十八条的具体适用，背书人未记载被背书人名称即将票据交付他人的，合法持票人在票据被背书人栏内记载自己的名称与背书人记载具有同等法律效力。

一、类案检索大数据报告

时间：2021年2月5日之前，案例来源：Alpha案例库，案件数量：77件，数据采集时间：2020年2月5日。本次检索获取2021年2月5日前共77篇裁判文书，其中：与背书人虽未在被背书人栏填写被背书人，但在背书人栏内签章有关的案件29件，认为票据权利发生转移的25件，另有4件因不存在真实交易关系、未能证明票据为合法交付、交付时已判决宣告票据无效等原因认为票据权利不发生转移。整体情况如下：

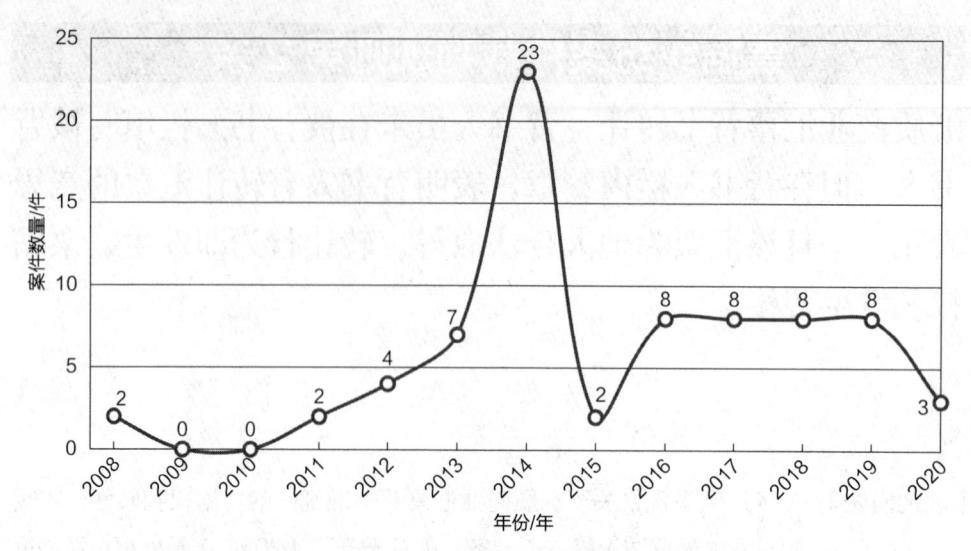

图 2-1 案件年份分布情况

从上方的年份分布可以看到当前条件下案例数量的变化趋势。

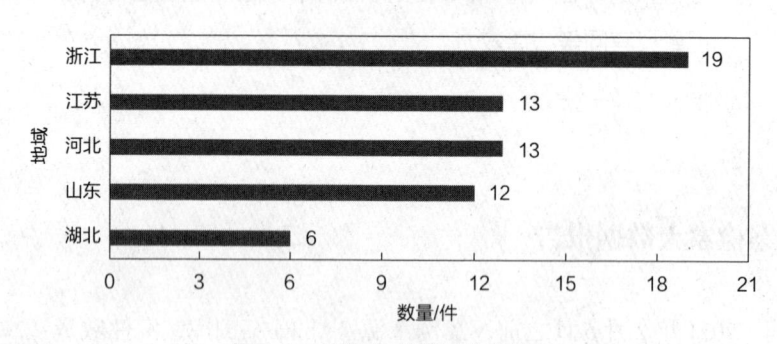

图 2-2 案件主要地域分布情况

从地域分布来看，当前案例主要集中在浙江省、江苏省、河北省，分别占比 24.68%、16.88%、16.88%。其中浙江省的案件量最多，达到 19 件。（注：此处显示该条件下案例数量排名前五的省份。）

刑事，1件
1.3%

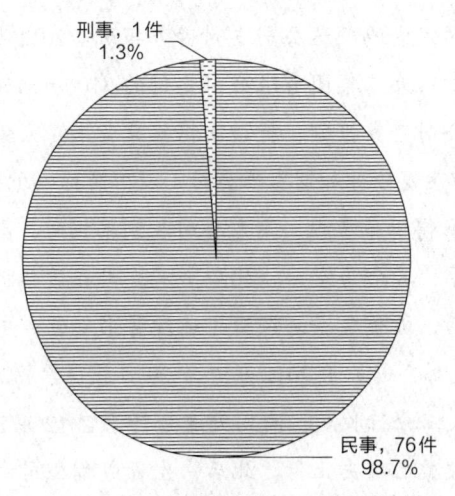

民事，76件
98.7%

图 2-3　案件案由分布情况

从上面的案由分类情况可以看到，当前的案由分布由多至少分别是民事、刑事。

二、可供参考的例案

例案一：天津鸿顺达建筑工程有限公司与中国农业生产资料成都公司、天津市飞龙砼外加剂有限公司票据纠纷案

【法院】

成都市武侯区人民法院

【案号】

（2012）武侯民初字第5184号

【当事人】

原告：天津鸿顺达建筑工程有限公司

被告：中国农业生产资料成都公司

第三人：天津市飞龙砼外加剂有限公司

【基本案情】

天津鸿顺达建筑工程有限公司（以下简称鸿顺达公司）与天津市金津建筑有限公司于2011年7月25日签订《建设工程施工劳务分包合同》，约天津市金津建筑有限公司将从中冶天工集团有限公司承包的工程分包给鸿顺达公司，天津市金津建筑

有限公司应按照合同约定向鸿顺达公司支付劳务报酬。2011年11月23日天津市金津建筑有限公司收到中冶天工集团有限公司支付的3100005120327204票据。同日金津公司为支付鸿顺达公司劳务报酬，将该票据签章背书（未填写被背书人）后交付给鸿顺达公司。天津市飞龙砼外加剂有限公司（以下简称飞龙公司）于2011年12月16日从唐海水泥公司取得诉争票据。飞龙公司收到票据时，票据背面仅有金津建筑公司在背书人栏的签章，其余为空白。此后飞龙公司在该票据的第一被背书人栏填上飞龙公司名称。此后，诉争票据又经历了连续背书转让。中国农业生产资料成都公司（以下简称生资成都公司）于2012年2月29日获得票据后，委托中国银行成都蜀都大道支行向浦发天津分行收款，浦发天津分行于2012年5月8日告知中国银行成都蜀都大道支行，该票已挂失止付。此后，生资成都公司向天津市河西区人民法院申报权利，要求该院终结公式催告程序。该院于2012年6月19日裁定终结公示催告程序。经查，飞龙公司转让票据至生资成都公司获得票据的一系列票据权利转让行为，均发生在公示催告期间（公示催告期间为2011年12月7日至2012年4月25日）。后鸿顺达公司诉至法院要求确认其票据权利。

【案件争点】

票据权利人未在被背书人栏填写被背书人，被背书人是否享有票据权利；未填写被背书人的票据遗失后并且经多次背书转让后票据权利为何人享有。

【裁判要旨】

转让票据权利应当背书并交付汇票，背书人未记载被背书人名称即将票据交付他人，持票人在被背书人栏记载自己的名称与背书人记载具有同等法律效力。金津建筑公司向鸿顺达公司转让票据权利时在票据上进行了背书并交付了票据，虽未在票据被背书人栏记载鸿顺达公司名称，但不影响票据权利的转让。鸿顺达公司可自行在被背书人栏记载自己名称要求付款行兑付，其效力与背书人记载同等，故金津公司将票据背书交付鸿顺达公司后，鸿顺达公司即享有票据权利。

关于鸿顺达公司票据遗失后并且该票据多次背书转让后是否仍享有票据权利。鸿顺达公司遗失票据后票据记载的第一被背书人为飞龙公司，飞龙公司系从唐海水泥公司获得票据。根据《票据法》第三十一条、第三十二条的规定，以背书转让的汇票，背书应当连续。持票人以背书的连续，证明其汇票权利；后手应当对其直接前手背书的真实性负责。背书连续，是指票据转让中，转让汇票的背书人与受让汇票的被背书人在汇票上的签章依次前后衔接。本案从飞龙公司取得该票据的过程来看，其未尽到审慎审查的义务。在飞龙公司称其从唐海水泥公司依据交易关系取得汇票时，该汇票仅有金津建筑公司背书，而无唐海水泥公司之背书，飞龙公司从唐海水泥公司获得汇票，飞龙公司之前手就应当为唐海水泥公司，但票据显示不出飞龙公司与唐海水泥公司前后手关系，票据背书形式上明显不连续。飞龙公司未履行对前手背书的真实性负责的义务而取得背书不连续之票据具有重大过失。根据《票据法》第十二条第二款的规定，持票人因重大过失取得不符合本法规定的票据的，不得享有票据权利，故飞龙公司不享有票据权利。飞龙公司之后的所有被背书人虽然均履行了对前手背书的真实性负责的义务，取得票据具有善意，票据形式上也具有连续性。但根据《民事诉讼法》第二百二十条第二款①公示催告期间转让票据权利的行为无效的规定，从飞龙公司转让票据至被告获得票据的一系列票据权利转让行为（包括飞龙公司从唐海公司获得票据），均发生在公示催告期间。以上票据转让行为均应认定为无效，故鸿顺达公司仍享有票据权利。

例案二：兴化市兴安消防工程安装有限公司与无锡市华东电力设备有限公司票据纠纷案

【法院】

兴化市人民法院

【案号】

（2016）苏1281民初2111号

【当事人】

原告：兴化市兴安消防工程安装有限公司

被告：无锡市华东电力设备有限公司

【基本案情】

2015年7月17日，江苏飞宇家居有限公司作为出票人开具了1张编号为31300051/26653239（以下简称239汇票）、收款人为万福经营部、付款行为江苏长江商业银行兴化支行、出票金额为20万元、到期日为2016年1月13日的银行承兑汇票。2015年7月18日，万福经营部在未填写被背书人的情况下即将上述汇票交付给了兴化安装公司，兴化安装公司收取后亦未在该汇票的被背书人栏内签章。2015年7

---

① 该法已于2021年12月24日第四次修正，本案所涉第二百二十条第二款修改为第二百二十七条第二款，内容未作修改。

月 20 日，华东公司将 1 张出票金额为 300 万元的银行承兑汇票交付给无锡市宏亚物贸有限公司（以下简称宏亚公司），作为其向宏亚公司支付的货款。因宏亚公司供货未达 300 万元，宏亚公司遂于同日将包括 239 汇票在内的出票金额计 1973951.31 元的 7 张银行承兑汇票交付给华东公司，作为其退还给华东公司多支付的货款。2016 年 1 月 4 日，兴化安装公司以遗失上述汇票为由，申请公示催告。法院受理后于当日发出公告，在公告期间，因华东公司申报权利，法院遂于 2015 年 3 月 17 日裁定终结公示催告程序。后兴化安装公司于 2016 年 3 月 23 日起诉。

【案件争点】

票据权利人未在被背书人栏填写被背书人，被背书人是否享有票据权利，未填写被背书人的票据遗失后并且经多次背书转让后票据权利为何人享有。

【裁判要旨】

《票据法》第四条第二款规定："持票人行使票据权利，应当按照法定程序在票据上签章，并出示票据。"该法第三十一条规定："以背书转让的汇票，背书应当连续。持票人以背书的连续，证实其汇票权利；非经背书转让，而以其他合法方式取得汇票的，依法举证，证明其汇票权利。前款所称背书连续，是指在票据转让中，转让汇票的背书人与受让汇票的被背书人在汇票上的签章依次前后衔接。"《2020 年票据纠纷司法解释》第四十九条①规定："依照票据法第二十七条和第三十条的规定，背书人未记载被背书人名称即将票据交付他人的，持票人在票据被背书人栏内记载自己的名称与背书人记载具有同等法律效力。"本案中，华东公司以给付对价的方式从其前手宏亚公司取得 239 汇票，且该汇票的取得并不是在公示催告期间，系合法、善意取得。宏亚公司将 239 汇票交付给华东公司时虽未记载被背书人华东公司名称，华东公司与 239 汇票上记载的前手万福经营部之间亦不存在交易关系，但华东公司取得涉案汇票后在该汇票被背书人栏内记载了自己的名称，与前手万福经营部之间背书连续，并持有签章的该汇票，故应当认为华东公司对 239 汇票依法享有权利，系该汇票的合法持有人。

---

① 该司法解释已于 2020 年 12 月 23 日修正，本案所涉第四十九条修改为第四十八条，内容均未作修改。

例案三：重庆恒富机电制造有限公司与成都瑞阳金属制品有限公司不当得利纠纷案

【法院】

　　金堂县人民法院

【案号】

　　（2013）金堂民初字第480号

【当事人】

　　原告：重庆恒富机电制造有限公司

　　被告：成都瑞阳金属制品有限公司

　　第三人：重庆市强龙工具有限公司

【基本案情】

　　案涉银行承兑汇票出票时间：2011年9月22日；票号31300051/20443722，出票人：包头北奔重汽车桥有限公司；收款人：包头市金凌机械制造厂；付款银行：包商银行包头分行营业部；票面金额50万元。汇票开出后，包头市金凌机械制造厂背书转让给包头北奔重型汽车有限公司。2011年9月30日，包头北奔重型汽车有限公司背书转让给重庆北奔汽车有限公司。2011年10月，重庆北奔汽车有限公司用此汇票支付恒富机电公司货款。在这次汇票转让过程中，重庆北奔汽车有限公司在被背书人栏内加盖财务专用章及"王永"私章，但没有填写被背书人名称。瑞阳公司于2011年12月因收货款从强龙公司获得该汇票，此后背书转让给他人。恒富机电公司在2012年3月发现该票据遗失，遂向法院申请了公示催告。在公示催告期间，山西侯马市千盛机电设备有限公司向法院申报了权利，于是法院终结了该公示催告程序。恒富机电公司后起诉至法院要求确认其权利。

【案件争点】

　　票据权利人未在被背书人栏填写被背书人，被背书人是否享有票据权利，未填写被背书人的票据遗失后并且经多次背书转让后票据权利为何人享有。

【裁判要旨】

　　瑞阳公司取得该汇票基于与强龙公司的正当交易，依据合同形成的债权债务关系，给付了对方认可的相对应的代价，故，瑞阳公司取得该汇票，符合《票据法》第十条有关"票据的取得，应当……具有真实的交易关系和债权债务关系，……必须给付对价"的规定。因此，瑞阳公司取得本案争议汇票具有事实依据和法律依据。

至于恒富机电公司提出瑞阳公司在接受汇票时有一个基本审查义务，即审查票据记载是否准确、完整，前手是否为合法持票人，而强龙公司没有被背书人的权利，故瑞阳公司没有审查其前手是否为合法持票人而接受，其行为有重大过失的意见。根据《票据法》第三十一条的规定："以背书转让的汇票，背书应当连续，……非经背书转让，而以其他合法方式取得汇票的，依法举证、证明其汇票权利。"瑞阳公司取得的汇票，虽然重庆北奔汽车有限公司转让时就没有填写被背书人，强龙公司也没有"背书"，但已经证明瑞阳公司是合法取得。根据《票据法》第五十七条"付款人及其代理人付款时，应当审查背书的连续"的规定可以看出，背书连续仅指形式上的连续。《2000年票据纠纷司法解释》第四十九条①中规定："背书人未记载被背书人名称即将票据交付他人的，持票人在票据被背书人栏内记载自己的名称与背书人记载具有同等法律效力。"根据该规定，瑞阳公司合法持有票据，其在被背书人栏内记载自己的名称是合法有效的。

三、裁判规则提要

票据背书是指持票人基于转让票据权利或其他的目的，在票据背面或者粘单上记载有关事项并签章的行为。票据法理论上以背书的方式为标准，将背书分为记名背书（完全背书）和空白背书。背书人在票据上记载被背书人的名称和背书字句，并签章的称为记名背书。空白背书，又称为不记名背书，略式背书或不完全背书，指票据的背书人在背书中未指定被背书人，仅有背书人的签章，而在被背书人记载上留有空白处的背书。

《票据法》第三十条规定，汇票以背书转让或者以背书将一定的汇票权利授予他人行使时，必须记载被背书人名称。据此，一般认为，我国票据背书一般为记名背书，被背书人名称是背书绝对应记载事项。我国当时的票据立法对空白背书制度持否定态度，主要是因为空白背书票据的持票人从单纯交付或空白背书票据空白栏记载他人姓名，然后将票据交付转让的情况下，持票人不负票据责任。这种情况下就为一些基于不法原因行为而获得票据的人避免在票据上暴露提供了便利条件。而对

---

① 该司法解释已于2020年12月23日修正，本案所涉第四十九条修改为第四十八条，内容均未作修改。

于后手而言，在票据不获承兑或不获付款时，就不能对其前手行使追索权，减少了票据债务人的担保效力，不足以充分保障持票人的利益，损害了交易安全。

《2020年票据纠纷司法解释》第四十八条规定，依照《票据法》第二十七条和第三十条的规定，背书人未记载被背书人名称即将票据交付他人的，持票人在票据被背书人栏内记载自己的名称与背书人记载具有同等法律效力。这一规定标志着我国在司法领域开始有条件承认空白背书的效力。其背后的逻辑在于，背书人将票据空白背书后交给他人，目的与完全背书一样，是为了将票据所记载的权利转让给他人。背书人的空白背书行为可以理解成授权他人补充记载被背书人，这样才能使空白背书的票据完成其支付、结算和融资的使命。从利益衡量来看，承认空白背书并允许空白背书的持票人可以单纯交付，或者在空白背书票据的空白内记载他人为被背书人的方式进行票据的转让，虽然会因持票人不承担票据责任而减少最后持票人实现票据权利的可能性，但并未完全剥夺其可能性。因为票据的主要债务人为出票人或者承兑人，即使空白背书之背书人承担票据责任，也仍须向其前手甚至出票人或者承兑人追索。如果出票人或者承兑人不能清偿或者不能充分清偿再追索金额和费用，那么向最后持票人偿付了追偿金额和费用的空白背书票据的背书人的利益就得不到保障，同样损害其利益。因此，承认空白背书的效力，有利于发挥票据的经济功能，体现票据的效率价值。

我国《票据法》规定，以背书转让的票据，背书应当连续。持票人以背书的连续证明其票据权利。对于空白背书之背书连续的认定，则可以《2020年票据纠纷司法解释》第四十九条为基本法律依据，根据不同情况认定：（1）持票人取得空白背书票据后未转让的，或变更为记名背书后再转让。在这种情形下，可直接适用《规定》第四十九条认定背书连续。（2）经空白背书取得票据的人，以空白背书方式再次转让票据。在这种情形下，应本着促成背书行为的效力、促进票据流通的宗旨，对《2020年票据纠纷司法解释》第四十八条规定中持票人作扩张性理解，即持票人不仅仅理解为经第一次空白背书取得票据的持票人，还应包括经后次空白背书取得票据的持票人，直至最后持票人。同时，推定第一次空白背书的背书人将"记载被背书人名称"的权利授予了经空白背书取得票据的持票人，依此类推，最后持票人取得了补记所有空白的"被背书人名称"的授权。如最后持票人补记后，票据背书的记载和签章依次前后衔接，即可认定背书连续。对前次背书为空白背书、后次背书为记名背书，或中间间隔有空白背书的情形，也可依据上述方式解决背书连续性问题。（3）经空白背书取得票据的人，以单纯交付方式原样再次转让票据的。因空白背书的票据因不记载被背书人的名称，对被背书人没有特别的指定，从逻辑上说被背书人可以是任意的。且票据是文义证券，只要票据背书的记载和签章在形式上是依次前后衔接的，背书即为连续。因此，以上三种情况，均应认定票据权利发生转移。

四、辅助信息

高频词条：

《票据法》

　　第二十七条　持票人可以将汇票权利转让给他人或者将一定的汇票权利授予他人行使。

　　出票人在汇票上记载"不得转让"字样的，汇票不得转让。

　　持票人行使第一款规定的权利时，应当背书并交付汇票。

　　背书是指在票据背面或者粘单上记载有关事项并签章的票据行为。

　　第三十条　汇票以背书转让或者以背书将一定的汇票权利授予他人行使时，必须记载被背书人名称。

《2020年票据纠纷司法解释》

　　第四十八条　依照票据法第二十七条和第三十条的规定，背书人未记载被背书人名称即将票据交付他人的，持票人在票据被背书人栏内记载自己的名称与背书人记载具有同等法律效力。

票据纠纷案件裁判规则第 3 条：

电子商业汇票持票人应当通过电子商业汇票系统（ECDS，下同）线上行使票据追索权，持票人未通过电子商业汇票系统行使追索权的，不产生追索法律效力

【规则描述】本条规则主要是关于电子商业汇票如何行使票据追索权的问题。对于电子商业汇票，沿用纸质商业汇票通过诉讼等线下方式行使票据追索权，其效力应如何判断。本规则涉及对《电子商业汇票业务管理办法》性质的认定，以及《票据法》第四条、第七十条第二款的理解。

一、类案检索大数据报告

时间：2021 年 2 月 5 日之前，案例来源：Alpha 案例库，案件数量：29 件，数据采集时间：2021 年 2 月 5 日。本次检索获取 2021 年 2 月 5 日前共 29 篇裁判文书，其中：（1）认为可以通过线下方式追索，的案件有 12 件，占比为 41.38%；（2）认为必须通过电子商业汇票系统行使追索权，否则不发生追索效力的案件有 17 件，占比为 58.62%。整体情况如下：

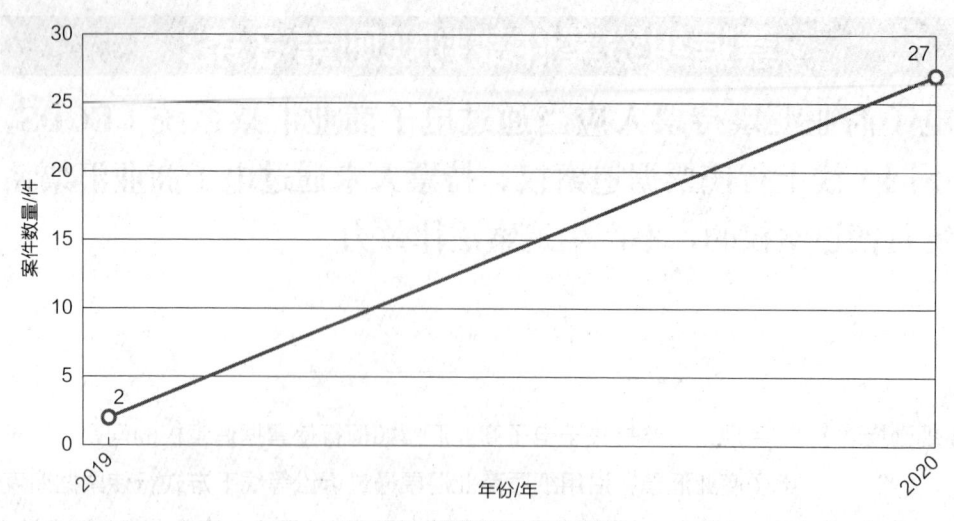

图 3-1　案件年份分布情况

从上方的年份分布可以看到当前条件下案例数量的变化趋势，此类案件从 2019 年以后出现，并在 2020 年急剧增长。

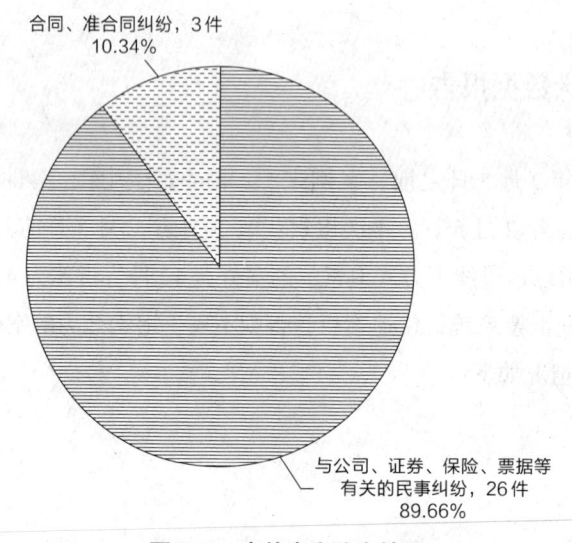

图 3-2　案件案由分布情况

从上面的案由分类情况可以看到，当前的案由分布由多至少分别是与公司、证券、保险、票据等有关的民事纠纷，合同、准合同纠纷。

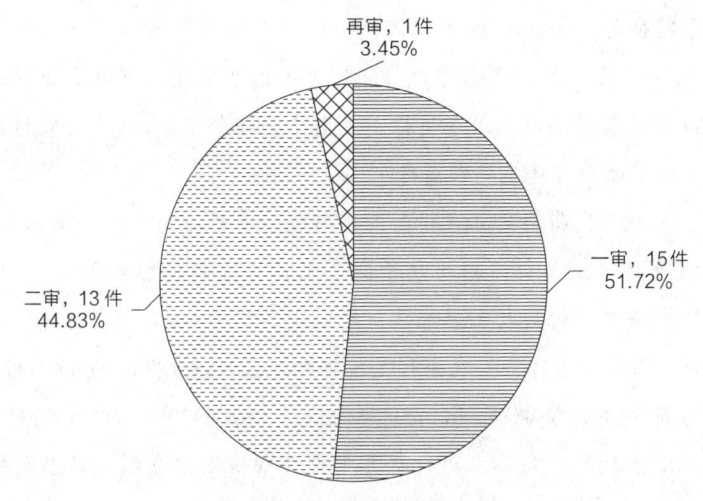

图 3-3　案件审理程序分布情况

从上面的程序分类统计可以看到当前的审理程序分布状况。一审案件有 15 件，二审案件有 13 件，再审案件有 1 件。

二、可供参考的例案

> **例案一：吉林集安农村商业银行股份有限公司、龙里国丰村镇银行有限责任公司票据追索权纠纷案**

【法院】

　　最高人民法院

【案号】

　　（2020）最高法民终 895 号

【当事人】

　　上诉人（一审被告）：吉林集安农村商业银行股份有限公司

　　上诉人（一审被告）：龙里国丰村镇银行有限责任公司

　　被上诉人（一审原告）：新疆乌苏农村商业银行股份有限公司

【基本案情】

　　2017 年 6 月 7 日，出票人中核工公司向合肥华峻商贸有限公司（以下简称合肥华峻公司）开具 5 份商业承兑汇票，金额合计为 2 亿元。前述 5 份商业承兑汇票收款人均为合肥华峻公司，金额均为5000万元，承兑日期均为2017年6月7日，到期日均为2018年6月7日。2017年6月7日上述5份商业承兑汇票依次背书转让给龙里国丰村镇银行有限责任公司（以下简称龙里国丰村镇行）、吉林集安农村商业银行股份有限公司（以下简称吉林集安农商行）。

2017年6月9日，新疆乌苏农村商业银行股份有限公司（以下简称乌苏农商行）与吉林集安农商行分别签订三份《电子商业汇票买断式转贴现合同》，约定由乌苏农商行向吉林集安农商行买入上述汇票，转贴现利率为6.2%。上述转贴现合同签订后，乌苏农商行依约向吉林集安农商行支付转贴现款合计187496666.67元。

2018年6月7日，票据尾号为087879382、087909326、087849925、087849968四份商业承兑汇票到期，乌苏农商行就其中案涉四份汇票在到期日当天向付款人中核工公司提示付款。2018年6月12日中核工公司回复拒绝签收，拒绝理由为商业承兑汇票承兑人账户余额不足。

2018年6月14日，乌苏农商行分别向龙里国丰村镇行、中核工公司、合肥华峻公司发出拒付追索请求，《拒付追索请求信息》显示追索理由为承兑人被依法宣告破产。

另查明，吉林集安农商行与龙里国丰村镇行签订了《商业汇票转贴现业务免除追索协议》。

【案件争点】

1.《电子商业汇票业务管理办法》能否作为裁判依据；

2.乌苏农商行是否丧失对前手的票据追索权。

【裁判要旨】

《电子商业汇票业务管理办法》系由中国人民银行为统一规范电子商业汇票业务，依据《中国人民银行法》《票据法》《电子签名法》《物权法》①《票据管理实施办法》等有关法律法规制定的规章制度，是对以往法律法规未能明确的事项进行了进一步明确。案涉票据系电子商业汇票，在《电子商业汇票业务管理办法》有明确规定的情形下，本案应当适用《电子商业汇票业务管理办法》，《电子商业汇票业务管理办法》未尽事宜，遵照《票据法》《票据管理实施办法》等法律法规执行。

根据《电子商业汇票业务管理办法》第五条关于"电子商业汇票的出票、承兑、背书、保证、提示付款和追索等业务，必须通过电子商业汇票系统办理"的规定、

---

① 现为《民法典》物权编。

第十一条关于"电子商业汇票信息以电子商业汇票系统的记录为准"的规定以及第六十七条关于"追索时,追索人应当提供拒付证明。拒付追索时,拒付证明为票据信息和拒付理由。非拒付追索时,拒付证明为票据信息和相关法律文件"的规定可知,电子承兑汇票的拒付证明为全国电子商业汇票系统记录的票据信息,商票的一切活动均在 ECDS 上记载生成,而 ECDS 是由中国人民银行牵头建设的全国性金融业务运行系统,它通过采用电子签名和可靠的安全认证机制,能够保证其唯一性、完整性和安全性。本案中,乌苏农商行向中核工公司、合肥华峻公司、阜阳俊业公司、吉林集安农商行、龙里国丰村镇行发出的《拒付追索请求信息》记载了票据信息和"拒付追索"的追索类型,并未违反上述法律规定。根据《票据法》第五十三条第三款关于"通过委托收款银行或者通过票据交换系统向付款人提示付款的,视同持票人提示付款"的规定,《票据法》第六十一条关于"汇票到期被拒绝付款的,持票人可以对背书人、出票人以及汇票的其他债务人行使追索权"的规定,以及《票据法》第六十二条关于"持票人行使追索权时,应当提供被拒绝承兑或者被拒绝付款的有关证明"的规定,乌苏农商行并未丧失案涉票据追索权,向其前手、出票人、收款人进行追索,依法享有对案涉商业承兑汇票的追索权。

例案二:山东高速信息工程有限公司与中国工商银行股份有限公司深圳高新园支行票据追索权纠纷案

【法院】

广东省深圳市中级人民法院

【案号】

(2020)粤 03 民终 23818 号

【当事人】

上诉人(原审被告):山东高速信息工程有限公司

被上诉人(原审原告):中国工商银行股份有限公司深圳高新园支行

【基本案情】

2018 年 1 月 12 日至 2018 年 12 月 25 日期间,中国工商银行股份有限公司深圳高新园支行(以下简称工行高新园支行)与普创天信公司分别签订了一份《银行承兑协议》及七份《流动资金借款合同》。2018 年 12 月 11 日,工行高新园支行与山东高速信息工程有限公司(以下简称山东高速公司)签订了一份《最高额质押合同》,

普创天信公司以其持有的五张票面金额分别为2500万元、1800万元、2060万元、20620600元、20657680元的电子商业承兑汇票为工行高新园支行提供最高额质押担保，保证工行高新园支行债权的实现。上述5张电子商业承兑汇票均已背书质押予工行高新园支行，并记载了"质押"字样。上述《银行承兑协议》及7份《流动资金借款合同》签订后，工行高新园支行依约对普创天信公司开具的2张价值2500万元的电子银行承兑汇票进行了承兑，并向普创天信公司发放了17300万元的贷款。上述两张银行承兑汇票的到期日分别为2019年1月7日和2019年1月11日，但时至2019年5月20日，普创天信公司仍未在其上述账户中存入足额承兑汇票票面金额。工行高新园支行在依据《银行承兑协议》第七条第三款的约定扣除普创天信公司保证金账户及其他存款账户资金后，仍向持票人友为技术有限公司垫付了承兑汇票票款34432950.93元。同时，普创天信公司与工行高新园支行签订《流动资金借款合同》项下的贷款已分别于2019年1月19日和2019年2月6日到期，普创天信公司并未按时足额偿还贷款本金及利息。2019年1月24日，因普创天信公司出现了违约情形，工行高新园支行通过电子商业承兑汇票系统要求博泰易通公司（承兑人）向工行高新园支行兑付票面金额为2060万元的电子商业承兑汇票。2019年1月31日，工行高新园支行查询得知该电子商业承兑汇票票据状态为提示付款已拒付。工行高新园支行于2019年1月31日向背书人山东高速公司和背书人普创天信公司寄发了《行使追索权通知函》，要求背书人山东高速公司和背书人普创天信公司于2019年2月2日前向工行高新园支行支付该电子商业承兑汇票票面金额2060万元。时至2019年5月20日，背书人山东高速公司和背书人普创天信公司未向工行高新园支行支付该电子商业承兑汇票票面金额2060万元。

【案件争点】

1.《电子商业汇票管理办法》能否作为本案的裁判依据；

2. 电子商业汇票线下追索是否满足票据的要式性；

3. 电子商业汇票线下追索的法律后果。

【裁判要旨】

首先，《电子商业汇票管理办法》能否作为本案的裁判依据。《票据法》第一百零九条规定："票据管理的具体实施办法，由中国人民银行依照本法制定，报国务院批准后实施。"中国人民银行依据该授权，于2009年10月16日以中国人民银行令〔2009〕第2号颁发并实施《电子商业汇票业务管理办法》，并随后下发系列配套管理办法。《电子商业汇票业务管理办法》系中国人民银行在职责权限范围内，为规范电子商业汇票业务，保障电子商业汇票活动中当事人的合法权益，促进电子商业汇票业务发展的实际需要，依据《票据法》的直接授权而制定。《2000年票据纠纷司法解释》第六十三条[①]规定："人民法院审理票据纠纷案件，适用票据法的规定；票据法没有规定的，适用《中华人民共和国民法通则》、《中华人民共和国合同法》、《中华人民共和国担保法》等民商事法律以及国务院制定的行政法规。中国人民银行制定并公布施行的有关行政规章与法律、法规不抵触的，可以参照适用。"在其他法律法规均未就电子商业汇票管理作出规定的情形下，鉴于电子商业汇票的特殊性，《电子商业汇票业务管理办法》作为专门规范电子商业汇票的部门规章，在立法目的正当、程序合法且与上位法不冲突的情况下，可以作为审理案件的裁判依据。

其次，电子商业汇票线下追索是否满足票据的要式性。票据行为具有法定的形式，凡违反《票据法》关于票据行为要式规定的，除法律另有明确规定者外，所为行为无效。票据的签章系票据行为要式性的重要表现形式之一。《票据法》第四条规定："票据出票人制作票据，应当按照法定条件在票据上签章，并按照所记载的事项承担票据责任。持票人行使票据权利，应当按照法定程序在票据上签章，并出示票据。其他票据债务人在票据上签章的，按照票据所记载的事项承担票据责任。"《电子商业汇票业务管理办法》第十四条规定："票据当事人在电子商业汇票上的签章，为该当事人可靠的电子签名。电子签名所需的认证服务应由合法的电子认证服务提供者提供。可靠的电子签名必须符合《中华人民共和国电子签名法》第十三条第一款的规定。"电子商业汇票是以数据电文形式制作的票据，需要通过特定的信息系统的记录、解读才能以被人理性感知的形式呈现，必须依赖电子商业汇票系统这一载体来运行和完成，电子商业汇票业务活动中应当使用数字证书作为票据活动的电子签名，通过电子商业汇票系统审核的电子签名系电子商业汇票唯一合法有效的签章。《电子商业汇票业务管理办法》第五条规定："电子商业汇票的出票、承兑、背书、保证、提示付款和追索等业务，必须通过电子商业汇票系统办理。"因此，电子商业汇票的线下追索因不具备有效签章，不符合《电子商业汇票业务管理办法》第十四条、第五条关于电子商业汇票签章和追索等票据行为要式性的要求而无效。

最后，从电子商业汇票线下追索的法律后果看。《票据法》第七十条第二款规

[①] 该司法解释已于2020年12月23日修正，本案所涉第六十三条修改为第六十二条："人民法院审理票据纠纷案件，适用票据法的规定；票据法没有规定的，适用《中华人民共和国民法典》等法律以及国务院制定的行政法规。中国人民银行制定并公布施行的有关行政规章与法律、行政法规不抵触的，可以参照适用。"

定："被追索人清偿债务时，持票人应当交出汇票和有关拒绝证明，并出具所收到利息和费用的收据。"如果电子商业汇票采用线下追索的方式，则可能产生以下后果：（1）因持票人客观上无法依法交付票据，导致被追索人清偿后无法获得相应票据，无法行使再追索权；（2）因线下追索未被电子商业汇票系统记载，导致电子商业汇票系统默认持票人已对除出票人、承兑人、保证人等外的前手放弃追索权；（3）如果在电子商业汇票系统之外以司法判决的形式另行确立、确认其他票据状态，导致法院判决认定的票据状态与电子商业汇票系统中登记的票据状态不一致，造成该票据脱离中国人民银行及其他金融监管机构对电票领域的监管，加大电票参与者的经营风险，冲击甚至破坏已经建立的电子商业汇票规则和市场秩序，威胁票据金融市场安全等不良后果。

综合以上考量因素，工行高新园支行未通过电子商业汇票系统向山东高速公司行使追索权，其行为不符合《票据法》第四条、《电子商业汇票业务管理办法》第五条、第十四条的规定，不属法定的票据追索行为，对被追索人即山东高速公司不产生追索效力。

例案三：中车时代电动汽车股份有限公司与南京东宇汽车零部件有限公司买卖合同纠纷案

【法院】

湖南省株洲市中级人民法院

【案号】

（2020）湘02民再30号

【当事人】

再审申请人（一审被告、二审被上诉人）：中车时代电动汽车股份有限公司

被申请人（一审原告、二审上诉人）：南京东宇汽车零部件有限公司

【基本案情】

2017年9月18日，南京东宇汽车零部件有限公司（以下简称南京东宇公司）与中车时代电动汽车股份有限公司（以下简称中车电动公司）签订《产品买卖合同》，约定：中车电动公司向南京东宇公司定购汽车座椅及配件，货款总计为6536000元；交货时间和数量按订单要求发货；货款支付方式采用舒城县万福客运有限公司（以下简称万福客运公司）的商业承兑汇票；违约责任为，若出现以上规定以外的违反

本合同的违约行为，由违约方赔偿守约方因此遭受的所有损失包括但不限于基于诉讼所发生的一切费用（如律师费、差旅费等）；解决合同纠纷的方式为双方友好协商解决，协商未果的，向中车电动公司所在地人民法院提起诉讼。合同签订后，南京东宇公司根据订单指示，于2017年10月13日至11月11日，发货至扬州亚星客车股份有限公司，货款总价值6536000元，并于同年11月27日向中车电动公司寄送7份增值税专用发票。同日，中车电动公司背书转让给南京东宇公司一份出票人、承兑人为万福客运公司、金额为6536000元的电子商业承兑汇票用于支付货款，该承兑汇票出票日期、承兑日期为2017年11月30日，到期日为2018年11月29日。南京东宇公司到期提示付款后被拒付。

【案件争点】

南京东宇公司能否通过线下追索的方式请求支付票款。

【裁判要旨】

首先，《票据法》第一百零九条规定："票据管理的具体实施办法，由中国人民银行依照本法制定，报国务院批准后实施。"《电子商业汇票业务管理办法》系中国人民银行在职责权限范围内，为规范电子商业汇票业务，保障电子商业汇票活动中当事人的合法权益，促进电子商业汇票业务发展的实际需要，依据《票据法》的直接授权而制定。《2000年票据纠纷司法解释》第六十三条①规定："人民法院审理票据纠纷案件，适用票据法的规定，票据法没有规定的，适用《中华人民共和国民法通则》《中华人民共和国合同法》《中华人民共和国担保法》等民商事法律以及国务院制定的行政法规。中国人民银行制定并公布施行的有关行政规章与法律、法规不抵触的，可以参照适用。"故《电子商业汇票业务管理办法》作为专门规范电子商业汇票的部门规章，可以作为裁判依据参照适用。

其次，电子商业汇票线下追索行为无效。票据行为具有法定的形式，《票据法》第四条规定："持票人行使票据权利，应当按照法定程序在票据上签章，并出示票据。其他票据债务人在票据上签章的，按照票据所记载的事项承担票据责任。"电子商业汇票是以数据电文形式制作的票据，需要通过特定方式的信息记录、解读才能以被人理性感知的形式呈现，必须依赖电子商业汇票系统这一载体来运行和完成。

---

① 该司法解释已于2020年12月23日修正，本案所涉第六十三条修改为第六十二条："人民法院审理票据纠纷案件，适用票据法的规定；票据法没有规定的，适用《中华人民共和国民法典》等法律以及国务院制定的行政法规。中国人民银行制定并公布施行的有关行政规章与法律、行政法规不抵触的，可以参照适用。"

因此,《电子商业汇票业务管理办法》第十四条进一步明确:"票据当事人在电子商业汇票上的签章,为该当事人可靠的电子签名。"故通过电子商业汇票系统审核的电子签名系电子商业汇票唯一合法有效的签章。南京东宇公司在线下追索的行为不符合电子商业汇票签章的法定程序,不具有签章效力。《电子商业汇票业务管理办法》第五条规定:"电子商业汇票的出票、承兑、背书、保证、提示付款和追索等业务,必须通过电子商业汇票系统办理。"因此,电子商业汇票的线下追索因不具备有效签章,不符合《电子商业汇票业务管理办法》第十四条、第五条票据行为要式性的要求而无效。而且,电子商业汇票的线下追索将导致:线下追索未被电子商业汇票系统记载,致使该票据脱离中国人民银行及金融监管机构对电票领域的监管;持票人主张的追索权与系统默认的追索权不一致,导致所有前手对其票据义务理解不同而产生纠纷;持票人客观上无法线下交付票据,被追索人清偿后无法行使再追索权等多重不利后果。

综上,南京东宇公司未通过电子商业汇票系统向中车电动公司行使追索权,而以向法院起诉的方式进行的追索,其行为不符合《票据法》第四条、《电子商业汇票业务管理办法》第五条、第十四条的规定,不属法定的票据追索行为,对被追索人中车电动公司不产生追索效力。

三、裁判规则提要

电子商业汇票系统(简称ECDS)是经中国人民银行批准建立,依托网络和计算机技术,接收、存储、发送电子商业汇票数据电文,提供与电子商业汇票货币给付、资金清算行为相关服务的业务处理平台。电子商业汇票是指出票人依托电子商业汇票系统,以数据电文形式制作的,委托付款人在指定日期无条件支付确定金额给收款人或者持票人的票据。

电子商业汇票业务都按照中国人民银行颁布的《电子商业汇票业务管理办法》进行,由于电子商业汇票都是通过专门的电子系统开展业务,该办法规定了一些与纸质商业汇票不一致的操作规则。该办法第五条规定,电子商业汇票的出票、承兑、背书、保证、提示付款和追索等业务,必须通过电子商业汇票系统办理。由此带来了通过起诉等线下方式行使电子商业汇票追索权是否具有法律效力的问题。对此,从以下几个方面进行分析:

(1)《电子商业汇票业务管理办法》的法律效力。有一种观点认为,《电子商业汇票业务管理办法》系业务类管理规范。未通过电子商业汇票系统办理追索业务，并不能产生导致持票人丧失相关票据权利的法律后果。线下通过邮寄的方式向票据债务人行使了追索权，票据债务人亦确认收到，能产生相同的法律效果。① 还有一种观点认为，《票据法》第一百零九条规定："票据管理的具体实施办法，由中国人民银行依照本法制定，报国务院批准后实施。"因此，《电子商业汇票业务管理办法》是中国人民银行依据《票据法》直接授权而制定的。《2020年票据纠纷司法解释》第六十二条规定："人民法院审理票据纠纷案件，适用票据法的规定；票据法没有规定的，适用《中华人民共和国民法典》等法律以及国务院制定的行政法规。中国人民银行制定并公布施行的有关行政规章与法律、行政法规不抵触的，可以参照适用。"在其他法律法规均未就电子商业汇票管理作出规定的情形下，鉴于电子商业汇票的特殊性，《电子商业汇票业务管理办法》作为专门规范电子商业汇票的部门规章，在立法目的正当、程序合法且与上位法不冲突的情况下，可以作为审理案件的裁判依据。② 最高人民法院也有判决认为，在《电子商业汇票业务管理办法》有明确规定的情形下，应当适用《电子商业汇票业务管理办法》，《电子商业汇票业务管理办法》未尽事宜，遵照《票据法》《票据管理实施办法》等法律法规执行。③ 鉴于《电子商业汇票业务管理办法》是有权机关依据法律直接授权而制定，且电票开户银行必须与客户签订电子商业汇票业务服务协议，协议亦明确电子商业汇票的出票、承兑、背书、保证、提示付款和追索等业务，必须通过电子商业汇票系统办理，因此，所有电子商业汇票业务的参与者，都应当受《电子商业汇票业务管理办法》约束，通过电子商业汇票系统办理相关业务。

（2）线下追索的法律效力。首先，从票据的要式性要求来说。票据行为具有法定的形式，凡违反《票据法》关于票据行为要式规定的，除法律另有明确规定外，所为行为无效。《票据法》第四条规定："票据出票人制作票据，应当按照法定条件在票据上签章，并按照所记载的事项承担票据责任。持票人行使票据权利，应当按照法定程序在票据上签章，并出示票据。其他票据债务人在票据上签章的，按照票据所记载的事项承担票据责任。"《电子商业汇票业务管理办法》第十四条规定："票据当事人在电子商业汇票上的签章，为该当事人可靠的电子签名。电子签名所需的

---

① 见（2019）粤0309民初10030号判决。
② 见（2020）粤03民终23818号判决。
③ 见（2020）最高法民终895号判决。

认证服务应由合法的电子认证服务提供者提供。可靠的电子签名必须符合《中华人民共和国电子签名法》第十三条第一款的规定。"《电子商业汇票业务管理办法》第五条规定:"电子商业汇票的出票、承兑、背书、保证、提示付款和追索等业务,必须通过电子商业汇票系统办理。"因此,电子商业汇票的线下追索因不具备有效签章,不符合《电子商业汇票业务管理办法》第五条、第十四条关于电子商业汇票签章和追索等票据行为要式性的要求而无效。其次,从电子票据的特殊性来说。电子商业汇票是以数据电文形式制作的票据,其信息以电子商业汇票系统记录为准。如允许线下追索,则导致票据出现未经电子系统记载的信息,导致电子商业汇票业务的规则基础发生根本性改变。具体到票据追索权而言,《电子商业汇票业务管理办法》第六十六条规定,持票人在票据到期日前被拒付的,不得拒付追索。持票人在提示付款期内被拒付的,可向所有前手拒付追索。持票人超过提示付款期提示付款被拒付的,若持票人在提示付款期内曾发出过提示付款,则可向所有前手拒付追索;若未在提示付款期内发出过提示付款,则只可向出票人、承兑人拒付追索。根据这一规则,若持票人在被拒付后未在6个月内通过电子商业汇票系统行使追索权,则应向出票人、承兑人及其保证人行使追索权。若允许线下追索,则会导致这一规则被规避,成为一纸空文。同时,也将导致遵守电子商业汇票业务规则的参与主体增加被追索的不确定性风险,特别是资信度高的央企、国企、上市公司等企业的风险将大大增加,导致"劣票驱逐良票"的问题。

综合以上考虑,电子商业汇票业务应当遵循《电子商业汇票业务管理办法》确定的各项规则,持票人未按办法通过电子商业汇票系统行使追索权的,不产生追索法律效力。

四、辅助信息

高频词条:

《票据法》

第四条 票据出票人制作票据,应当按照法定条件在票据上签章,并按照所记载的事项承担票据责任。

持票人行使票据权利,应当按照法定程序在票据上签章,并出示票据。

其他票据债务人在票据上签章的，按照票据所记载的事项承担票据责任。

本法所称票据权利，是指持票人向票据债务人请求支付票据金额的权利，包括付款请求权和追索权。

本法所称票据责任，是指票据债务人向持票人支付票据金额的义务。

第七十条　持票人行使追索权，可以请求被追索人支付下列金额和费用：

（一）被拒绝付款的汇票金额；

（二）汇票金额自到期日或者提示付款日起至清偿日止，按照中国人民银行规定的利率计算的利息；

（三）取得有关拒绝证明和发出通知书的费用。

被追索人清偿债务时，持票人应当交出汇票和有关拒绝证明，并出具所收到利息和费用的收据。

《电子商业汇票业务管理办法》

第五条　电子商业汇票的出票、承兑、背书、保证、提示付款和追索等业务，必须通过电子商业汇票系统办理。

第十四条　票据当事人在电子商业汇票上的签章，为该当事人可靠的电子签名。

电子签名所需的认证服务应由合法的电子认证服务提供者提供。

可靠的电子签名必须符合《中华人民共和国电子签名法》第十三条第一款的规定。

票据纠纷案件裁判规则第 4 条：

以汇票、支票、本票出质，出质人与质权人应当严格采取"背书记载'质押'字样并签章交付相关票据"的方式，质权自权利凭证交付之日起设立

【规则描述】 本条规则主要阐述的是《民法典》施行后票据质权如何设定的问题。本规则是对《民法典》第四百四十一条和《最高人民法院关于适用〈中华人民共和国民法典〉有关担保制度的解释》第五十八条适用后果的细化，明确票据质权的设立条件。

一、类案大数据检索报告

类案检索大数据在 Alpha 案例库以关键词：票据纠纷、质押、背书、对抗，获取了 2021 年 2 月 3 日前共 77 篇票据纠纷裁判文书，其中 11 篇文书属于重复检索，21 篇文书未涉及票据质权的设立。可供参考的 45 个案例中，其中 26 个案例是以《票据法》规定的背书记载"质押"字样并交付票据的方式设立质权，法院均认可质权成立，余下 19 个案例中当事人通过《担保法》规定的签订票据质押合同并交付票据的方式设立质权，法院同样认同质权成立。45 篇案例都未涉及出现善意第三人主张权利时，出质人能否以票据已出质对抗的认定。

二、可供参考的例案

例案一：滕州市城郊信用社诉建行枣庄市薛城区支行票据纠纷案

【法院】

山东省高级人民法院

【案件来源】

《最高人民法院公报》2004 年第 11 期

【当事人】

原告：滕州市城郊信用社

被告：中国建设银行枣庄市薛城区支行

【基本案情】

1997 年 5 月，洗煤厂的业务员张某某请求中国建设银行枣庄市薛城区支行（以下简称薛城区建行）所属陶庄办事处副主任渠某某为其提供贷款担保，并许诺给予好处费。5 月 28 日，渠某某利用担任陶庄办事处副主任之便，在没有收到任何款项的情况下，签发了编号为 VIV00316605 的银行汇票（以下简称 5 号汇票），次日收到洗煤厂的法定代表人刘某某和业务员张某某出具的借条一张，内容为：借薛城区建行陶庄办事处汇票一张 75 万元，借款人刘某某、张某某，并加盖洗煤厂财务专章。该银行汇票记载的出票单位为陶庄办事处、收款人为洗煤厂、金额为 75 万元。同日，洗煤厂与滕州市城郊信用社（以下简称城郊信用社）签订一份质押借款合同，约定：洗煤厂向城郊信用社借款 75 万元，期限 1 个月，质物为"汇票"。合同签订后，洗煤厂向城郊信用社交付 5 号汇票和一份《权利质物质押声明书》，其上加盖了汇票签发行陶庄办事处和汇票收款人洗煤厂的印章，载明的主要内容为洗煤厂以其所有的 5 号汇票作为向城郊信用社借款的权利质押凭证，城郊信用社据此向洗煤厂发放贷款 75 万元。同年 6 月 26 日，借款期限即将届满时，渠某某担心如果洗煤厂不能按期归还，城郊信用社一旦行使质权，将暴露其非法出具银行汇票的事实，于是在没有收到任何款项的情况下，又签发了编号为 VIV00316608 的银行汇票（以下简称 8 号汇票）。洗煤厂持 8 号汇票向城郊信用社换回了 5 号汇票，同时交付城郊信用社一份注明权利质押凭证为 8 号汇票的《权利质物质押声明书》。8 号汇票记载的出票单位亦为陶庄办事处，收款人为洗煤厂，金额为 75 万元，出票日期为 1997 年 6 月 26 日。该汇票的背书人栏内加盖了洗煤厂的财务专章及法定代表人刘某某的印章，但被背书人栏内空白。该汇票的"持票人向银行提示付款签章"处加盖了"滕州市金利来洗煤厂财务专章"和法定代表人"刘某某"印章，并书写有"委托城郊信用社收款"。洗煤厂在借款到期后未能偿还借款，城郊信用社于 1997 年 7 月 17 日将 8 号汇票提交滕州市人民银行，通过票据交换系统向薛城区建行收取 75 万元票款。薛城区建行见票后，通知陶庄办事处办理解付，原陶庄办事处副主任渠某某收到汇票后，携票潜逃，薛城区建行遂向检察机关报案，并拒绝向城郊信用社支付票款。渠某某潜逃三天后，将该汇票寄回薛城区建行处，薛城区建行将该汇票退回城郊信用社，但仍拒付票款。在本案的审理过程中，薛城区建行向城郊信用社出具退票理由书，明确退票理由：一是洗煤厂以恶意取得票据，二是该票据实际结算金额没有套写。

【案件争点】

票据未以背书方式而是另行订立书面合同设定质押是否有效。

【裁判要旨】

《票据法》第三十五条第二款规定，汇票质押时应当以背书记载"质押"字样。但并未规定如果未记载"质押"字样的，质押不生效或无效。《担保法》第七十六条①规定："以汇票、支票、本票、债券、存款单、仓单、提单出质的，应当在合同约定的期限内将权利凭证交付质权人。质押合同自权利凭证交付之日起生效。"因此，背书质押不是设定票据质权的唯一方式，订立质押合同、交付票据也可以设定票据质权。《票据法》第三十一条第一款规定："以背书转让的汇票，背书应当连续。持票人以背书的连续，证明其汇票权利；非经背书转让，而以其他合法方式取得汇票的，依法举证，证明其汇票权利。"以票据出质的，质押背书是表明票据持有人享有票据质权的直接证据，如果无质押背书，书面的质押合同就是票据持有人证明其享有票据质权的合法证据。在票据持有人持有票据，并有书面质押合同的情况下，应当认定持有人享有票据质权。《最高人民法院关于适用〈中华人民共和国担保法〉若干问题的解释》第九十八条②规定："以汇票、支票、本票出质，出质人与质权人没有背书记载'质押'字样，以票据出质对抗善意第三人的，人民法院不予支持。"

---

① 参见《民法典》第四百四十一条规定："以汇票、本票、支票、债券、存款单、仓单、提单出质的，质权自权利凭证交付质权人时设立；没有权利凭证的，质权自办理出质登记时设立。法律另有规定的，依照其规定。"

② 参见《民法典担保制度司法解释》第五十八条规定："以汇票出质，当事人以背书记载'质押'字样并在汇票上签章，汇票已经交付质权人的，人民法院应当认定质权自汇票交付质权人时设立。"

由此，背书"质押"字样不是票据质权的取得要件，仅是票据质权的对抗要件。虽然《2000年票据纠纷司法解释》第五十五条①规定："依照票据法第三十五条第二款的规定，以汇票设定质押时，……或者出质人未在汇票、粘单上记载'质押'字样而另行签订质押合同、质押条款的，不构成票据质押。"但因该规定的颁布时间早于《最高人民法院关于适用〈中华人民共和国担保法〉若干问题的解释》，故对本案应适用《最高人民法院关于适用〈中华人民共和国担保法〉若干问题的解释》中的规定。综上，本案城郊信用社与洗煤厂间订有质押合同、洗煤厂将银行汇票交付城郊信用社占有，双方在8号银行汇票上成立了有效的票据质押关系，城郊信用社取得票据质权。

例案二：上海X公司与张家港Y公司票据追索权纠纷案

【法院】

上海市第二中级人民法院

【案号】

（2014）沪二中民六（商）终字第116号

【当事人】

上诉人（原审被告）：上海X公司

被上诉人（原审原告）：张家港Y公司

【基本案情】

2012年11月21日，Y公司与案外人居某签订《出口代理合同》，约定由Y公司为居某出口代理货物，居某按照Y公司出口货物开票金额的百分之一标准支付出口代理费；2013年3月25日，X公司向Y公司签发付款行为工行上海市临港支行的支票一张，支票载明：支票号码为×××，限额人民币一百万元（以下币种均为人民币），出票人签章处加盖X公司公司财务专用章、法定代表人郑某印章，出票日期为空白。X公司在支票存根上注明，收款人为"Y"，用途为"押"。2013年3月26日，Y公司财务向X公司出具收条，注明已收到X公司签发的空白支票（支票号：××××××××）；2013年12月30日，Y公司因通过居某在2013年2月至4月

---

① 该司法解释已于2020年12月23日修正，本案所涉第五十五条修改为第五十四条，内容未作修改。

期间从张家港市Z服饰有限公司在没有真实业务的情况下虚开增值税专用发票后利用他人出口货物信息虚构出口外销业务，申报"免、抵、退"税骗取出口退税，被张家港市国家税务局稽查局追缴骗取的出口退税款1284161.08元，并被张家港市国家税务局处以骗取出口退税款一倍罚款1284161.08元；2014年1月24日，Y公司持补记的转账支票至农行嘉西支行托收进账，支票补记金额为999000元。2014年1月26日，中国工商银行临港支行以"余额不足；出票人账户已被冻结"为由向Y公司作出退票通知。

【案件争点】

双方的支票质押关系是否成立，Y公司能否行使票据质权。

【裁判要旨】

本院认为，票据质押，应当符合法定要件。根据《票据法》第三十五条第二款之规定，汇票可以设定质押；质押时应当以背书记载"质押"字样。被背书人依法实现其质权时，可以行使汇票权利。本案系争支票的背书中没有设定质权的记载，存根联记载的"押"字不构成设质背书，即系争支票未经质押背书，与《票据法》规定的票据质押的法定形式不符。根据《物权法》第二百二十四条①之规定，以汇票、支票、本票、债券、存款单、仓单、提单出质的，当事人应当订立书面合同。质权自权利凭证交付质权人时设立。在无质押背书的情况下，X公司与Y公司亦未就系争支票设质事宜签订书面的质押合同，与《物权法》规定的权利质权的设定形式不符。而且双方对质押票据所担保的债权存在截然相反的意见，在各自陈述以及所提供证据的证明力均无法达到高度盖然性证明标准的情况下，系争支票设质所担保的债权难以认定。质权作为一种担保物权，从属于主债权，在系争支票设质所担保的债权无法明确的情况下，质权的行使无从谈起，应由Y公司就主张行使票据权利承担举证不能的法律后果。

---

① 参见《民法典》第四百四十一条规定："以汇票、本票、支票、债券、存款单、仓单、提单出质的，质权自权利凭证交付质权人时设立；没有权利凭证的，质权自办理出质登记时设立。法律另有规定的，依照其规定。"

例案三：上海袁某等与慕某民间借贷纠纷案

【法院】

陕西省榆林市中级人民法院

【案号】

（2017）陕08民终2464号

【当事人】

上诉人（原审被告）：袁某、朱某

被上诉人（原审原告）：慕某

【基本案情】

2013年1月18日，因案外人张某资金周转，找到被告袁某去向原告慕某借款。因原告慕某只认可被告袁某，要求袁某向其出具借据一支。借据载明："今借到，慕某人民币壹佰万，压银行承兑汇票壹佰万元的支票，借款人：袁某，2013元18号（月利0.02元）。"借据出具同时，原告慕某会同被告袁某将100万元借款交付给张某，被告袁某将张某持有的100万元承兑汇票交给原告慕某。案外人张某本意为将100万元承兑汇票交付给原告后，另再给原告支付3万元利息，待承兑汇票6个月期限届满后由原告直接去取款。但因原告理解错误，并不同意该方式借款。后三人在原告慕某家中约定将该承兑汇票交还给张某，由张某向被告袁某另行出具了借据一支。借款后，被告袁某向原告慕某偿还了借款利息共计12万元，其中3万元在首次借款时予以预先扣除，剩下借款本息再未能偿还。张某另行向被告袁某偿还双方之间的借款利息。另，被告袁某提交了2014年5月18日张某向原告慕某出具的100万元借据一支、20万元的利息条据一支，称原告慕某、被告袁某、案外人张某一致同意该笔债务转移至张某、杨某名下，应由张某、杨某偿还。另查明，被告袁某、朱某系夫妻关系，该笔借款发生在二被告夫妻关系存续期间。

【案件争点】

涉案借款是否存在票据质押。

【裁判要旨】

上诉人袁某、朱某上诉主张涉案借款存在票据质押，且慕明章应将该借据的抵押物返回上诉人。依据《票据法》第三十五条第二款之规定："汇票可以设定质押；质押时应当以背书记载'质押'字样。被背书人依法实现其质押时，可以行使汇票权利。"和《2000年票据纠纷司法解释》第五十五条①之规定："依照票据法第三十五条第二款的规定，以汇票设定质押时，出质人在汇票上只记载了'质押'字样未在票据上签章的，或者出质人未在汇票、粘单上记载'质押'字样而另行签订质押合同、质押条款的，不构成票据质押。"本案中，上诉人袁某未能提供任何证据证明涉案承兑汇票上记载了"质押"字样，缺乏票据质押的法定生效要件，故涉案借款纠纷不存在票据质押。

三、裁判规则提要

《民法典》施行之前，票据制度与物权制度关于票据质权设立的规则存在冲突：我国《票据法》及票据纠纷司法解释表明票据质权的设定必须满足两个条件：其一，票据上必须存在"质押"字样和票据权利人的签章，以此彰显票据权利；其二，票据质押必须以质押背书的形式进行，单纯的交付或质押合同的签订不能设立质权。而民事法律规范对票据质押的规定与《票据法》并不一致，《物权法》要求票据质押必须订立书面合同，质权自权利凭证交付起设立；《担保法》及其司法解释同样规定票据质权自交付生效，并将质押背书作为对抗要件，与《票据法》形成冲突。从法律规范性质上来看，票据质押属于商事规范与民事规范的交叉规制领域，而我国民商事法律规范对票据质押的规定有所不同，由此产生票据质押生效要件的冲突和质权实现形式的矛盾，这一矛盾亦引起了学界的广泛争议和司法实践的适用差异。

对此，《民法典》作出回应，其虽仍秉持有价证券的质权交付生效主义，但通过"但书规定"给予了《票据法》在票据质押上的适用空间，缓和了民商立法上的冲突。《民法典担保制度司法解释》第五十八条②也遵循《票据法》关于票据质押之规定进行了相应表述。依据《民法典》第四百四十一条的规定和《民法典担保制度司法解释》第五十八条的规定，本书认为，司法实务中认定票据质权的设立应当严格采取"背书记载'质押'字样并签章交付相关票据"的方式，质权则自权利凭证交付之日起设立。这样一来，在票据质权设定的要件上，便与《票据法》第三十五条第二款规定的"背书+票据交付"的模式保持一致。票据作为一种文义证券，票据

---

① 该司法解释已于2020年12月23日修正，本案所涉第五十五条修改为第五十四条，内容未作修改。

② 参见《民法典担保制度司法解释》第五十八条规定："以汇票出质，当事人以背书记载'质押'字样并在汇票上签章，汇票已经交付质权人的，人民法院应当认定质权自汇票交付质权人时设立。"

权利的内容以及票据有关的一切事项都以票据上记载的文字为准,由于质押背书具有极强的权利证明效力,被背书人得以背书的连续和持有票据证明自己为合法的质权人,不需要另行提出实质的证据,票据的付款人只要对票据进行形式审查后认为合格即可对票据的持有人付款,这样亦可极大地促进票据的流通性。

四、辅助信息

高频词条:

《民法典》

第四百四十一条　以汇票、本票、支票、债券、存款单、仓单、提单出质的,质权自权利凭证交付质权人时设立;没有权利凭证的,质权自办理出质登记时设立。法律另有规定的,依照其规定。

《票据法》

第十条　票据的签发、取得和转让,应当遵循诚实信用的原则,具有真实的交易关系和债权债务关系。票据的取得,必须给付对价,即应当给付票据双方当事人认可的相对应的代价。

第二十二条　汇票必须记载下列事项:

(一)表明"汇票"的字样;

(二)无条件支付的委托;

(三)确定的金额;

(四)付款人名称;

(五)收款人名称;

(六)出票日期;

(七)出票人签章。

汇票上未记载前款规定事项之一的,汇票无效。

第三十一条　以背书转让的汇票,背书应当连续。持票人以背书的连续,证明其汇票权利;非经背书转让,而以其他合法方式取得汇票的,依法举证,证明其汇票权利。

前款所称背书连续，是指在票据转让中，转让汇票的背书人与受让汇票的被背书人在汇票上的签章依次前后衔接。

第三十五条 背书记载"委托收款"字样的，被背书人有权代背书人行使被委托的汇票权利。但是，被背书人不得再以背书转让汇票权利。

汇票可以设定质押，质押时应当以背书记载"质押"字样。被背书人依法实现其质权时，可以行使汇票权利。

《民法典担保制度司法解释》

第五十八条 以汇票出质，当事人以背书记载"质押"字样并在汇票上签章，汇票已经交付质权人的，人民法院应当认定质权自汇票交付质权人时设立。

《2020年票据纠纷司法解释》

第五十四条 依照票据法第三十五条第二款的规定，以汇票设定质押时，出质人在汇票上只记载了"质押"字样未在票据上签章的，或者出质人未在汇票、粘单上记载"质押"字样而另行签订质押合同、质押条款的，不构成票据质押。

票据纠纷案件裁判规则第 5 条：

不完全质押背书在未补充完全"质押"字样（或签章）之前，债权人不能享有票据质权；而在出质人或质权人补记"质押"字样之后，票据质权即可有效成立；就票据实务而言，质权人也可以不补记"质押"字样，而以一般背书转让的受让人之身份直接向票据债务人主张票据权利

【规则描述】 本条规则主要是针对在不完全质押背书的情况下，质押背书效力如何确认。本规则是在细化《2000 年票据纠纷司法解释》第五十五条①规定和《2000 年票据纠纷司法解释》第四十九条②规定中适用后果的前提之下，再结合实际商业贸易习惯得出的结论。明确在不完全质押背书情况下，票据质押背书效力的确认条件。③

一、类案大数据检索报告

类案检索大数据以关键词：质押背书、不完全质押背书、背书效力，在 Alpha 案例库获取了 2020 年 7 月 5 日前共 98 篇票据纠纷裁判文书。其中 32 篇涉及金融借款合同纠纷，20 篇涉及票据追索权纠纷，15 篇涉及合同纠纷案件，14 篇涉及信用证开证纠纷、追偿权纠纷，其余 17 篇涉及其他案件纠纷内容。98 篇检索案例均未涉及不

---

① 该司法解释已于 2020 年 12 月 23 日修正，本案所涉第五十五条修改为第五十四条，内容未作修改。
② 该司法解释已于 2020 年 12 月 23 日修正，本案所涉第四十九条修改为第四十八条，内容未作修改。
③ 不完全质押背书在未补充完全"质押"字样之前，债权人不能享有票据质权；出质人或质权人在票据到期日或被担保债权履行期限届满之前进行补记"质押"字样之后，票据质权即可有效成立；就票据实务而言，质权人也可以不补记"质押"字样，而以一般背书转让的受让人之身份直接向票据债务人主张票据权利。

完全质押背书的效力问题。

二、可供参考的例案

> **例案一：岳阳林纸股份有限公司、中国农业银行股份有限公司岳阳分行质押合同纠纷案**

【法院】

湖南省岳阳市岳阳楼区人民法院

【案号】

（2017）湘0602民初4854号

【当事人】

原告：岳阳林纸股份有限公司

被告：中国农业银行股份有限公司岳阳分行

【基本案情】

2014年1月23日，原告岳阳林纸股份有限公司（以下简称林纸公司）与被告中国农业银行股份有限公司岳阳分行（以下简称农行岳阳分行）签订了一份流动资金借款合同。约定林纸公司向农行岳阳分行贷款4450万元整，贷款期限自2014年1月23日至2014年7月22日。当天，双方签订了权利质押合同1份。约定林纸公司以作价49582622.2元的28张银行承兑汇票出质，为4450万元贷款进行质押担保，出质的汇票中包含有号码为2××6，金额为100万元的承兑汇票和号码为2××3，金额为100万元的承兑汇票各1张。

2014年12月30日，原告林纸公司与被告农行岳阳分行又签订了1份流动资金借款合同。约定林纸公司向农行岳阳分行贷款2700万元整，贷款期限自2014年12月30日至2015年6月20日。当天，双方签订了权利质押合同1份。约定林纸公司以作价28464135.25元的28张银行承兑汇票出质，为2700万元贷款进行质押担保，出质的汇票中包含有号码为3××5，金额为200万元的承兑汇票1张。

两笔贷款到期后，原告林纸公司按照约定偿还了全部本息，但一直未收到票号为2××6、2××3、3××5的3张银行承兑汇票的托收到账回单，总金额共为400万元。

另查明，余某自2008年9月至2015年11月期间，任农行岳阳分行无固定期限合同制工作人员，在该行大客户部任客户经理，负责林纸公司、茂源林业、源森林业有限公司等大客户的信贷管理工作。2014年1月，林纸公司向农行岳阳分行办理4450万元贷款业务时，向经办贷款手续的余辉提交了28张承兑汇票进行质押。余某在查验28张承兑汇票时，私自将票号为2××6、2××3，票面金额分别为100万元的两张承兑汇票扣留，并制作两份不同的质押清单，以应对林纸公司和农行岳阳分行的检查。2014年1月18日和2月18日，余某将此2张承兑汇票贴现96万元和96.4万元，用于偿还个人债务。2015年4月，余某在办理林纸公司2700万元质押贷款时，发现其中票号为3××5，票面金额为200万元的1张承兑汇票尚未到期，趁同事不注意，将此票据及配套的托收承付通知单扣留。同年4月22日，余某将此票据贴现用于偿还个人债务。

【案件争点】

票据出质双方未进行完整质押背书形式的效力问题。

【裁判要旨】

票据质押的生效要件是合意和交付，质押字样的记载只是票据质权的对抗要件，非"唯一"生效要件，不影响票据质押背书的效力。本案中，农行岳阳分行作为票据被背书人，主张依据《2000年票据纠纷司法解释》第五十五条①规定以票据背书人林纸公司未进行完整质押背书行为对其进行抗辩时，林纸公司可以根据《物权法》第二百二十四条②规定以票据质押的生效要件是合意和交付，质押字样的记载只是票据质权的对抗要件，农行岳阳分行不能以未记载"质押"字样来否认原、被告间的票据质押关系。同时，质押的承兑汇票即使未记载"质押"字样，审查义务也应当在银行方。林纸公司提供质押的承兑汇票若存在瑕疵，农行岳阳分行完全可以不发放贷款。农行岳阳分行发放贷款后，以承兑汇票上未注明"质押"字样，否认双方的票据质押关系，并且要求林纸公司承担相应的过错责任，没有法律依据，不予支持。

例案二：大冶市富通贸易有限公司、威县腾龙棉业有限公司票据返还请求权纠纷、返还原物纠纷案

【法院】

河北省邢台市中级人民法院

---

① 该司法解释已于2020年12月23日修正，本案所涉第五十五条修改为第五十四条，内容未作修改。
② 参见《民法典》第四百四十一条规定："以汇票、本票、支票、债券、存款单、仓单、提单出质的，质权自权利凭证交付质权人时设立；没有权利凭证的，质权自办理出质登记时设立。法律另有规定的，依照其规定。"

【案号】
（2016）冀05民终3646号

【当事人】
上诉人（原审原告）：大冶市富通贸易有限公司
被上诉人（原审被告）：威县腾龙棉业有限公司
原审第三人：隆尧县农村信用合作联社
原审第三人：武汉农村商业银行股份有限公司化工新城支行

【基本案情】
本案讼争号码为31×××51/22×××68银行承兑汇票1张，出票日期为2013年11月27日、出票人为武汉市武钢北湖汉申工贸有限公司，收款人为武汉市金朝金属材料有限公司，付款行为武汉农村商业银行股份有限公司化工新城支行，出票金额为人民币500万。经过多次背书，票据及粘单记载的背书顺序为武汉市武钢北湖汉申工贸有限公司、武汉市金朝金属材料有限公司、武汉宸奥工贸有限公司、临西县东阳建材经销部、威县腾龙棉业有限公司（以下简称腾龙棉业）、隆尧县农村信用合作联社（以下简称隆尧联社）。

另查明，2013年11月28日，原告从黄石远昌贸易有限公司取得银行包括本案讼争的承兑汇票3张，当日，原告将上述3张承兑汇票交给在中国人民银行黄石市中心支行工作的案外人孙某进行贴现，但没有向孙某提供贴现申请书及原告与前手之间的基础关系证据，也没有在本案讼争的承兑汇票进行背书、签章。案外人孙某取得该涉案票据后随即转给案外人谈某。由于案外人孙某迟迟不付款，原告遂报警。案外人孙某因涉嫌非法经营罪，于2013年12月5日被刑事拘留，2014年1月10日被逮捕，2015年6月8日湖北省黄石市中级人民法院作出（2014）鄂黄石中刑初字第00042号刑事判决书，认定被告人孙某犯诈骗罪，判处无期徒刑，并处没收个人全部财产。2013年12月3日原告向付款行挂失，2013年12月10日原告向武汉市洪山区人民法院申请公示催告，该院受理后并发出公告。第三人隆尧联社在公示催告期间，以被告腾龙公司用该承兑汇票向其质押贷款为由，持原票向该院申报权利，申报汇票号码和金额为31×××51/22×××68、金额为500万元，该院裁定终止公示催告程序。上述事实，有当事人当庭陈述、原告的诉状、湖北省黄石市中级人民法院作出（2014）鄂黄石中刑初字第00042号刑事判决书等证实。

又查明，被告腾龙棉业主张其与临西县东阳建材经销部存在借贷关系，取得涉案票据形式合法，其提交临西县东阳建材经销部出具的书面说明、借条（复印件）、电汇凭证及汇款收费凭证、工商银行临西支行出具的进账凭单予以证实。结合原告申请法院调取的三组证据，综合分析，被告腾龙棉业主张的事实成立。

再查明，2013年11月29日，被告腾龙棉业持涉案票据到第三人隆尧联社处申请质押贷款，第三人隆尧联社经过查询，承兑行回复暂无正式挂失、冻结、止付、公催。同日，被告腾龙棉业与第三人隆尧联社签订企业借款合同、权利质押合同（含权利质押清单），被告腾龙棉业将涉案票据交付给第三人隆尧联社。

二审期间，各方当事人没有提交新证据。二审查明事实与一审基本一致。

【案件争点】

上诉人富通公司是否系本案所涉汇票的失票人，是否享有票据权利以及被上诉人腾龙公司应否将该票据返还上诉人。

【裁判要旨】

《民事诉讼法》第二百一十八条①规定"按照规定可以背书转让的票据持有人，因票据被盗、遗失或者灭失，可以向票据支付地的基层人民法院申请公示催告"，即票据丧失的情形是指票据被盗、遗失或灭失。本案的事实是上诉人富通公司虽曾合法取得并持有本案汇票，后因其欲将票据变现，把涉案票据直接交付给孙某用于办理贴现，孙某收到票据后通过谈某进行贴现，谈某将贴现款交付给孙某，但孙某将该款非法占有填补其资金空缺，未将贴现款给付上诉人富通公司。对此事实有湖北省黄石市中级人民法院（2014）鄂黄石中刑初字第00042号刑事判决予以证实。孙某未将贴现款给付上诉人富通公司所产生的法律后果仅为富通公司得以此事实向孙某主张相应债权，其丧失票据并非丢失、被盗或灭失，其在将票据交付孙某后，即已丧失票据权利，一审根据本案事实及相关法律规定认定上诉人非票据法意义上的失票人并无不妥。

票据作为商事交易的重要工具，具有文义性、无因性、设权性、要式性、有价证券性的法律特征。《2000年票据纠纷司法解释》第四十九条规定②"背书人未记载被背书人名称即将票据交付他人的，持票人在票据被背书人栏内记载自己名称与背书人记载具有同等法律效力"，本案涉案票据经过流转至被上诉人腾龙公司，背书连续，被上诉人腾龙公司与原审第三人隆尧联社办理质押合同时，将涉案票据交付原

---

① 该法已于2021年12月24日第四次修正，本案所涉第二百一十八修改为第二百二十五条，内容未作修改。

② 该司法解释已于2020年12月23日修正，本案所涉第四十九条修改为第四十八条，内容未作修改。

审第三人隆尧联社，同时隆尧联社对涉案票据进行了查询，确认了票据的真实性，双方也签订了相关借款及担保合同，一审根据本案事实及相关法律规定认定原审第三人享有本案票据质权并无不妥。本案涉案票据最后持票人为原审第三人隆尧联社，并非本案被上诉人，上诉人富通公司上诉请求被上诉人腾龙公司返还票据的主张与事实及法律规定不符，不能成立。

例案三：桂林客车工业集团有限公司、天津农垦铭信嘉德小额贷款有限公司返还原物纠纷案

【法院】

广西壮族自治区高级人民法院

【案号】

（2021）桂民终70号

【当事人】

上诉人（原审被告）：桂林客车工业集团有限公司

法定代表人：张某

被上诉人（原审原告）：天津农垦铭信嘉德小额贷款有限公司

法定代表人：孙某

【基本案情】

2014年3月14日，桂林客车工业集团有限公司（以下简称桂客公司）向梵高科公司出具商业承兑汇票一张，票号为001×××× 1712，出票金额为4000万元，付款人为桂客公司，付款人开户行为"中行桂林分行营业部"，汇票到期日为2014年9月9日，桂客公司在该汇票承兑人处加盖了其财务专用章，赵某、张某某亦在该汇票承兑人处加盖签章。

2014年3月19日，借款人红鬃马公司与贷款人天津农垦铭信嘉德小额贷款有限公司（以下简称铭信嘉德公司）签订编号为NKMD字2014008号《借款合同》，约定：红鬃马公司向铭信嘉德公司借款4000万元，借款期间自2014年3月20日至2015年3月19日，借款利率为年利率18%，按月结息，结息日为每月的20日，借款人到期不偿还该合同项下借款本金及利息的，铭信嘉德公司有权限期清偿，同时对逾期借款按合同利率加收50%的利率计收罚息，并且对未支付的利息按合同利率加收50%的利率计收复利。该合同的担保合同包括：编号NKMDBZ字2014008号

《保证合同》，担保方式为保证担保，担保人为上海铭源实业集团有限公司（以下简称铭源集团公司）；2014年3月20日，铭信嘉德公司依约给付红鬃马公司借款4000万元。红鬃马公司自2014年6月21日开始，未能依约支付利息。梵高科公司将本案汇票背书给铭信嘉德公司。铭信嘉德公司委托渤海银行天津保税区支行收款。2014年9月15日，中国银行股份有限公司桂林分行营业部（以下简称中行桂林分行）向渤海银行天津保税区支行发出《退票说明》，说明对本案涉讼汇票的退票原因为"汇票存在问题：该付款单位（即桂客公司）在我行余额不足"。

【争议焦点】

1. 案涉汇票是否为有效的商业承兑汇票；
2. 铭信嘉德公司行使票据权利是否超过票据权利时效期间；
3. 桂客公司应否向铭信嘉德公司返还票据利益及利息。

【裁判宗旨】

本案为票据纠纷，铭信嘉德公司所持涉案商业承兑汇票形式完备，记载了法定的必备记载事项，符合《票据法》上的要件，为有效商业承兑汇票。涉案汇票的收款人梵高科公司将汇票质押给铭信嘉德公司，虽然双方在办理涉案汇票质押过程中，未按照法律规定背书"质押"字样，但是铭信嘉德公司与梵高科公司签订了《权利质押合同》，梵高科公司也已将该票据交付铭信嘉德公司占有，同时以铭信嘉德公司为被背书人进行背书。根据《担保法》第七十六条①"以汇票、支票、本票、债券、存款单、仓单、提单出质的，应当在合同约定的期限内将权利凭证交付质权人。质押合同自权利凭证交付之日起生效"以及《最高人民法院关于适用〈中华人民共和国担保法〉若干问题的解释》第九十八条②"以汇票、支票、本票出质，出质人与质权人没有背书记载'质押'字样，以票据出质对抗善意第三人的，人民法院不予支持"的规定，质押背书并非票据质权的取得要件，而只是票据质权的对抗要件，铭信嘉德公司就涉案票据享有票据质权。并且铭信嘉德公司在取得涉案商业承兑汇票前，就涉案汇票的相关内容向出票人桂客公司进行了核实，桂客公司向铭信嘉德公司出具了《商业承兑汇票查询查复书》，确认该票据系该公司签发并承兑；票据为真

---

① 参见《民法典》第四百四十一条规定："以汇票、本票、支票、债券、存款单、仓单、提单出质的，质权自权利凭证交付质权人时设立；没有权利凭证的，质权自办理出质登记时设立。法律另有规定的，依照其规定。"

② 参见《民法典担保制度司法解释》第五十八条规定："以汇票出质，当事人以背书记载'质押'字样并在汇票上签章，汇票已经交付质权人的，人民法院应当认定质权自汇票交付质权人时设立。"

票；票据记载事项真实有效；票据无他查、挂失、冻结、止付或公示催告；其与收款人具有真实的贸易背景，且交易行为已履行完毕，无任何纠纷，并保证在汇票到期日付款。铭信嘉德公司取得涉案票据尽到了合理审查义务。铭信嘉德公司作为质权人有权向作为出票人和承兑人的桂客公司行使汇票权利，桂客公司应当履行支付票据金额的义务。本案汇票到期后，铭信嘉德公司委托渤海银行天津保税区支行收款，因付款人即桂客公司余额不足退票，付款人的开户银行出具了《退票说明》。

据此可认定付款请求权已经行使但未能实现，铭信嘉德公司作为本案票据的持票人，其行使票据追索权的前提条件已经成就。《票据法》第七十条规定："持票人行使追索权，可以请求被追索人支付下列金额和费用：（一）被拒绝付款的汇票金额；（二）汇票金额自到期日或者提示付款日起至清偿日止，按照中国人民银行规定的利率计算的利息；（三）取得有关拒绝证明和发出通知书的费用。"铭信嘉德公司请求桂客公司支付商业承兑汇票金额4000万元及汇票金额自到期日2014年9月9日至清偿日止按照中国人民银行规定的一年期贷款利率计算利息符合法律规定，一审法院予以支持。二审法院维持一审判决。

三、裁判规则提要

质押背书作为一种票据行为，其必须符合要式性、文义性的要求。故票据质押的有效成立，有赖于完全质押背书的完成，即票据上需有"质押"字样及有效签章，质押背书的内容仅依记载于票据上的文字来确定，当事人不能以文字记载之外的证据来证明、否定、变更或补充票据质押的既有状况。在不完全质押背书情况下，被背书人在未补充完全"质押"字样（或未签章）之前，应当根据《票据法》第三十五条第二款规定："汇票可以设定质押；质押时应当以背书记载'质押'字样。被背书人依法实现其质权时，可以行使汇票权利"，以及《2020年票据纠纷司法解释》第五十四条规定："依据票据法第三十五条第二款的规定，以汇票设定质押时，出质人在汇票上只记载了'质押'字样未在票据上签章的，或者出质人未在汇票、粘单上记载"质押"字样而另行签订质押合同、质押条款的，不构成票据质押。"出于对背书无因性和要式性基本要求的满足，认定债权人不享有票据质权。

然而，随着社会经济的运行，并不会全然遵循法律预设的行为模式。如果持票人在票据上只记载了"质押"字样而未签章，或者未在票据上记载"质押"字样而另行签订质押合同，则会出现不完全质押背书的现象。考虑到票据质押作为商事交易过程进行当中的重要"工具",从其着手设立、成立、有效到生效的各个阶段之间存在时间差,允许不完全质押背书的存在可满足商事交易的多种需求,简化手续,方便应对许多不确定事宜。所以在针对出质人或质权人采取补记"质押"字样的情况时,应当根据《2020年票据纠纷司法解释》第四十四条的规定:"空白授权票据的持票人行使票据权利时未对票据必须记载事项补充完全,因付款人或者代理付款人拒绝接受该票据而提起诉讼的,人民法院不予支持。"和第四十九条的规定:"依照票据法第二十七条和第三十条的规定,背书人未记载被背书人名称即将票据交付他人的,持票人在票据被背书人栏内记载自己的名称与背书人记载具有同等法律效力。"当出质人以明示或默示的方式授予质权人补记权时,质权人方可在出质人的授权范围内进行"质押"背书的补记,从而认定票据质权即可有效成立,为不完全质押背书行为提供补救机会,更有利于维护交易安全。

此外,《票据法》第三十五条第二款的规定:"汇票可以设定质押;质押时应当以背书'质押'字样。被背书人依法实现其质权时,可以行使汇票权利。"票据质权人享有的权利性质上属于票据权利,票据质押背书与转让背书在取得票据权利上具有同等的法律意义。质权人作为案涉承兑汇票的被背书人,在依法实现质权时,可以依法行使票据权利,且其行使票据质权时所享有的票据权利与转让背书并无二致。所以就票据实务而言,质权人也可以不补记"质押"字样,而以一般背书转让的受让人之身份直接向票据债务人主张票据权利。

四、辅助信息

高频词条：

《票据法》

　　第二十七条　持票人可以将汇票权利转让给他人或者将一定的汇票权利授予他人行使。

　　出票人在汇票上记载"不得转让"字样的,汇票不得转让。

　　持票人行使第一款规定的权利时,应当背书并交付汇票。

　　背书是指在票据背面或者粘单上记载有关事项并签章的票据行为。

　　第三十条　汇票以背书转让或者以背书将一定的汇票权利授予他人行使时,

必须记载被背书人名称。

第三十五条 背书记载"委托收款"字样的，被背书人有权代背书人行使被委托的汇票权利。但是，被背书人不得再以背书转让汇票权利。

汇票可以设定质押；质押时应当以背书记载"质押"字样。被背书人依法实现其质权时，可以行使汇票权利。

《2020年票据纠纷司法解释》

第四十四条 空白授权票据的持票人行使票据权利时未对票据必须记载事项补充完全，因付款人或者代理付款人拒绝接收该票据而提起诉讼的，人民法院不予支持。

第四十六条 因票据质权人以质押票据再行背书质押或者背书转让引起纠纷而提起诉讼的，人民法院应当认定背书行为无效。

第四十八条 依照票据法第二十七条和第三十条的规定，背书人未记载被背书人名称即将票据交付他人的，持票人在票据被背书人栏内记载自己的名称与背书人记载具有同等法律效力。

第五十四条 依照票据法第三十五条第二款的规定，以汇票设定质押时，出质人在汇票上只记载了"质押"字样未在票据上签章的，或者出质人未在汇票、粘单上记载"质押"字样而另行签订质押合同、质押条款的，不构成票据质押。

第六十九条 付款人及其代理付款人有下列情形之一的，应当自行承担责任：

（一）未依照票据法第五十七条的规定对提示付款人的合法身份证明或者有效证件以及汇票背书的连续性履行审查义务而错误付款的；

（二）公示催告期间对公示催告的票据付款的；

（三）收到人民法院的止付通知后付款的；

（四）其他以恶意或者重大过失付款的。

票据纠纷案件裁判规则第 6 条：

贴现银行在银行承兑汇票背书连续且没有形式瑕疵的情况下完成对该汇票的贴现，虽然对涉及基础交易关系相关资料的审核中有疏忽，但不构成重大过失的，享有票据权利，不应返还票据

【规则描述】 本条规则主要阐述的是票据贴现下票据权利如何归属的问题。本规则是对《票据法》第十二条和《2020 年票据纠纷司法解释》第十五条适用后果的细化。明确贴现银行在贴现过程中对关涉基础交易关系相关资料过程中虽有疏忽但不构成重大过失，仍享有票据权利。

一、类案检索大数据报告

时间：2021 年 2 月 3 日之前，案件来源：Alpha 案例库，案件数量：55 件，数据采集时间：2021 年 2 月 3 日之前。本次检索获取了 2021 年 2 月 3 日前共 50 篇相关裁判文书。整体情况如下：

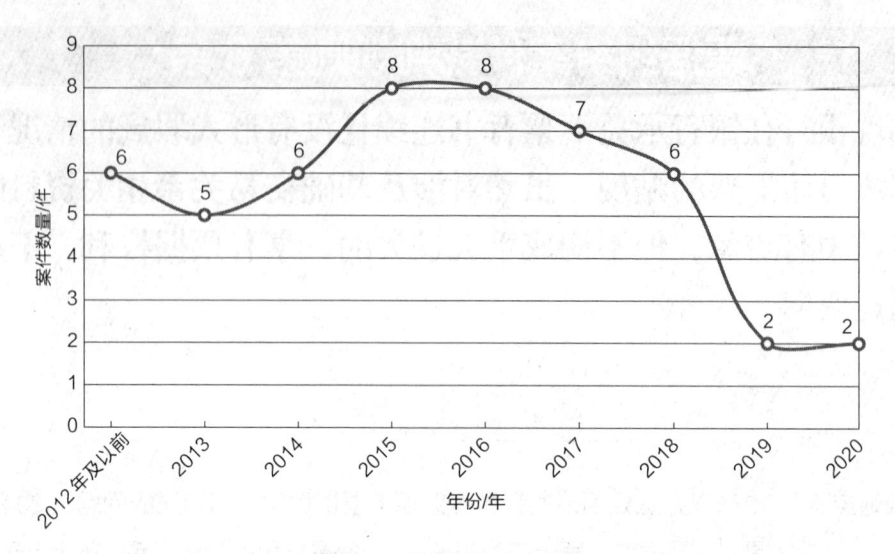

图 6-1 案件年份分布情况

如图 6-1 所示，2013 年至 2018 年，涉及贴现银行票据权利取得的案件数量相对较多。

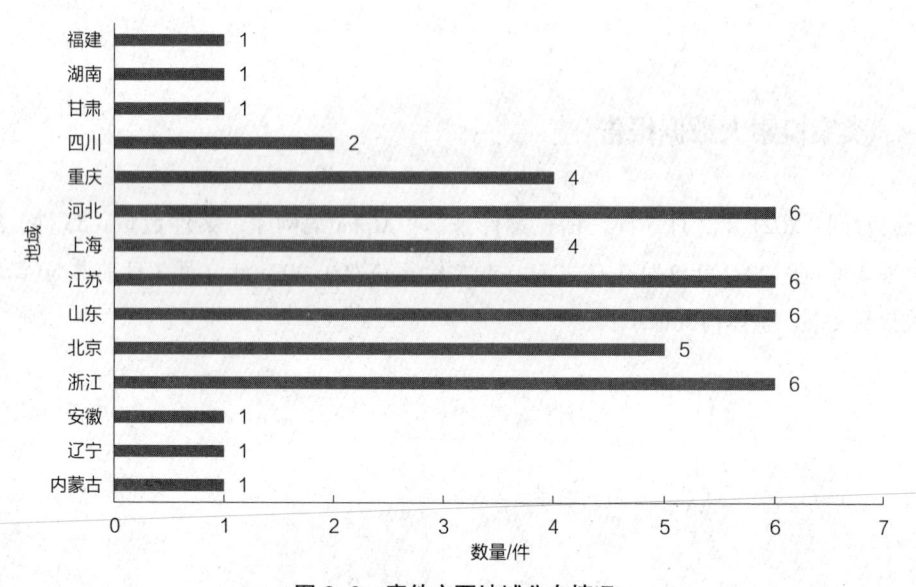

图 6-2 案件主要地域分布情况

如图 6-2 所示，从案件的地域分布情况来看，本次检索案件中有关贴现银行票据权利取得的案件主要分布在河北、江苏、山东、浙江，均达到 6 件。

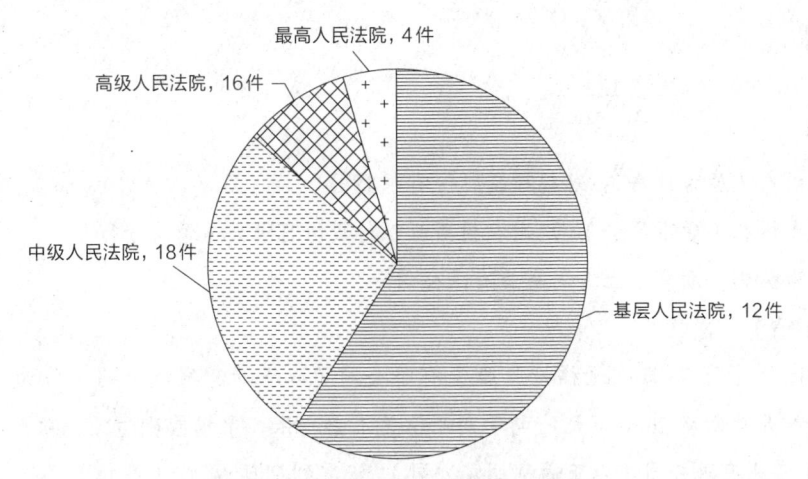

图 6-3 案件审理法院的级别分布情况

如图 6-3 所示，检索案件中对贴现银行票据权利取得案件的审理主要集中在中级人民法院与高级人民法院。其中，由中级人民法院负责审理的案件多达 18 件。

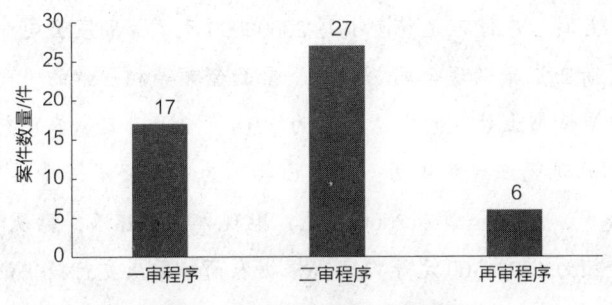

图 6-4 案件审理程序分布情况

如图 6-4 所示，检索案件的审理多集中在二审程序，达 27 件。再审案件比较少，6 件，仅占调查数据的 12%。

二、可供参考的例案

> **例案一：冠福控股股份有限公司与广州农村商业银行股份有限公司肇庆分行、朋宸（上海）实业有限公司票据追索权纠纷案**

【法院】

上海金融法院

【案号】

(2020) 沪 74 民终 122 号

【当事人】

上诉人（原审被告）：冠福控股股份有限公司

被上诉人（原审原告）：广州农村商业银行股份有限公司肇庆分行

原审被告：朋宸（上海）实业有限公司

【基本案情】

2018 年 1 月 30 日，冠福控股股份有限公司（以下简称冠福公司）作为出票人和承兑人开具面额 2000 万元的电子商业承兑汇票一张，票据号码为，收款人为朋宸（上海）实业有限公司（以下简称朋宸公司），汇票到期日为 2019 年 1 月 29 日。

同日，朋宸公司（甲方）与广州农村商业银行股份有限公司肇庆分行（以下简称农商行肇庆分行）（乙方）签订《商业汇票贴现合同》一份（编号：××××××××××××××××），约定："甲方向乙方单次申请的贴现业务，金额为人民币（大写）贰仟万元整（小写20000000元）。"朋宸公司向农商行肇庆分行递交与上述《商业汇票贴现合同》编号、票面金额等相一致的《商业汇票贴现申请书》一份，该申请书上落款的申请日期为 2018 年 2 月 2 日。农商行肇庆分行向朋宸公司出具了《贴现凭证》并载明：汇票出票人为冠福公司，持票人为朋宸公司，付息人为朋宸公司，汇票金额为 2000 万元，贴现率为 5.25‰，贴现利息为 1263500 元，实付贴现金额为 18736500 元等内容。根据农商行肇庆支行提供的信息记载，案涉汇票经过多次流转，最终于 2019 年 1 月 18 日，中国民生银行股份有限公司北京分行转贴现于广州农村商业银行股份有限公司。2019 年 1 月 29 日，案涉汇票到期，广州农村商业银行股份有限公司作为持票人向承兑人冠福公司提示付款，但遭拒付。一审判决冠福公司、朋宸公司应于判决生效之日起 10 日内向农商行肇庆分行支付商业承兑汇票金额 2000 万元。冠福公司不服，向法院提起上诉。

【案件争点】

农商行肇庆分行对于案涉票据是否具有真实交易关系的审查是否存在重大过失。

【裁判要旨】

关于农商行肇庆分行对案涉票据是否具有真实交易关系的审查，因我国票据法并未对贴现问题进行规定，关于贴现的相关规定，主要体现在中国人民银行颁布的相关部门规章中。中国人民银行颁布的《商业汇票承兑、贴现与再贴现管理暂行办法》（银发〔1997〕216 号）第十九条规定："持票人申请贴现时，须提交贴现申请书，经其背书转让的未到期商业汇票,持票人与出票人或其前手之间的增值税发票和商品交易合同复印件。"中国人民银行颁布的《支付结算办法》第九十二条规定:"商业汇票的持票人向银行办理贴现必须具备下列条件:……(三)提供与其直接前手之间的增值税发票和商品发运单据复印件。"中国人民银行颁布的《关于切实加强商业汇票承兑贴现和再贴现业务管理的通知》第一条规定:"所办理的每笔票据贴现,必须要求贴现申请人提交增值税发票、贸易合同复印件等足以证明该票据具有真实贸易背景的书面材料,必要时,贴现银行要查验贴现申请人的增值税发票原件。对不具有贸易背景的商业汇票,不得办理贴现。"中国人民银行颁布的《关于完善票据业务制度有关问题的通知》第一条规定:"商业汇票的持票人向银行申请贴现时,贴现申请人应向银行提供交易合同原件、贴现申请人与其直接前手之间根据税收制度有关规定开具的增值税发票或普通发票。"本案中,《商业汇票贴现合同》明确约定汇票贴现需要审验汇票贴现申请人与其前手之间的基础交易关系,冠幅公司主张农商行肇庆分行未提交任何其对案涉票据进行了审查的证据,然农商行肇庆分行一审已提交朋宸公司与冠幅公司签订的《购销合同》以及相关发票。冠幅公司主张农商行肇庆分行应审查朋宸公司有无实际交付《购销合同》项下的货物,然案涉汇票出票日期系2018年1月30日,农商行肇庆分行依照中国人民银行颁布的《关于切实加强商业汇票承兑贴现和再贴现业务管理的通知》《关于完善票据业务制度有关问题的通知》等规定,审查了案涉票据项下的《购销合同》以及相关发票,其发票总金额虽与《购销合同》总金额不完全一致,但农商行肇庆分行称因发票数量较多,其对发票进行了抽查。鉴于农商行肇庆分行提供的发票数量较多,总金额近2000万元,与案涉汇票金额大致相当,故认为农商行肇庆分行上述解释具有一定的合理性,其已通过核查《购销合同》及相关发票审验基础交易关系的真实性,冠幅公司主张农商行肇庆分行对案涉票据项下基础交易关系真实性的审查存在重大过失,依据不足,不予采纳。

例案二:中国民生银行股份有限公司上海分行、北京德正威达商贸有限公司票据纠纷案

【法院】

河北省高级人民法院

【案号】

(2016)冀民再211号

【当事人】

再审申请人（一审被告、二审上诉人）：中国民生银行股份有限公司上海分行

被申请人（一审原告、二审被上诉人）：北京德正威达商贸有限公司

【基本案情】

票号为3130005226122965的银行承兑汇票，票面记载事项为：出票日期2014年9月15日；出票人唐山市福斯特商贸有限公司；收款人唐山市春兴特种钢有限公司；付款行：天津银行唐山分行营业部（行号：313124001002）；出票金额1000万元，汇票到期日2015年3月15日。唐山市春兴特种钢有限公司将该票初始背书在原告公司名下，并于出票日当天出证证明，该汇票给付了原告。该票显示的流转过程如下：出票人为唐山市福斯特商贸有限公司，收款人为唐山市春兴特种钢有限公司，唐山市春兴特种钢有限公司开始在被背书人一栏中签署的被背书人名称为原告公司，后该栏原告公司的名称被划掉，又改写为北京盛唐金泰商贸有限公司，并加盖了"唐山市春兴特种钢有限公司"字样的财务印章及该公司法定代表人"王某某"字样手章，北京盛唐金泰有限公司背书给奉化市凯鑫服装辅料有限责任公司（法定代表人沈某某），奉化市凯鑫服装辅料有限责任公司背书给奉化市第六衬衫厂（法定代表人李某某），奉化市第六衬衫厂背书给宁波金又鑫贸易有限公司（法定代表人徐某某），2014年9月18日，宁波金又鑫贸易有限公司与被告签订银行承兑汇票贴现协议并予以贴现。宁波金又鑫贸易有限公司向被告申请贴现所提交的交易合同显示：合同名称：棉纱采购合同；合同第一条约定，货品名称为棉纱，数量440吨，单价66753元/吨，总金额29371320元，生产厂家为新疆石河子；第五条约定："……乙方（宁波金又鑫贸易有限公司）须将此批铝锭按甲方（奉化市第六衬衫厂）要求运到指定地点……"第八条约定："……产品必须为乙方本部生产……"宁波金又鑫贸易有限公司在申请贴现时所提供的四张增值税发票记载的购货单位为奉化市第六衬衫厂，销货单位为宁波金又鑫贸易有限公司，货物名称为棉纱，总吨数为728吨，单价为26923.076923元/吨，总金额为19599999.99元。宁波金又鑫贸易有限公司提交上述交易合同及四张增值税发票向被告申请并完成对本案承兑汇票贴现的同时，也依据上述材料完成了对票号为3130005226122966票面金额1000万元承兑汇票的贴现（另案处理，原告为北京盛唐金泰商贸有限公司）。2015年5月27日，法院依原告申请对唐山市春兴特种钢有限公司调查时，该公司财务人员证明，唐山市春兴特种钢有限公司与原告公司及案外人北京盛唐金泰商贸有限公司均存在业务关系，于2014年9月15日分别给付了两公司各一张1000万元的承兑汇票，给付原告公司的票号是

3130005226122965，给付北京盛唐金泰商贸有限公司的票号是 3130005226122966。北京盛唐金泰商贸有限公司出具证明，3130005226122965 号承兑汇票票据权利归原告公司。

因原告公司与北京盛唐金泰商贸有限公司的法定代表人是亲属关系，在上述两公司取得汇票后，通过网上查询联系到案外人沈某某，沈某某承诺可以到被告处以低息贴现兑付，之后原告便委托北京盛唐金泰商贸有限公司工作人员赶到上海与沈某某见面交涉贴现事宜；北京盛唐金泰商贸有限公司工作人员与沈某某交涉办理贴现过程中，在该汇票第二个背书栏中，本应加盖原告公司财务公章及法定代表人手章但误盖成了北京盛唐金泰商贸有限公司的财务公章及法定代表人手章，后将被背书人栏为空白的该汇票交给了沈某某；沈某某以找人办理贴现手续为由将该汇票拿走后失联。

一审认为贴现申请人提供给被告的交易合同的货品名称为棉纱，总数量为 440 吨，单价为 66753 元/吨，总金额为 29371320 元；而增值税发票上的货品名称为"棉纱"，总数量为"728 吨"，单价为"26923.076923 元/吨"，总金额为"19599999.99 元"；宁波金又鑫贸易有限公司申请贴现的两张汇票金额为 2000 万（含另案 1000 万，贴现依据相同）；同时，合同第一条约定的货品生产厂家为新疆石河子，而合同第八条又约定产品必须为宁波金又鑫贸易有限公司本部生产，合同第五条还出现了货品名称为"铝锭"等内容存在矛盾。因此，被告在与宁波金又鑫贸易有限公司办理贴现过程中，应当能够通过形式审查确定出贴现申请人与其前手不存在真实交易关系或不能断定双方存在真实交易关系。在此情况下，被告仍与贴现申请人完成贴现业务，应当认定被告取得该票据存在重大过失，依法不应享有票据权利。中国民生银行股份有限公司上海分行不服一审判决，提起上诉，请求撤销原判。

【案件争点】

被上诉人北京德正威达商贸有限公司是否对案涉承兑汇票享有票据权利。

【裁判要旨】

中国人民银行发布的《商业汇票承兑、贴现与再贴现管理暂行办法》规定，各金融机构必须严格按照规定条件办理贴现业务。必须要求贴现申请人提交增值税发票、交易合同等书面材料复印件等足以证明该票据具有真实交易背景的书面材料，审查确定了贴现申请人与前手之间存在真实交易关系后，方可进行贴现交易。中国人民银行是国家中央银行，其依照法律规定作出的与法律法规不相抵触的行政规章，在我国境内进行相关票据业务的银行、企业和个人均应当遵照执行。对此，《2000 年票据纠纷司法解释》第六十三条①规定："人民法院审理票据纠纷案件，适用票据法的规定；票据法没有规定的，适用《中华人民共和国民法通则》《中华人民共和国合同法》《中华人民共和国担保法》等民商事法律以及国务院制定的行政法规。中国人民银行制定并公布施行的有关行政规章与法律、行政法规不抵触的，可以参照适用。"结合本案，上诉人中国民生银行股份有限公司上海分行在办理贴现业务时，对宁波金又鑫贸易有限公司提供贴现材料中，《棉纱采购合同》内容前后矛盾及增值税发票与购销合同价款不符，作为贴现银行如果谨慎审查，能够对贴现申请人宁波金又鑫贸易有限公司与其直接前手奉化市第六衬衫厂之间是否具有真实的商品交易产生合理怀疑，而上诉人中国民生银行股份有限公司上海分行未尽到审查义务，存在重大过失。虽然上诉人中国民生银行股份有限公司上海分行通过办理贴现手续通过背书转让的方式支付了对价取得了本案票据，成为最后持票人，但因其在办理贴现业务中，没有严格按照规定办理贴现业务，没有尽到审慎义务，存在重大过失。《票据法》第十二条第二款规定，持票人因重大过失取得不符合本法规定的票据的，也不得享有票据权利。据此，上诉人中国民生银行股份有限公司上海分行不享有本案诉争票据的票据权利。

例案三：衡水银行股份有限公司、江苏紫金农村商业银行股份有限公司票据追索权纠纷案

【法院】

最高人民法院

【案号】

（2017）最高法民再116号

【当事人】

再审申请人（一审被告、二审上诉人）：衡水银行股份有限公司

被申请人（一审原告、二审被上诉人）：江苏紫金农村商业银行股份有限公司

原审被告：南京拓闽金属材料有限公司

---

① 该司法解释已于2020年12月23日修正，本案所涉第六十三条修改为第六十二条："人民法院审理票据纠纷案件，适用票据法的规定；票据法没有规定的，适用《中华人民共和国民法典》等法律以及国务院制定的行政法规。中国人民银行制定并公布施行的有关行政规章与法律、行政法规不抵触的，可以参照适用。"

原审第三人：河北奥冠电源有限责任公司

【基本案情】

2012年8月7日，河北奥冠电源有限责任公司（以下简称奥冠公司）开具了2张银行承兑汇票，票面金额分别为650万元、900万元，汇票到期日均为2014年2月7日，收款人均为上海易泰金属材料有限公司（以下简称易泰公司），付款行均为衡水银行，该行在汇票正面签章确认"本汇票已经承兑，到期日由本行付款"。2013年8月12日、13日，南京拓闽金属材料有限公司（以下简称拓闽公司）分别向江苏紫金农村商业银行股份有限公司（以下简称紫金农商行）迈皋桥支行申请贴现并签订银行承兑汇票贴现协议，紫金农商行迈皋桥支行向衡水银行查询讼争票据后，得到的回复是讼争票据"我行曾签真伪自辨，无挂止冻他查"；当日，江苏紫金农村商业银行股份有限公司营业部在贴现凭证客户回单、记账凭证上加盖核算专用章并向拓闽公司支付贴现款6287060元、8706780元。2013年8月29日，紫金农商行因资金周转需要向人行南京营管部提出再贴现申请，双方签订了银行（商业）承兑汇票质押回购再贴现合同，约定紫金农商行将含讼争票据在内的11份银行承兑汇票（票面金额合计6380万元）向人行南京营管部办理质押回购再贴现，回购到期日为2013年12月20日；还约定紫金农商行提供的银行（商业）承兑汇票，由紫金农商行按照《票据法》规定背书签章并记载"质押"字样及背书日期，同时在被背书人栏记载人行南京营管部全称后送交给人行南京营管部；该合同自双方盖章且紫金农商行将合同项下银行（商业）承兑汇票交付人行南京营管部、人行南京营管部将回购再贴现实付金额款项划至紫金农商行账户之日起生效。当日，人行南京营管部依约实付了再贴现金额，讼争票据对应的结算金额分别为6454695.75元、8936437.50元。2013年12月20日，紫金农商行以再贴现转回名义支付讼争票据回购款650万元、900万元，取回讼争票据。2014年1月28日，紫金农商行向衡水银行办理讼争票据托收

2014年2月7日，衡水银行分别出具拒付理由书，称桃城区法院于2013年12月21日对讼争票据下达（2013）衡桃民三初字第42-1号民事裁定书，在收到法院的生效判决前，其无法作付款处理。同年2月24日，紫金农商行将拒付事由通知拓闽公司。2014年3月10日，紫金农商行向法院提起诉讼，讼争票据背面及粘单上背书人栏的签章依序是易泰公司、南京轩立钢铁贸易有限公司（以下简称轩立公司）、拓闽公司、紫金农商行（加盖的是汇票专用章，并注"质押"字样），对应的被背书人名称依序是轩立公司、拓闽公司、紫金农商行、人行南京营管部，最后由紫金农商行加盖结算专用章委托收款。后一审、二审判决一致，判决衡水银行给付紫金农

商行1550万元及相应利息，合法正确。衡水银行股份有限公司提起再审。

【案件争点】

一审、二审法院认定紫金农商银行是案涉票据权利人是否错误。

【裁判要旨】

《票据法》第三十一条规定：以背书转让的汇票，背书应当连续。持票人以背书的连续，证明其汇票权利；非经背书转让，而以其他合法方式取得汇票的，依法举证，证明其票据权利。前款所称背书连续，是指在票据转让中，转让汇票的背书人与受让汇票的被背书人在汇票上的签章依次前后衔接。本案中，讼争票据背面及粘单上背书人栏的签章依序是易泰公司、轩立公司、拓闽公司、紫金农商行，对应的被背书人名称依序是轩立公司、拓闽公司、紫金农商行、人行南京营管部，最后由紫金农商行加盖结算专用章委托收款。《中国人民银行关于完善票据业务制度有关问题的通知》第二条规定：票据质押时，应按票据法的有关规定作成质押背书；主债务履行完毕，票据解除质押时，被背书人应以单纯交付的方式将质押票据退还背书人。本案中，紫金农商行将讼争票据向人行南京营管部办理了质押回购再贴现。回购期满，人行南京营管部以单纯交付的方式将案涉票据返还给紫金农商行。因此，现紫金农商行提交的讼争票据前后背书连续，其最后以单纯交付方式取得案涉票据，可以证明其合法持票人身份。

《票据法》第十二条规定：以欺诈、偷盗或者胁迫等手段取得票据的，或者明知有前列情形，出于恶意取得票据的，不得享有票据权利。持票人因重大过失取得不符合本法规定的票据的，也不得享有票据权利。由该规定可见，尽管票据具有无因性，但对于该条规定的取得票据情形，《票据法》并不认可持票人合法持票人身份，持票人不能享有票据权利。因此，票据具有无因性并非表明人民法院不应审理持票人取得票据的手段是否合法的事实。

根据中国人民银行颁发的《商业汇票承兑、贴现与再贴现管理暂行办法》第十八条、《票据管理实施办法》第十条以及《关于完善票据业务制度有关问题的通知》第1条的规定，在接受贴现申请时，贴现行应审查交易合同、增值税发票或普通发票等能够证明贴现申请人与出票人或者直接前手之间具有真实的交易关系和债权债务关系的证据。上述规定的目的，是防止贴现申请人以违法手段取得票据、骗取贴现行的贴现款，扰乱金融秩序，增加金融风险。对于贴现行而言，其取得票据是否具有重大过失，应指其在办理贴现业务时是否违反了相关法律、行政法规和业务规则的规定，未尽审核义务，导致其应当知道贴现申请人具有《票据法》第十二条规定的违法取得票据的情形而未能发现。本案中，当事人并无充分证据证明拓闽公司是以《票据法》第十二条规定的违法或者恶意方式取得票据，是非法持票人。紫金农商行作为贴现行，依据前述规定审核了基础交易合同、发票。其审核过程中虽存在瑕疵，但上述瑕疵尚不足以证明其存在应审核出拓闽公司是非法持票人而未能审核出的重大过失，因此，在紫金农商银行进行了必要审核并支付了贴现款，通过支付合理对价方式取得票据的情形下，应认定其为案涉票据的合法持票人，享有票据权利。原审法院认为，因票据具有无因性，且法律并未规定贴现应审查基础法律关系是否真实，因此，基础法律关系真实与否，并不影响贴现行的票据权利人的身份认定，该表述存在错误，应予纠正。本案中，尽管接受贴现和签订贴现协议的主体是紫金农商行迈皋桥支行，但实际支付贴现款和在票据上进行签章的主体是紫金农商行。紫金农商行关于该行分支机构是接收办理贴现业务的窗口、实质作为贴现主体的是总行的解释具有合理性。基于票据文义性，票载权利人应为紫金农商行而非紫金农商行迈皋桥支行。

三、裁判规则提要

商业汇票的贴现，系指商业汇票的持票人在汇票到期日前，为了取得资金贴付一定利息将票据权利通过背书方式转让给金融机构的票据行为，是金融机构向持票人融通资金的一种方式。故在票据贴现中，持票人为取得贴现票款，通过背书转让了票据权利，金融机构因支付贴现票款成为票据关系中的被背书人，取得票据权利。根据《票据法》第十二条的规定：以欺诈、偷盗或者胁迫手段取得票据的，或者明知有前列情形，出于恶意取得票据的不得享有票据权利。持票人因重大过失取得不符合本法规定票据的，也不得享有票据权利。

根据《2020年票据纠纷司法解释》第六十二条规定："人民法院审理票据纠纷案件，适用票据法的规定；票据法没有规定的，适用《中华人民共和国民法典》等法律以及国务院制定的行政法规。中国人民银行制定并公布施行的有关行政规章与法律、行政法规不抵触的，可以参照适用。"根据上述规定，在《票据法》未对贴现行为以及贴现行为的审查义务进行规定的情形下，应参照中国人民银行的上述行政规章对贴现行是否尽到审查义务、是否合法进行判定。贴现行在审查贴现申请人的贴现申请时，应审查贴现申请人是否有用以证明其与出票人或其直接前手之间具有真实交易关系和真实债权债务关系的交易合同以及增值税发票或普通发票等申请材料。

如果贴现行与贴现申请人合谋伪造贴现申请人与出票人或者其前身之间具有真实的交易关系和债权债务的合同、增值税专用发票等材料申请贴现，很难认定其合法取得票据，故其不应享有票据权利。

金融机构在票据贴现过程中的审查仅仅是形式审查，并不能保证贴现票据的真实交易背景。根据《2020年票据纠纷司法解释》第十五条规定，票据债务人对持票人提出下列抗辩的，人民法院应予支持：欠缺法定必要记载事项或者不符合法定格式的；超过票据权利时效的；人民法院作出的除权判决已经发生效力的；以背书方式取得但背书不连续的；其他依法不得享有票据权利的。据此规定，《票据法》上的"因重大过失取得不符合票据法规定的票据"应指取得欠缺法定必要记载事项或者不符合法定格式的票据以及取得的票据虽具备完整形式要件但存在一定的权利障碍。贴现银行取得票据具备完整形式要件且不存在权利障碍，仅仅因未审查基础交易关系而贴现不属于《票据法》所规定的"因重大过失取得不符合票据法规定的票据"。实践中出现的以虚构交易背景为业的票据掮客，金融机构事实上也不能辨别真伪，银行的审查行为并不对贴现后果产生实质影响。

中国人民银行的规定系从防范金融风险的角度出发而制定的部门规章，金融机构未严格按照该规定进行贴现只是违反了部门规章，并未违反《票据法》的规定，不能影响贴现银行成为合法持票人享有票据权利。银行通过贴现取得票据的行为，在票据法上即是申请贴现人向贴现银行转让票据权利的行为，申请贴现人为票据法上的转让票据的背书人，贴现银行为受让票据的被背书人，其权利义务应与一般意义上的票据受让人相同，在一般票据受让人不会因其前手取得票据不存在真实交易关系而丧失票据权利的情形下，作为票据受让人的银行也不应因此丧失票据权利。

四、辅助信息

高频词条

《票据法》

第十条第一款　票据的签发、取得和转让，应当遵循诚实信用原则，具有真实的交易关系和债权债务关系。

第十二条　以欺诈、偷盗或者胁迫等手段取得票据的，或者明知有前列情形,出于恶意取得票据的,不得享有票据权利。

持票人因重大过失取得不符合本法规定的票据的,也不得享有票据权利。

第五十七条　付款人及其代理付款人付款时,应当审查汇票背书的连续,并审查提示付款人的合法身份证明或者有效证件。

付款人及其代理付款人以恶意或者有重大过失付款的,应当自行承担责任。

《2020年票据纠纷司法解释》

第十四条　票据债务人依照票据法第十二条、第十三条的规定,对持票人提出下列抗辩的,人民法院应予支持:

(一)与票据债务人有直接债权债务关系并且不履行约定义务的;

(二)以欺诈、偷盗或者胁迫等非法手段取得票据,或者明知有前列情形,出于恶意取得票据的;

(三)明知票据债务人与出票人或者与持票人的前手之间存在抗辩事由而取得票据的;

(四)因重大过失取得票据的;

(五)其他依法不得享有票据权利的。

第十五条　票据债务人依照票据法第九条、第十七条、第十八条、第二十二条和第三十一条的规定,对持票人提出下列抗辩的,人民法院应予支持:

(一)欠缺法定必要记载事项或者不符合法定格式的;

(二)超过票据权利时效的;

(三)人民法院作出的除权判决已经发生法律效力的;

(四)以背书方式取得但背书不连续的;

(五)其他依法不得享有票据权利的。

第十六条　票据出票人或者背书人被宣告破产的,而付款人或者承兑人不知其事实而付款或者承兑,因此所产生的追索权可以登记为破产债权,付款人或者承兑人为债权人。

第六十二条　人民法院审理票据纠纷案件,适用票据法的规定;票据法没有规定的,适用《中华人民共和国民法典》等法律以及国务院制定的行政法规。

中国人民银行制定并公布施行的有关行政规章与法律、行政法规不抵触的,可以参照适用。

《商业汇票承兑、贴现与再贴现管理暂行办法》

第十九条 持票人申请贴现时，须提交贴现申请书，经其背书转让的未到期商业汇票，持票人与出票人或其前手之间的增值税发票和商品交易合同复印件。

《支付结算办法》

第九十二条 商业汇票的持票人向银行办理贴现必须具备下列条件：

（一）在银行开立存款账户的企业法人以及其他组织；

（二）与出票人或者直接前手之间具有真实的商品交易关系；

（三）提供与其直接前手之间的增值税发票和商品发运单据复印件。

《中国人民银行、中国银保监会关于切实加强商业汇票承兑贴现和再贴现业务管理的通知》

一、……所办理的每笔票据贴现，必须要求贴现申请人提交增值税发票、贸易合同复印件等足以证明该票据具有真实贸易背景的书面材料，必要时，贴现银行要查验贴现申请人的增值税发票原件。对不具有贸易背景的商业汇票，不得办理贴现。

《中国人民银行关于完善票据业务制度有关问题的通知》

一、……贴现行应按照支付结算制度的相关规定，对商业汇票的真实交易关系和债权债务关系进行审核。

……商业汇票的持票人向银行申请办理贴现时，贴现申请人应向银行提供交易合同原件、贴现申请人与其直接前手之间根据税收制度有关规定开具的增值税发票或普通发票。

《票据交易管理办法》

第十七条 贴现人办理纸质票据贴现时，应当通过票据市场基础设施查询票据承兑信息，并在确认纸质票据必须记载事项与已登记承兑信息一致后，为贴现申请人办理贴现，贴现申请人无需提供合同、发票等资料；信息不存在或者纸质票据必须记载事项与已登记承兑信息不一致的，不得办理贴现。

《中国人民银行关于规范和促进电子商业汇票业务发展的通知》

对资信良好的企业申请电票承兑的,金融机构可通过审查合同、发票等材料的影印件,企业电子签名的方式,对电票的真实交易关系和债权债务关系进行在线审核。对电子商务企业申请电票承兑的,金融机构可通过审查电子订单或电子发票的方式,对电票的真实交易关系和债权债务关系进行在线审核。企业申请电票贴现的,无需向金融机构提供合同、发票等资料。

票据纠纷案件裁判规则第 7 条：

商业保理公司在应收账款项下受让的商业汇票具有票据权利，在单纯买卖光票项下，应认定为"名为保理，实为借贷"，按照与交易对手的借贷关系进行裁判

【规则描述】本条规则是关于商业保理公司在保理业务中受让商业汇票的情形下，如何判定商业保理公司是否具有票据权利。其中应收账款是否真实存在，影响着保理公司能否享有票据权利。《商业银行保理业务管理暂行办法》第八条规定："本办法所称应收账款，是指企业因提供商品、服务或者出租资产而形成的金钱债权及其产生的收益，但不包括因票据或其他有价证券而产生的付款请求权。"光票保理，因不存在应收账款真实交易，故属于"名为保理，实为借贷"，只享有对其直接前手的借贷债权，不享有票据权利。

一、类案检索大数据报告

时间：2020 年 7 月 5 日之前，案件来源：Alpha 案例库，案件数量：40 件，数据采集时间：2020 年 7 月 5 日。本次检索获取了 2020 年 7 月 5 日前共 40 件裁判文书。其中 22 篇涉及商业保理公司在应收账款项下受让了商业汇票并开展保理业务，其余 18 篇案例与名为保理，实为借贷的认定不相关。40 篇检索案例都不涉及商业保理公司在单纯买卖光票项下受让商业汇票的情形。本规则例案一援引了电票专家提供的具有关联性的案例，该例案的二审法院认为当事人签订的合同并非保理合同，双方之间形成的并非保理关系；案例二涉及典型的"名为保理、实为借贷"法律关系。

二、可供参考的例案

> **例案一：深圳市益安保理有限公司与成都天翔环境股份有限公司、上海博仁实业有限公司、邓某某、席某票据追索权纠纷案**

【法院】

四川省成都市中级人民法院

【案号】

（2019）川01民终15689号

【当事人】

上诉人（原审原告）：深圳市益安保理有限公司

上诉人（原审被告）：席某

被上诉人（原审被告）：成都天翔环境股份有限公司

被上诉人（原审被告）：上海博仁实业有限公司

被上诉人（原审被告）：邓某某

【基本案情】

2017年11月6日，上海博仁实业有限公司（以下简称博仁公司）与成都天翔环境股份有限公司（以下简称天翔公司）签订《产品采购合同》，由博仁公司向天翔公司出售合计价值20004360元的含硫镍圆饼、含硫镍珠，并约定"本月内提清货物"；博仁公司将货物送至天翔公司厂内或指定地点，天翔公司以现款或银行承兑汇票方式结算并提供全额增值税专用发票、按实际交易数量结算。2017年11月14日，博仁公司向天翔公司开具了18张累计金额为20004360元的增值税专用发票。2017年11月15日，天翔公司向博仁公司出具10张电子银行承兑汇票。10张汇票均注明可再转让，承兑人均为天翔公司，载明"承兑人承诺：本汇票已经承兑，到期无条件付款"，未记载保证人。

2017年11月15日，博仁公司作为甲方与乙方深圳市益安保理有限公司（以下简称益安公司）签订《票据融资理财委托协议》，约定甲方向乙方申请票据融资业务，甲方将合法持有的商业汇票交付（背书）给乙方，作为相关借款的第一还款来源，并授权乙方以甲方名义为甲方进行票据融资。双方在第一条、第二条、第三条约定，甲方委托乙方在第三方深圳市票据宝金融服务有限公司官方网络平台及其移动APP上发行票据理财产品向注册用户借款；为促成甲方融资，乙方为甲方、投资人提供质押物管理服务，接受甲方交付（背书）的商业汇票；为尽快解决甲方资金流通所需，甲方请求乙方垫付 8533333.34 元，乙方同意在甲方将合同所列票据交付（背书）给乙方作为还款保证后，可先行垫付；在甲方未清偿乙方垫付的款项并支付相关费用前，未经乙方书面同意及许可甲方不得行使上述票据任何权益。双方在第七条约定，乙方为甲方的上述票据提供融资理财服务，所产生的债权债务由甲方承担；甲方须向乙方支付服务费并承担相关费用，甲方承担的上述服务费及相关费用总额为 1466666.66 元，上述票据融资理财融资金额及融资利息标准，甲方不可撤销地授权乙方和第三方平台协商确定，甲方对此无异议。双方在第十一条第三款约定，若汇票到期时遭拒绝付款，乙方对甲方行使票据追索权时，有权要求甲方支付：（1）被拒绝付款的汇票票面金额；（2）汇票票面金额自融资期限到期日起至清偿日止的逾期利息，逾期利息按票面金额千分之一计算；（3）各方应信守本合同约定，及时全面履行合同义务，如一方违约，除应赔偿另一方的一切损失外，违约方还须向守约方支付票面金额百分之十五的违约金；（4）乙方为行使追索权而支付的诉讼费、仲裁费、保全费、公告费、评估费、鉴定费、拍卖费、差旅费、律师费及其他实现债权的费用；（5）乙方因此而遭受的其他经济损失。双方在第十二条约定，乙方垫付上述金额款项后，如甲方交付（背书）给乙方的上述票据，未在第三方深圳市票据宝金融服务有限公司网络平台发标融资或虽已发标但流标（未成功筹集标的金额）或上述票据的债务人（承兑人、付款人）未按上述票据的约定及票据法的相关规定付款，甲方同意乙方可就上述所列票据票面总金额及相关利息向甲方进行追索，甲方应无条件向乙方支付上述票据票面金额总额及相关利息。双方在第十四条约定，甲、乙双方因合同或具体业务合同发生的一切争议应协商解决，协商不成的，任何一方均可向乙方所在地有管辖权的人民法院提起诉讼。此外，双方在第十七条约定，票据背书转让给乙方后，乙方既有权选择依法向各票据债务人行使权利、收回资金，亦有权选择以本协议其他约定方式主张债权，直至全部本金、利息及其他费用均已结清。

2017 年 11 月 15 日，天翔公司、博仁公司、邓某某、席某分别向益安公司出具《债务担保承诺函》，其中天翔公司、博仁公司承诺天翔公司签发的上述 10 张汇票真实、合法，可到期无条件付款，"如到期贵司未获得全额付款的，我司愿以名下所有的全部资产（包含固定资产、不动产、车辆、现金、有价证券、股权等）作担保，代偿附件所列票据一切债务"；邓某某、席某承诺"贵司未在票据到期日获得全额付款的……愿意以名下所有的全部资产（包含固定资产、不动产、车辆、现金、有价证券、股权等）作担保，代偿附件所列票据一切债务"。

上述委托协议签订后,博仁公司即将从天翔公司取得的10张汇票于2017年11月15日全部背书转让给益安公司。2017年12月1日,益安公司向博仁公司转账支付了8533333.34元。

10张汇票陆续到期后,益安公司先后通过广发银行电子汇票系统向天翔公司提示付款,但均被拒绝。

法院认为,博仁公司与益安公司于2017年11月15日签订的《票据融资理财委托协议》,虽名为委托协议,但从协议内容及履行方式上看,实际系票据贴现协议。因票据贴现属于国家特许经营业务,而益安公司并未提交证据证明其已取得中国人民银行票据贴现业务许可,故博仁公司的案涉行为属于向不具有法定资质的当事人进行"贴现"的行为,应当认定为无效。原审对《票据融资理财委托协议》及双方履行行为的性质未予认定即径行判决,违反了法定程序。依照《民事诉讼法》第一百七十条第一款第四项①的规定,裁定撤销原判,发回重审。

【案件争点】

益安公司是否享有票据权利,是否有权行使票据追索权。

【裁判要旨】

一审法院认为,票据具有无因性、文义性,涉案商业承兑汇票记载了付款人、收款人、确定的金额、出票日期、出票人签章等必须记载事项,符合《票据法》第二十二条规定,均为有效票据。益安公司基于与博仁公司之间的《票据融资理财委托协议》取得票据,支付了合理对价,且不存在《票据法》第十二条所规定的以欺诈手段取得票据的情形,系涉案汇票的合法持有人。现涉案10张汇票均已到期根据《票据法》第六十一条、第六十八条、第七十条规定,益安公司在被拒绝付款的情况下,有权就被拒绝付款的汇票金额、利息和有关费用向出票人天翔公司、背书人博仁公司行使追索权。故法院对益安公司要求天翔公司、博仁公司支付汇票金额1000万元及利息的诉讼请求予以支持。

二审法院则认为,博仁公司与益安公司于2017年11月15日签订的《票据融资理财委托协议》,虽名为委托协议,但从协议内容及履行方式上看,实际系票据贴现协议。因票据贴现属于国家特许经营业务,而益安公司并未提交证据证明其已取得中国人民银行票据贴现业务许可,故博仁公司的案涉行为属于向不具有法定资质的

---

① 该法已于2021年12月24日第四次修正,本案所涉第一百七十条第一款第四项修改为第一百七十七条第一款第四项,内容未作修改。

当事人进行"贴现"的行为，应当认定为无效。

商业保理公司作为类金融机构，其经营范围只能以受让应收账款的方式提供贸易融资，完成保理融资的同时，也形成相关应收账款的债权关系由原来债权人与债务人转变为商业保理机构与债务人，构成债权的转让行为。商业保理公司在应收账款项下受让商业汇票并向供应商提供融资，此时保理公司对受让的商业汇票具有票据权利。但博仁公司与益安公司签订的《票据融资理财委托协议》并不涉及债权转让的法律关系，不享有票据权利，而从协议内容及履行方式上看，实际系票据贴现协议。

例案二：诚宜信保商业保理有限公司与北京信诚富科投资管理有限公司、北京条玛物业管理有限公司合同纠纷案

【法院】

北京市朝阳区人民法院

【案号】

（2018）京 0105 民初 75672 号

【当事人】

原告：诚宜信保商业保理有限公司

被告：北京信诚富科投资管理有限公司

被告：北京条玛物业管理有限公司

【基本案情】

2017年7月21日和9月7日，北京信诚富科投资管理有限公司（以下简称信诚富科公司）作为甲方与乙方诚宜信保商业保理有限公司（以下简称诚宜信保公司）分别签订7月协议和9月协议，两份协议约定的相同内容为："咨询与技术服务方为北京××奇异科技有限公司（以下简称××公司）；鉴于乙方是合法成立并有效存续的商业保理公司，乙方与××公司系良好合作伙伴关系，甲方在合法经营业务过程中产生了大量优质的应收账款，甲方为融资需要，拟向乙方转让甲方持有的合法有效的应收账款，乙方同意受让甲方转让的应收账款。注：甲方转让应收账款必须是在形成过程中经××公司审核并对债务人进行有效授信且给予授信额度的应收账款，否则乙方有权拒绝受让。应收账款指甲方通过经营自身合法的业务产生的真实、合法、有效、优质的应收账款。本协议项下应收账款特指甲方经营房屋租赁产生的应收租金；债务人指甲方通过经营自身合法的业务产生的应收账款所对应的承担到期还本付息义务的自

然人、企业法人或其他合法成立的组织机构,本协议项下特指因向甲方租赁房屋,具有到期支付租金义务的承租人。应收账款转让指甲方将其持有的应收账款转让至乙方,乙方就应收账款进行受让的事项。转让标的为本有效期限内,甲方负责以双方约定的方式按批次提供拟转让的优质应收账款,并在乙方审核受让后,将应收账款事宜通知债务人,同时负责债务人的日产管理,并按照本协议的约定对甲方提供转让之应收账款的偿还提供连带责任担保。乙方同意依法受让甲方转让的应收账行款。协议到期后各方希望继续合作的,应当另行协商续签事宜。乙方通过审核并决定受让的应收账款,以应收账款本金为基数按照90%比例向甲方支付转让价款,且乙方受让的本次应收账款本金不超过300万元。甲方接受乙方的委托,向债务人收取应收账款到期后应当偿还的款项。顺利推动本协议项下消费分期业务合作,经各方协商确认,由甲方为本协议项下应收账款债务人的分期还款/付款进行担保,本协议所指担保,指的是甲方支付风险保证金作为计提,并存放于乙方设立的专用保证金账户,如应收账款债务人逾期达到约定期限,乙方有权直接于保证金账户中扣除相应金额以代偿应收账款债务人的逾期款项,以保证本协议项下合作顺畅进行。关于代偿及回购方式,应收账款债务人逾期达到或超过7天的,甲方应负责清退应收账款债务人,并将乙方已向甲方支付的剩余期限内的租金退给乙方,并由乙方偿付给资金方(如需要)。甲方同意,如甲方未能履行清退及退款义务,致使应收账款债务人逾期超过30天的,甲方提供的应收账款不符合真实、合法、有效等情况时,乙方有权要求甲方回购已经转让的应收账款(回购对价为受让的应收账款余额)。守约方因违约方进行诉讼而产生的诉讼费、律师费、差旅费、调查取证费等全部费用,应由违约方承担。甲方联系人为王某某。"其中,7月协议另有约定"本协议有效期自2017年7月21日至2018年7月20日止;鉴于甲方以应收账款转让的方式向乙方获得融资,甲方应向乙方支付的融资成本为年化13.5%,融资成本及应收账款本金的支付方式应与应收账款债务人的还款方式保持一致。经本协议三方同意,甲方第5期应收账款转让金额为300万元,并列还款计划表"。9月协议另有约定"本协议有效期自2017年9月7日至2018年7月6日止;鉴于甲方以应收账款转让的方式向乙方获得融资,甲方应向乙方支付的融资成本为年化16%,融资成本及应收账款本金的支付方式应与应收账款债务人的还款方式保持一致。经本协议三方同意,甲方第9期应收账款转让金额为300万元,并列还款计划表"。9月协议的《补充协议》约定:甲方信诚富科公司,乙方为诚宜信保公司,咨询与技术服务方为××公司。协议各方于2017年9月7日签订9月协议,各方经友好协商达成如下补充协议条款:第一,协议各方确认,9月协议项下应收账款转让和受让具体流程为：(1)××公司及相关公司向甲方提供"美窝租房"平台系统及相应系统功能服务；(2)甲方通过"美窝租房"平台点击租约确权按钮，推送订单并上传承租人签署的《租赁合同》后视为甲方向乙方提出应收账款转让申请；(3)××公司向承租人发送确认短信，承租人打开平台链接后完成对租房信息等相关信息的确认；(4)承租人完成信息确认且乙方及××公司终审无误后，通过"美窝租房"平台向甲方告知保理额度，并对相关应收账款对应的订单通过系统显示已确权，视为乙方同意按照显示额度受让甲方申请转让的应收账款；(5)甲方自行完成资金提现的操作，应收账款转让及受让完成。第二，各方协商一致确认如甲方于《租赁合同》签订之日起29日内完成本协议第一条所示流程，乙方同意对系统显示已确权应收账款的资金成本由主协议项下第四条约定的资金成本变更为年化13.5%，如甲方未能在约定期间内完成本补充协议第一条所示流程，主协议约定的资金成本不发生任何变化……除本补充协议补充及变更条款外，主协议其他条款仍应完全继续有效等。"

2017年9月5日和9月18日，条玛物业公司分别向诚宜信保公司出具7月担保函和9月担保函，内容为："鉴于信诚富科公司与诚宜信保公司签署了7月协议和9月协议，约定信诚富科公司具有支付保证金并在承租人逾期支付租金时履行代偿义务，为确保信诚富科公司按约定履行合同中的保证义务，条玛物业公司愿意为信诚富科公司在7月协议和9月协议项下的付款责任提供担保，担保条款如下：1.担保方式为不可撤销的连带责任保证担保；2.担保的范围为7月协议和9月协议项下信诚富科公司应支付的保证金及代偿款项，信诚富科公司应支付的违约金及诚宜信保公司因信诚富科公司违约而遭受损害的赔偿（包括但不限于诉讼费、仲裁费、律师费、财产保全费、差旅费、执行费、评估费等）；3.担保期间为自信诚富科公司付款义务履行期限届满之日起两年；4.担保实现，若信诚富科公司为按7月协议和9月协议约定履行付款义务的，条玛物业公司将于信诚富科公司的违约行为发生当日24点前履行连带保证责任代信诚富科公司偿还欠款，如因条玛物业公司原因导致未按期还款的，产生的相关违约金及损失补偿由条玛物业公司承担；5.陈述和保证，出具本函是本人真实意思表示，不存在任何欺诈或胁迫的因素，本人知悉并同意7月协议和9月协议的全部条款，无论前述协议被部分或全部确认无效，本人均同意为信诚富科公司在前述协议项下的付款保证义务的履行承担不可撤销的连带责任保证担保，本人承诺，无论7月协议或9月协议项下付款保证义务在本函之外是否同时存在其他物的担保或保证的，本人均按照本函的约定承担担保责任，不以存在其他担保及形式顺序等进行抗辩，本函是独立持续有效、不可撤销和无条件的，不受7月协议和9月协议及本人或信诚富科公司与任何其他单位或个人签订的任何协议、文件的影响。"

2017年7月25日和9月7日，诚宜信保公司分别以转账方式向信诚富科公司各付款2910000元，摘要备注均为"条玛公寓—闪银租房借款"。

根据信诚富科公司提交的银行转账流水：信诚富科公司于2017年7月25日收到自诚宜信保公司转汇的本案所涉291万元外，另收到诚宜信保公司转汇291万元（备注为条玛公寓—闪银租房借款）；同日，信诚富科公司向条玛物业公司账户转入582万元，备注为"借款"。信诚富科公司于2017年8月21日收到条玛物业公司67500元后，于当日分两笔向诚宜信保公司转汇各33750元。信诚富科公司于2017年9月7日收到自诚宜信保公司转汇本案所涉291万元后，于当日向×××诚公司转汇291万元（备注为借款）。信诚富科公司于2017年9月21日收到条玛物业公司17500元和5万元，均备注为"还款利息"；同日，信诚富科公司向诚宜信保公司转汇2笔各33750元，均备注为"条玛—闪银还款"。条玛物业公司就前述银行流水提出，其自2017年11月9日至2018年2月7日分别替信诚富科公司垫付利息共计437850元，其主张金额与银行流水信息一致，备注信息为"条玛—闪银还款"。

此外，还有多笔条玛物业公司汇至信诚富科公司的款项，以"条玛—闪银还款"名义随后付至诚宜信保公司账户，条玛物业公司提出该部分款项的来源系×××诚公司，其认为该部分还款与其无关。

根据条玛物业公司提交的银行流水，条玛物业公司通过其法定代表人王某某账户自2018年9月26日至2019年3月5日先后分2笔支付给诚宜信保公司100万元，支付给案外人深圳×××金融服务有限公司171万元。诚宜信保公司认可前述271万元系偿还9月协议项下款项。

根据（2018）京0105民初67122号民事判决书及其二审文书（2019）京03民终10982号民事判决书，法院经审理查明："2017年6月19日，谢某与信诚富科公司签订《房屋租赁合同》；同年6月16日，信诚富科公司作为发包方（甲方）与作为承包方（乙方）的×××诚公司签订《装饰装修工程施工合同》。2017年12月8日，谢某与信诚富科公司、×××诚公司签署《装修工人工资支付协议》确认因信诚富科公司经营范围是不符合政府业态管理要求的产业项目，致使《房屋租赁合同》无法继续履行，信诚富科公司与谢某正在协商合同解除事宜。2018年2月12日，谢某与信诚富科公司签署《房屋租赁合同解除协议》。"

【案件争点】

7月协议、9月协议及其补充协议的性质及效力。

【裁判要旨】

涉案7月协议、9月协议及补充协议系典型的"名为保理、实为借贷"法律关系，理由如下：（1）信诚富科公司和条玛物业公司均否认前述协议项下应收账款的真实存在，且条玛物业公司于诉讼中明确表示其就此告知了诚宜信保公司，诚宜信保公司仅表示其查看了2份协议项下的应收账款列表，未能就其对应收账款的审核进行举证或合理说明；（2）相应的银行流水信息表明诚宜信保公司在操作相关款项时，对涉案资金备注为"条玛公寓—闪银租房借款"，现条玛物业公司对偿还诚宜信保公司的款项亦明确为"利息"。

涉案7月协议、9月协议及其补充协议应属无效，理由如下：诚宜信保公司并无放贷资质，其连续多次进行放贷的行为已构成对市场金融秩序的破坏，违反了相关金融法规的强制性规定。

关于诚宜信保公司主张的关于支付合同款和违约金的诉讼请求，法院认为，综合全案证据，可以证明7月协议项下借款291万元尚未偿还，9月协议项下借款尚余20万元未偿还。鉴于条玛物业公司系7月协议和9月协议的实际签约当事人，其实际参与了资金的往来运作已如上述，因此，诚宜信保公司有权要求条玛物业公司偿还7月协议项下的本金291万元，偿还9月协议项下的本金20万元，法院予以支持；诚宜信保公司主张的违约金，从法律关系上实系主张损害赔偿，本院综合考虑当事人的履约情况以及当事人就导致涉案协议无效的过错情况，且不能因无效使条玛物业公司和信诚富科公司获取额外收益，考虑到信诚富科公司提交的银行流水表明其自收到条玛物业公司的转款后，随后以"条玛—闪银还款"名义付至诚宜信保公司账户的款项情况，根据公平原则和诚实信用原则，法院以未还本金为基数，参考贷款利率标准对诚宜信保公司主张的违约金损失酌予调整，诚宜信保公司本金及违约金诉讼请求的超出部分于法无据，法院不予支持。

三、裁判规则提要

判断商业保理公司受让商业汇票所涉交易是保理关系还是借贷关系，主要在于债权人是否存在真实的应收账款并转让给保理公司，即受让该票据的基础交易为应收账款融资，还是买卖光票融资的行为。

一方面，保理业务是以债权人转让其应收账款为前提，集应收账款催收、管理、坏账担保及融资于一体的综合性金融服务，保理法律关系的核心是应收账款的转让，其目的是通过债权转让来实现融资。保理融资，首先是以供应商与买方之间存在基础贸易合同为前提，商业保理公司在应收账款项下受让商业汇票并向供应商提供融资，此时保理公司对受让的商业汇票具有票据权利。商业保理公司在应收账款融资中，必须体现最高人民法院2015年12月24日民商事审判工作会议纪要中所说的"三个主体，两个合同的关系"：三个主体即应付款方、应收款方、保理商；两个合同即购销合同、保理合同。为证明保理商对应付款方享有债权，保理商还必须具备与应收账款对应的债权凭证，目前实务中商业保理、银行保理通常采用以下四种债权凭证中的一种：（1）应付款方和应收款方的购销协议；（2）应收款方签发抬头为应付款方的发票；（3）应付款方支付给应收款方的电子商业汇票；（4）各类应收账款电子凭证。因此，商业保理只能在应收账款项下，作为该应收账款的债权凭证受让相关的电子商业汇票才享有票据权利。

另一方面，单纯买卖光票是指保理商对债权人与债务人之间无基础交易关系是知情的，或直接参与了虚假交易合同的订立过程，在此基础上受让商业汇票、向债权人提供融资。没有基础交易就不存在应收账款，更不存在保理合同关系，此时可通过对"名为保理，实为借贷"的认定来明确交易双方的法律关系。2015年《最高人民法院关于当前商事审判工作中的若干具体问题》针对"名为保理，实为借贷"的表述如下："实务中确实有部分保理商与交易相对人虚构基础合同，以保理之名行借贷之实。对此，应查明事实，从是否存在基础合同、保理商是否明知虚构基础合同、双方当事人之间实际的权利义务关系等方面审查和确定合同性质。如果确实是名为保理、实为借贷的，仍应当按照借款合同确定案由并据此确定当事人之间的权利义务。"湖北省高级人民法院民二庭2016年11月发布的《当前商事审判疑难问题裁判指引》也对此有专门的规定，与最高人民法院的意见基本保持一致："保理商明知无真实的基础合同关系，仍与债权人订立合同，受让应收账款债权的，不构成保理合同关系，应当按照其实际构成的法律关系确定案由。"

同时，根据法律和行政规范性文件规定，商业保理公司作为类金融机构，其经营范围只能以受让应收账款的方式提供贸易融资，并且保理合同中须列明应收账款的具体标的。国务院于2020年12月29日发布了《国务院关于实施动产和权利担保统一登记的决定》，该决定规定自2021年1月1日起，在全国范围内实施动产和权利担保统一登记，其中应收账款质押被纳入动产和权利担保统一登记范围的担保类型，由当事人通过中国人民银行征信中心动产融资统一登记公示系统自主办理登记。另外，《上海市商业保理试点暂行管理办法》第十九条也对应收账款转让登记作出了相应规定："商业保理企业应当在人民银行征信中心的应收账款质押登记公示系统，办理应收账款转让登记，将应收账款权属状态予以公示。"天津市地方金融监督管理局关于印发《天津市商业保理试点管理办法（试行）》第二十条："……登记公示，……未经登记的，不能对抗善意商业保理公司。"商业保理公司不得从事借贷业务。商业保理机构完成保理融资的同时，也形成相关应收账款的债权关系由原来债权人与债务人转变为商业保理机构与债务人，构成债权的转让行为。《民法典》对债权转让作出通知规定："债权人转让债权，未通知债务人的，该转让对债务人不发生效力。"但对债权转让的通知形式法律并无具体规定，司法实践中一般认为债权转让是当事人处分自己民事权利的一种表现形式。对于债权人通知的形式，认为可以是书面通知，也可以是口头通知或其他形式。

针对应收账款保理业务，商业保理企业应当在人民银行征信中心的应收账款质押登记公示系统，办理应收账款转让登记，将应收账款权属状态予以公示。商业保理企业将受让的应收账款在人民银行征信中心的应收账款质押登记公示系统进行登记，可以视同为履行了对债务人的告知，同时也排除了他人对该项应收账款的主张权。

因此，商业保理公司受让的应收账款在央行《动产融资统一登记公示系统》如实进行登记的，视为应收账款的存在，在该应收账款项下作为债权凭证受让的商业汇票具有票据权利。未在人民银行征信中心的应收账款质押登记公示系统进行公示的，视为应收账款不存在的光票买卖行为。在单纯买卖光票项下，因不存在与直接前手的应收账款的债权关系，应认定为"名为保理，实为借贷"，按照与交易对手的借贷关系进行裁判。

此外，根据《民法典》第七百六十三条的规定，如果债权人与债务人恶意串通，通过虚假的基础合同向保理公司申请保理融资，除非保理公司存在由于疏于审查等重大过失，应视为保理公司在应收账款项下受让的商业汇票，享有票据权利。

四、辅助信息

高频词条：

《民法典》

第七百六十一条　保理合同是应收账款债权人将现有的或者将有的应收账

款转让给保理人，保理人提供资金融通、应收账款管理或者催收、应收账款债务人付款担保等服务的合同。

第七百六十三条　应收账款债权人与债务人虚构应收账款作为转让标的，与保理人订立保理合同的，应收账款债务人不得以应收账款不存在为由对抗保理人，但是保理人明知虚构的除外。

《票据法》

第十条　票据的签发、取得和转让，应当遵循诚实信用的原则，具有真实的交易关系和债权债务关系。

票据的取得，必须给付对价，即应当给付票据双方当事人认可的相对应的代价。

第十二条　以欺诈、偷盗或者胁迫等手段取得票据的，或者明知有前列情形，出于恶意取得票据的，不得享有票据权利。

持票人因重大过失取得不符合本法规定的票据的，也不得享有票据权利。

第十三条　票据债务人不得以自己与出票人或者与持票人的前手之间的抗辩事由，对抗持票人。但是，持票人明知存在抗辩事由而取得票据的除外。

票据债务人可以对不履行约定义务的与自己有直接债权债务关系的持票人，进行抗辩。

本法所称抗辩，是指票据债务人根据本法规定对票据债权人拒绝履行义务的行为。

《2020年票据纠纷司法解释》

第十三条　票据债务人以票据法第十条、第二十一条的规定为由，对业经背书转让票据的持票人进行抗辩的，人民法院不予支持。

第十四条　票据债务人依照票据法第十二条、第十三条的规定，对持票人提出下列抗辩的，人民法院应予支持：

（一）与票据债务人有直接债权债务关系并且不履行约定义务的；

（二）以欺诈、偷盗或者胁迫等非法手段取得票据，或者明知有前列情形，出于恶意取得票据的；

（三）明知票据债务人与出票人或者与持票人的前手之间存在抗辩事由而取得票据的；

（四）因重大过失取得票据的；

（五）其他依法不得享有票据权利的。

《商业银行保理业务管理暂行办法》

第六条 本办法所称保理业务是以债权人转让其应收账款为前提，集应收账款催收、管理、坏账担保及融资于一体的综合性金融服务。债权人将其应收账款转让给商业银行，由商业银行向其提供下列服务中至少一项的，即为保理业务：

（一）应收账款催收：商业银行根据应收账款账期，主动或应债权人要求，采取电话、函件、上门等方式或运用法律手段等对债务人进行催收。

（二）应收账款管理：商业银行根据债权人的要求，定期或不定期向其提供关于应收账款的回收情况、逾期账款情况、对账单等财务和统计报表，协助其进行应收账款管理。

（三）坏账担保：商业银行与债权人签订保理协议后，为债务人核定信用额度，并在核准额度内，对债权人无商业纠纷的应收账款，提供约定的付款担保。

（四）保理融资：以应收账款合法、有效转让为前提的银行融资服务。

以应收账款为质押的贷款，不属于保理业务范围。

第七条 商业银行应当按照"权属确定，转让明责"的原则，严格审核并确认债权的真实性，确保应收账款初始权属清晰确定、历次转让凭证完整、权责无争议。

第八条 本办法所称应收账款，是指企业因提供商品、服务或者出租资产而形成的金钱债权及其产生的收益，但不包括因票据或其他有价证券而产生的付款请求权。

第十四条 商业银行受理保理融资业务时，应当严格审核卖方和/或买方的资信、经营及财务状况，分析拟做保理融资的应收账款情况，包括是否出质、转让以及账龄结构等，合理判断买方的付款意愿、付款能力以及卖方的回购能力，审查买卖合同等资料的真实性与合法性。对因提供服务、承接工程或其他非销售商品原因所产生的应收账款，或买卖双方为关联企业的应收账款，应当从严审查交易背景真实性和定价的合理性。

第十五条 商业银行应当对客户和交易等相关情况进行有效的尽职调查，重点对交易对手、交易商品及贸易习惯等内容进行审核，并通过审核单据原件或银行认可的电子贸易信息等方式，确认相关交易行为真实合理存在，避免客户通过虚开发票或伪造贸易合同、物流、回款等手段恶意骗取融资。

《国务院关于实施动产和权利担保统一登记的决定》

二、纳入动产和权利担保统一登记范围的担保类型包括：

（一）生产设备、原材料、半成品、产品抵押；

（二）应收账款质押；

（三）存款单、仓单、提单质押；

（四）融资租赁；

（五）保理；

（六）所有权保留；

（七）其他可以登记的动产和权利担保，但机动车抵押、船舶抵押、航空器抵押、债券质押、基金份额质押、股权质押、知识产权中的财产权质押除外。

三、纳入统一登记范围的动产和权利担保，由当事人通过中国人民银行征信中心（以下简称征信中心）动产融资统一登记公示系统自主办理登记，并对登记内容的真实性、完整性和合法性负责。登记机构不对登记内容进行实质审查。

票据纠纷案件裁判规则第 8 条：

贴现行的负责人或者有权从事该业务的工作人员与贴现申请人合谋，伪造贴现申请人与其前手之间具有真实的商品交易关系的合同、增值税专用发票等材料申请贴现，贴现行主张其享有票据权利的，人民法院不予支持。对贴现行因支付资金而产生的损失，按照基础关系处理

【规则描述】本条系对《票据法》第十二条和《九民会议纪要》第一百条的理解与适用，重点解决通谋虚伪表示可否适用于票据行为，以及贴现行审查贴现申请人与其前手是否具有真实贸易合同、增值税发票等材料作为重大过失的判断标准问题。

一、类案检索大数据报告

时间：2021 年 2 月 5 日之前，案例来源：Alpha 案例库，案件数量：8 件，数据采集时间：2021 年 2 月 5 日。通过 Alpha 平台，先后输入"伪造贴现""合谋""票据权利"三组关键词，出现 8 条信息。其中 7 条为系列案，1 条为裁定受理案。从内容上看，7 个系列案中，原告均为中国工商银行股份有限公司芜湖赭山支行与新联控股有限公司、新华联控集团财务有限公司票据追索权纠纷，且均为一审民事判决，关联文书为相对应的二审管辖裁定。第 8 条信息为上诉人康佳商业保理（深圳）有限公司与被上诉人秦禾集团股份有限公司、福州泰佳实业有限公司、厦门联创微电子股份有限公司票据纠纷案。

通谋虚伪意思表示制度是《民法总则》第一百四十六条规定的一项新的制度，由于对该项制度的运用效力以及运用范围存在争议，司法实践中适用该制度裁判案件数量总体不多。

二、可供参考的例案

> **例案一：中国民生银行股份有限公司南昌分行与江西省地方有色金属材料有限公司、上海红鹭国际贸易有限公司、陶某某、罗某某票据追索权纠纷案**

【法院】

最高人民法院

【案号】

（2017）最高法民终41号

【当事人】

上诉人（原审原告）：中国民生银行股份有限公司南昌分行

上诉人（原审被告）：上海红鹭国际贸易有限公司

被上诉人（原审被告）：江西省地方有色金属材料有限公司

被上诉人（原审被告）：陶某某

被上诉人（原审被告）：罗某某

【基本案情】

2012年12月28日，江西省地方有色金属材料有限公司（以下简称有色金属公司）作为付款人开具了票面金额为1.1亿元的商业承兑汇票一张，票号为00100063/21113251，收款人为上海红鹭国际贸易有限公司（以下简称红鹭公司），到期日为2013年6月28日。该票据出票人栏和承兑人栏中均加盖了有色金属公司财务专用章和刘国平的私章。汇票背面第一被背书人为中国民生银行股份有限公司南昌分行（以下简称民生银行南昌分行）（注：应为红鹭公司），背书人栏中加盖了红鹭公司财务专用章和李沛兴私章，第二被背书人为民生银行南昌分行，背书人栏中加盖了民生银行结算专用章和徐岚私章，并有"委托收款"字样。同日，红鹭公司（甲方）作为贴现申请人与民生银行南昌分行（乙方）作为代理人及贴现银行、有色金属公司（丙方）作为汇票前手持票人签订编号公贴现字第201207号《贴现宝合作协议》一份，协议主要内容为：甲方提交丙方出具的商业承兑汇票，其以与丙方之间的交易合同、增值税发票等材料向乙方申请汇票贴现，乙方同意为甲方办理汇票贴现，甲方承诺所提交的贴现申请材料以及相关的陈述和说明都是真实的、合法的、有效的和完整的；双方每次办理贴现手续时，所适用的贴现利率由双方商定并记载于《贴现宝申请表》中，该申请表构成本协议的组成部分。贴现业务按照贴现利息直接从贴现本金中扣划的方式支付贴现利息；甲方授权乙方将票据贴现款项划入户名为红鹭公司、账号为10×××04、开户行为工行联合大厦支行的指定账户；汇票贴现后乙方即有权根据票据法等有关法律法规行使票据项下的权利，如果已贴现的商业汇票遭拒付，甲方将按本协议的约定向乙方承担支付责任。若乙方收到商业汇票项下款项的时间超过本协议约定的期限，则乙方有权向甲方追索逾期罚息，逾期罚息按中国人民银行最新公布的六个月贷款利率上浮50%的罚息利率计收；乙方对甲方行使票据追索权时，有权要求甲方支付下列金额及费用：（1）被拒绝付款的汇票票面金额；（2）汇票票面金额自贴现期限到期日起至清偿日止的逾期罚息；（3）乙方为行使追索权而支付的诉讼费、仲裁费、律师费等实现债权的费用；（4）乙方因此而遭受的其他经济损失；甲方提交并经乙方确认的每份《贴现宝申请表》自动构成本协议的附件，该附件是本协议的组成部分，本协议主文与之不一致时应以附件为准；本协议有效期限为12个月，自2012年12月28日至2013年12月27日。红鹭公司、民生银行南昌分行、有色金属公司均在该协议上加盖公司及法定代表人印章予以确认。2012年12月28日，红鹭公司向民生银行南昌分行出具《贴现宝申请表》，就票号为00100063/21113251的商业承兑汇票办理票据贴现，贴现利率为10%，并确认将票据贴现款项划入户名为红鹭公司、账号为10×××04、开户行为工行联合大厦支行的指定账户。民生银行南昌分行经审核同意办理该贴现业务，确认贴现款金额为104438888.89元。同日，有色金属公司向民生银行南昌分行出具《商票贴现额度占用确认函》，同意红鹭公司向民生银行南昌分行办理票号为00100063/21113251的商业承兑汇票贴现业务时，占用其贴现额度。

同日，罗某某与民生银行南昌分行签订《担保合同》，合同约定为确保有色金属公司与民生银行南昌分行签订的主合同的履行，罗某某自愿为主合同项下的债务提供连带保证责任，担保的主债权为主合同债务人、红鹭公司与民生银行南昌分行签署的编号为公贴现字第201207号的《贴现宝合作协议》项下编号为201207—1的《贴现宝申请表》项下的民生银行南昌分行全部债权。陶某某与民生银行南昌分行也签订了与上述内容相同的《担保合同》。

上述协议签订后，民生银行南昌分行依约办理了商业承兑汇票贴现业务，在扣除利息5561111.11元后，向红鹭公司支付贴现款104438888.89元。商业承兑汇票到期后，有色金属公司未能如期支付票据款项，民生银行南昌分行仅从该账户中扣款

1919.7元。截至2013年7月14日，该笔商票贴现项下应还款金额为110357407.36元，其中垫款本金109998080.3元、逾期罚息按照约定的中国人民银行公布的半年期贷款基准利率上浮50%即8.4%计算为359337.06元。2014年4月14日，在本案原一审审理中，民生银行南昌分行向上海市公安局出具还款证明，内容为："兹有客户有色金属公司于2014年4月14日归还编号为00100063/21113251的商业承兑汇票项下逾期垫款本金壹仟伍佰万元（1500万元）。特此证明。"

2016年9月27日，上海市黄浦区人民法院作出828号刑事判决，认定被告单位有色金属公司犯骗取贷款罪，判处罚金100万元，认定罗某某犯骗取贷款罪，判处有期徒刑三年，缓刑四年并处罚金30万元，责令两被告继续退赔违法所得给被害单位。该刑事判决书认定的主要事实是："被告单位有色金属公司系自然人独资的有限责任公司，法定代表人为罗某某。正拓公司系自然人投资或控股的有限责任公司，法定代表人为罗某某之妻陶某某。罗某某系上述二公司的实际控制者及经营人。2012年底，正拓公司有7000余万元的逾期贷款无法归还。罗某某向贷款银行民生银行（注：指民生银行南昌分行）金融市场部副总经理严某某提出，由有色金属公司向红鹭公司购买一批高纯阴极铜，有色金属公司以商业承兑汇票的形式支付货款，再由红鹭公司持该票据到民生银行南昌分行申请贴现，并承诺会确保红鹭公司将所得贴现款用于归还正拓公司的逾期贷款。之后，罗某某向民生银行南昌分行提供内容不实的有色金属公司损益表等申请材料。民生银行华中授信评审中心于2012年12月27日批复同意给予有色金属公司单笔授信1.1亿元，期限半年，品种为商业承兑汇票贴现。商票出票人为有色金属公司，收款人为红鹭公司，由罗某某、陶某某提供连带保证。同期，罗某某与红鹭公司总经理房绪庆商议，由正拓公司、有色金属公司分别与红鹭公司签订无实物交割的阴极铜贸易连环合同，红鹭公司将钱款转手并从中赚取差价。房绪庆同意后，将上述事宜交由财务经理胡某某具体操作。2012年12月28日，有色金属公司作为出票人开具商业承兑汇票，承兑人为有色金属公司，收款人为红鹭公司，票面金额为1.1亿元，到期日为2013年6月28日。同日8时许，罗某某及其员工与民生银行南昌分行员工严某某等至红鹭公司，由红鹭公司财务经理胡某某负责接待并在《阴极铜购销合同》及其《补充协议》、商业汇票、《贴现申请表》《贴现宝合作协议》等一系列材料上盖章。随后，民生银行南昌分行工作人员立即携带上述材料赶回南昌办理贴现手续。当天16时许，民生银行南昌分行在依合同扣除贴现利息5561111.11元后，将贴现款104438888.89元划入红鹭公司账户。胡某某扣除20万元后，将余款104238888.89元汇入正拓公司账户。进入正拓公司账户的钱款，其中7500万元用于归还民生银行南昌分行贷款，剩余钱款被罗某某用于归还其他欠款、买卖期货等。2013年6月27日，民生银行南昌分行向有色金属公司提示支付票款1.1亿元。2013年6月28日票据到期，民生银行南昌分行向有色金属公司账户扣收1919.7元，余款遭拒付。此后，民生银行南昌分行向出票人（承兑人）有色金属公司、贴现申请人红鹭公司多次催收，均遭拒。罗某某到案后，向民生银行南昌分行退还3490万元。"

2013年7月22日，民生银行南昌分行向原审法院起诉，请求：一、判令有色金属公司、红鹭公司立即支付票款65098080.30元，并承担迟延还款利息、罚息22917558.63元，共计88015638.93元（利息、罚息暂计至2016年2月15日，实际金额计算至还清款项之日止）；二、判令陶某某、罗某某对有色金属公司、红鹭公司的前述债务承担连带清偿责任。

【案件争点】

1. 案涉票据活动是各方通谋虚伪行为，还是票据行为；

2. 民生银行南昌分行是否为合法的票据权利人。

【裁判要旨】

一审法院认为，民生银行南昌分行是合法的票据权利人。（1）涉案商业承兑汇票本身是有效票据。涉案商业承兑汇票记载了付款人、收款人、确定的金额、出票日期、出票人签章等必须记载事项，符合《票据法》第二十二条规定，为有效票据。（2）民生银行南昌分行不存在《票据法》第十二条所规定的以欺诈手段取得票据的情形。第一，《商业汇票代理贴现（贴现宝）合作协议》以及《商业汇票代理贴现申请表》是三方当事人真实意思的表示，其内容并不违法，是有效协议。民生银行南昌分行、有色金属公司、红鹭公司均在合作协议上盖章确认。红鹭公司称是受欺骗不知道有此事、公章被偷盖与事实不符，不能采信。第二，合作协议及申请表载明的各方当事人的权利义务明确，且均已按协议履行，不存在哪方被欺骗的事实。根据合作协议，红鹭公司提交商票、交易合同、增值税发票等材料向民生银行南昌分行申请贴现。红鹭公司承诺所提交的贴现申请资料以及相关的陈述和说明都是真实、合法、有效和完整的。民生银行南昌分行按照协议约定及红鹭公司的申请，将贴现款划入红鹭公司指定的账户。应该说，涉案当事人对贷款的方式、各方责任以及应承担的风险等都是明知的，没有证据证明本案存在隐瞒事实或任何一方被欺诈的事实。第三，不能以贴现款用于归还正拓公司的欠款反推民生银行南昌分行存在欺诈。根据本案事实，红鹭公司扣除20万元后，将余款汇入了正拓公司账户，其中7500

万元用于归还民生银行南昌分行的贷款,剩余钱款被罗某某用于归还其他欠款、买卖期货等。正拓公司与民生银行南昌分行是否存在欠款以及欠款多少是另一法律事实,与本案没有直接关联。即使有欠款事实,正拓公司也应依法依约予以归还。不能以正拓公司欠民生银行南昌分行贷款的事实否定此笔贴现款发放的事实。本案中,民生银行南昌分行已将贴现款划入了红鹭公司账户,红鹭公司也承诺如果汇票到期拒付,愿承担支付责任。在这种情形下,民生银行南昌分行以办理票据贴现的方式放款主观上不存在重大过错。根据《中国人民银行贷款通则》第九条的规定,贷款种类包括票据贴现。贷款人以购买借款人未到期商业票据的方式发放贷款并不违法。银行作为专门的银行金融机构,为某公司提供案涉的融资业务并收取相应手续费、利息等系银行业正常的经营范围,符合我国商业银行法的相关规定。民生银行南昌分行在此笔贴现款的发放中,即使存在未完全按照中国人民银行相关规定操作,也是未按银行内部操作规程的规定办理有关手续的过失行为,并非《票据法》第十二条规定的重大过失情形。(3)刑事判决不影响民生银行南昌分行行使票据权利。在有色金属公司、罗某某涉嫌骗取贷款罪刑事案件审理期间,民生银行南昌分行向上海黄浦区人民法院提交了《情况说明》,该行明确表示其与有色金属公司、红鹭公司的此笔票据业务属于一笔正常的银行业务,不涉及犯罪行为,并表明本笔业务即使涉及犯罪,受害人也不是民生银行南昌分行。上海黄浦区人民法院刑事判决虽然认定了红鹭公司参与了此笔贴现款的申请、转账等情节,但对红鹭公司应承担的责任没有认定。刑案是红鹭公司报案,按理受害单位应该是红鹭公司。红鹭公司既然参与了此笔贴现款的发放过程,又承诺承担支付责任,如果不承担刑事责任,又不承担民事责任,对民生银行南昌分行、有色金属公司是不公平的。本案民生银行南昌分行根据《票据法》的有关规定主张有色金属公司、红鹭公司承担票据责任,有合同依据,也有法律依据。

二审法院认为,本案票据活动是各方伪装行为,所掩盖隐藏真实行为实际是借款。民生银行南昌分行与有色金属公司在本案中的真实意思表示是借款。本案中,有色金属公司的法定代表人罗某某为达到向民生银行南昌分行借款之目的,在与该行协商以票据贴现形式借款并保证以所借款项归还正拓公司逾期贷款的同时,亦与红鹭公司总经理房某某协商,由正拓公司、有色金属公司分别与红鹭公司签订无实物交割的阴极铜连环贸易合同,红鹭公司将钱款转手并从中赚取差价。罗某某与民生银行南昌分行及红鹭公司商妥后,各方即开始实施并在同一天完成了上述协商的所有事宜,即2012年12月28日早晨,有色金属公司的法定代表人罗某某与其公司员工，及民生银行南昌分行员工严某某等人先一同前往红鹭公司，由红鹭公司在没有真实交易内容的《阴极铜购销合同》、有色金属公司开立的商业承兑汇票、《贴现宝合作协议》《贴现申请表》等一系列材料上盖章。之后，民生银行南昌分行员工立即携带上述材料赶回该行办理贴现手续。当日下午，民生银行南昌分行将贴现款转入红鹭公司账户，红鹭公司在扣除其所述的差价款后将余款全部转入正拓公司在民生银行南昌分行开立的账户，民生银行南昌分行即扣划收回了正拓公司所欠的逾期贷款。上述行为中，首先，有色金属公司与民生银行南昌分行均明知本案票据开立、贴现及系列合同签订的真实意思表示是借款，只是就民生银行南昌分行而言，其上述行为的主要目的在于能够实现正拓公司归还其逾期贷款，而有色金属公司的目的则除了用该笔借款归还正拓公司的逾期贷款外，还能够再继续获得一部分借款以解决其资金困难问题。其次，对于红鹭公司而言，虽按其所述，其系出于赚取差价签订了案涉合同及相关文书，红鹭公司并不知晓有色金属公司与民生银行南昌分行借新还旧、转嫁风险的真实意图，但是红鹭公司至少明知其与正拓公司、有色金属公司分别签订的《阴极铜购销合同》没有真实交易内容。故对于本案票据的签发、取得和转让不具有真实的交易关系，红鹭公司账户收到的票据贴现款的用途亦并非用于向正拓公司支付票据项下《阴极铜购销合同》的货款，有色金属公司、民生银行南昌分行、红鹭公司均属明知。三方虽然明知本案票据项下无真实交易关系，但出于不同真实目的，相互合谋实施了该票据行为，属于通谋虚伪行为。根据《民法通则》第五十五条①规定及 2017 年 10 月 1 日起施行的《民法总则》第一百四十六条②规定，民事法律行为应当意思表示真实，行为人与相对人以虚假的意思表示实施的民事法律行为无效，以虚假的意思表示隐藏的民事法律行为的效力，依照相关法律规定处理。据此，法院对本案通谋虚伪的票据活动所订立的《阴极铜购销合同》及其《补充协议》《贴现宝合作协议》《贴现申请书》《担保合同》，均确认无效。虽然上述票据活动所涉合同均因属各方伪装行为而应认定为无效，但是，民生银行南昌分行持有的本案票据在形式上符合《票据法》第二十二条规定，应属有效票据。只是，由于民生银行南昌分行取得该票据，系出于实现正拓公司能够归还所欠其逾期贷款的目的，而在明知该票据的签发、转让均无真实交易关系的情况下，与有色金

---

① 参见《民法典》第一百四十三条规定："具备下列条件的民事法律行为有效：（一）行为人具有相应的民事行为能力；（二）意思表示真实；（三）不违反法律、行政法规的强制性规定，不违背公序良俗。"

② 参见《民法典》第一百四十六条规定，内容未作修改。

属公司及其法定代表人罗某某以通谋虚伪行为取得。而且，为取得该票据，作为有色金属公司和正拓公司的开户行，民生银行南昌分行亦在明知有色金属公司并不具有支付该票据项下款项能力的情况下，为其单笔授信了该票据票面金额的贴现额度，而本案票据贴现占用的亦正是该贴现额度。因此，民生银行南昌分行取得本案票据属于《票据法》第十二条第一款及《2000年票据纠纷司法解释》第十五条第二项①规定的以非法手段取得的情形，据此，民生银行南昌分行依法不得享有票据权利。退一步说，即便民生银行南昌分行享有票据权利，但因其在取得票据时，明知票据债务人红鹭公司与出票人有色金属公司之间并无真实的交易关系，因此，红鹭公司以此抗辩其不应承担本案票据义务，亦符合《票据法》第十三条第一款"票据债务人不得以自己与出票人或者与持票人的前手之间的抗辩事由，对抗持票人。但是，持票人明知存在抗辩事由而取得票据的除外"的规定，依据《2000年票据纠纷司法解释》第十五条第三项②规定，对于红鹭公司的抗辩，二审法院应予以支持。

例案二：中国民生银行股份有限公司成都分行与成渝钒钛科技有限公司、泸州市物资产业集团有限公司、邹某某、叶某某、魏某某、熊某票据请求权、追索权纠纷案

【法院】

四川省高级人民法院

【案号】

（2018）川民终1106号

【当事人】

上诉人（原审原告）：中国民生银行股份有限公司成都分行

被上诉人（原审被告）：成渝钒钛科技有限公司

被上诉人（原审被告）：泸州市物资产业集团有限公司

被上诉人（原审被告）：邹某某

被上诉人（原审被告）：叶某某

---

① 该司法解释已于2020年12月23日修正，本案所涉第十五条第二项修改为第十四条第二项，内容未作修改。

② 该司法解释已于2020年12月23日修正，本案所涉第十五条第三项修改为第十四条第三项，内容未作修改。

被上诉人（原审被告）：魏某某

被上诉人（原审被告）：熊某

【基本案情】

2013年9月17日，泸州市物资产业集团有限公司（以下简称泸州物资集团公司）与中国民生银行股份有限公司成都分行（以下简称民生银行成都分行）签订了《开立单位银行结算账户申请书》《人民币单位银行结算账户管理协议》《企业网上银行服务协议》，泸州物资集团公司在民生银行成都分行开立了账号为"60×××69"的账户，并办理了网上银行业务。2014年12月3日，民生银行成都分行与泸州物资集团公司签订《综合授信合同》，合同主要约定：最高授信额度为6000万元，授信种类为汇票贴现，授信期限为1年，即2015年12月2日到期。双方在合同中还约定，在本合同约定的授信期限和最高授信额度内，泸州物资集团公司可一次或分次使用授信额度，民生银行成都分行经审查认为符合本合同的约定，应当与泸州物资集团公司签订相应授信业务的具体合同或协议；截至本合同生效日，泸州物资集团公司基于双方于2013年9月9日签订的编号为公授信字第ZH1300000175628号的《综合授信合同》及其项下的具体业务，在民生银行成都分行已发生的授信余额，视为在本合同项下发生的授信。其中占用授信额度的授信余额视为占用本合同项下授信额度；商票出票人限定为成渝钒钛科技有限公司（以下简称成渝钒钛公司），商票贴现利率执行市场利率等。同日，民生银行成都分行分别与邹某某、叶某某、魏某某、熊某签订个高保字第ZH1400000207964-1号、第ZH1400000207964-2号、第ZH1400000207964-3号、第ZH1400000207964-4号《最高额担保合同》，约定由邹某某、叶某某、魏某某、熊某对案涉《综合授信合同》项下的全部债权提供连带责任保证，最高额担保所担保的主债权的发生期间为2014年12月3日至2015年12月2日，保证的最高债权额为6000万元。2015年11月26日，成渝钒钛公司作为付款人开具了票面金额为6000万元的商业承兑汇票，票号为0010006322251415（以下简称案涉商业承兑汇票），收款人为泸州物资集团公司，汇票到期日为2016年5月26日；该汇票的承兑人和出票人栏均是成渝钒钛公司加盖公章和"袁某"的私章；该汇票背面第一背书人为泸州物资集团公司，加盖了泸州物资集团公司公章及"邹某某"的私章，第二背书人为民生银行成都分行，加盖了民生银行成都分行公章，并有"委托收款"字样。

2015年12月2日，民生银行成都分行出具的《BBSP产品往帐订单凭据》，载明："民生银行成都分行会计业务处理中心作为付款人向收款人金平县农村信用联社支付58935200元,客户附言:商承同业间买断。"2015年12月2日,金平县农村信用联社作为持票人就案涉商业承兑汇票在民生银行成都分行办理了贴现,贴现率为3.63‰,贴现金额为58935200元,民生银行成都分行开具了《贴现凭证》。同日,金平县农村信用联社通过其在招商银行股份有限公司杭州分行营业部开立的账户将58914666.67元转到泸州物资集团公司在民生银行成都分行开立的"60×××69"账户上;泸州物资集团公司于当天和次日(即12月2日、12月3日)分12笔将58914666.67元转到成渝钒钛公司在民生银行成都分行开立的"695827269"账户上;成渝钒钛公司随即在同一(12月2日、12月3日)将上述款项(即58914666.67元)转到民生银行成都分行账上。期间,泸州物资集团公司向民生银行成都分行出具了未填写具体持票人、具体日期的《额度占用确认函》《债务确认函》,确认案涉商业承兑汇票办理转贴现业务时,占用案涉《综合授信合同》的授信额度;确认民生银行成都分行通过转贴现方式取得案涉商业承兑汇票后,如该汇票到期不能兑付,民生银行成都分行向泸州物资集团公司提出支付申请的,泸州物资集团公司向民生银行成都分行对该汇票项下的资金负有支付义务,泸州物资集团公司无条件将相应款项支付给民生银行成都分行。2016年5月26日,成渝钒钛公司以单位账户余额不足为由拒付了民生银行成都分行托收的6000万元。2016年10月18日,民生银行成都分行向成渝钒钛公司发出了《逾期通知书》,该通知书载明:"贵公司作为商业承兑汇票出票人和承兑人,向泸州物资集团公司开立6000万元的商业承兑汇票,我行为上述商业承兑汇票办理了贴现。该汇票信息如下:出票人、承兑人为贵公司,贴现申请人为泸州物资集团公司,票号为0010006322251415,票面金额6000万元整,出票日2015年11月26日,到期日2016年5月26日。泸州物资集团公司为上述汇票贴现申请人,已于2016年12月2日在我行办理了贴现业务。现上述票据到期后贵公司未能兑付,请贵公司尽快组织资金清还,否则我行将追究贵公司相关法律责任。"成渝钒钛公司向民生银行成都分行回复:"接贵行通知,我公司已知悉由我公司承兑的商业承兑汇票于2016年5月26日到期,现已逾期,我公司将履行承兑责任。"

2014年11月5日,成渝钒钛公司与民生银行成都分行签订了编号为公借贷字第ZH1400000187045号《流动资金贷款借款合同》,约定:成渝钒钛公司向民生银行成都分行借款1.15亿元,借款期限为1年,即2015年11月4日到期。根据民生银行成都分行提供的《还款计划信息》显示,成渝钒钛公司针对该笔借款实际的还款情况是:2015年11月30日支付32760523.35元、2015年12月2日支付38914728.42元、2015年12月3日支付2000万元、2015年12月3日支付24980140.45元;减免4623607.78元。该笔借款全部偿还完毕。成渝钒钛公司认可其上述还款中的2015年12月2日38914728.42元、2015年12月3日2000万元即为泸州物资集团公司向其所转款项；民生银行成都分行也认可该两笔还款系从成渝钒钛公司在其处开立的"695827269"账户上自动扣收的。

在本案诉讼期间，泸州物资集团公司与成渝钒钛公司曾就本案诉讼问题进行过协商，在双方草拟的《关于妥善解决民生银行成都分行6000万元商票诉讼问题的协议》中明确：2013年11月至2015年12月期间，成渝钒钛公司通过票据贴现方式在民生银行成都分行共计贴现使用资金6000万元，该资金实际使用人为成渝钒钛公司及其关联公司；本协议中涉及民生银行成都分行的所有资金均为成渝钒钛公司及其关联公司使用，泸州物资集团公司一直未曾使用，泸州物资集团公司因此所产生的各种费用均由成渝钒钛公司承担；如因成渝钒钛公司未能按约履行归还本金或支付利息的义务，造成泸州物资集团公司由此承担的责任和遭受的损失由成渝钒钛公司承担。但该协议双方因故未能签字盖章，成渝钒钛公司在原审庭审质证时，对该协议内容无异议。

【案件争点】

案涉商业承兑汇票以及系列合同的签订是否属于通谋虚伪行为，还是属于借款法律行为。

【裁判要旨】

一、二审法院认为，案涉商业承兑汇票以及一系列合同的签订均属各方的通谋虚伪行为，该通谋虚伪行为所隐藏的真实法律行为为借款。理由是：《民法总则》第一百四十六条第一款规定："行为人与相对人以虚假的意思表示实施的民事法律行为无效。"通谋虚假行为认定，应具备以下要件：一是须有意思表示；二是须表示与内心目的不一；三是须有虚伪故意；四是须行为人与相对人通谋实施。结合本案案情，各方当事人作出了签订《综合授信合同》、签发商业承兑汇票、进行贴现等一系列行为的意思表示。民生银行成都分行上诉主张其没有参与上述两主体的通谋，其真实的意思表示是向泸州物资集团公司借款等。纵观本案事实，民生银行成都分行作为《综合授信合同》的授信人对合同内容约定授信资金受信人与还款义务人发生分离明知。再看本案成渝钒钛公司向泸州物资集团公司开具票据没有真实的交易关系，泸州物资集团公司没有提交任何贴现申请资料，民生银行成都分行更未尽形式审查，不顾贴现中可能导致的审查风险而予以贴现，主观上存在重大过失，不排除民生银行成都分行主观上知晓泸州物资集团公司与成渝钒钛公司没有真实交易而予以贴现的可能性。同时，在贴现款项流转过程中，民生银行成都分行主张的贴现款项找金平县农村信用联社代付与其提交的与金平县农村信用联社之间的商业承兑买断及《贴现凭证》所载内容不符，存在自相矛盾；民生银行成都分行的工作人员杨某同期与泸州物资集团公司财务人员邓某的频繁通话等，民生银行成都分行未作出合理解释，泸州物资集团公司的陈述具有一定合理性。综合全案证据和本案事实，泸州物资集团公司抗辩主张三方形成通谋的意思表示，依据更为充分，成渝钒钛公司在二审中对原审判决认定不持异议，泸州物资集团公司所举证明及主张与成渝钒钛公司的陈述和认可的事实形成相互印证，而民生银行成都分行没有对上述疑点作出具有说服力的解释和充分举证予以证明其主张，本案应认定各方当事人的真实意思表示是成渝钒钛公司向民生银行成都分行借款，民生银行成都分行向成渝钒钛公司提供借款的目的是收回其逾期贷款，成渝钒钛公司借款的目的是向民生银行成都分行偿还逾期贷款，民生银行成都分行对此明知。基于此，案涉商业承兑汇票的签发、成渝钒钛公司、泸州物资集团公司明知票据的取得和转让不具有真实的交易关系，案涉商业承兑汇票以及一系列合同的签订均属各方的通谋虚伪行为，该通谋虚伪行为所隐藏的真实法律行为为借款，各方当事人以通谋虚伪的票据行为所订立的《综合授信合同》《额度占用确认函》《债务确认函》均应确认为无效合同。同时认为，依照《票据法》第二十二条规定，虽然前述已认定案涉票据行为所签相关合同因各方的通谋虚伪行为无效，但案涉商业承兑汇票在形式上符合法律规定，属有效票据。依照《票据法》第十三条第一款"票据债务人不得以自己与出票人或者持票人的前手之间的抗辩事由，对抗持票人。但是，持票人明知存在抗辩事由而取得票据的除外。"《2000年票据纠纷司法解释》第十五条第三项①"票据债务人依照票据法第十二条、第十三条的规定，对持票人提出下列抗辩的，人民法院应予支持：……（三）明知票据债务人与出票人或者与持票人的前手之间存在抗辩事由而取得票据的……"的规定，根据本案查明的事实，民生银行成都分行取得案涉商业承兑汇票时，泸州物资集团公司与成渝钒钛公司未向民生银行成都分行提供任何双方存在交易关系的证据，民生银行成都分行也没有进行审查，民生银行成都分行属明知泸州物资集团公司与成渝钒钛公司之间不存在真实的交易关系，泸州物资集团公司以此抗辩其不应承担本案票据义务，符合上述法律、司法解释的规定。依照《合同法》第五十八

---

① 该司法解释已于2020年12月23日修正，本案所涉第十五条第三项修改为第十四条第三项，内容未作修改。

条①"合同无效或者被撤销后，因该合同取得的财产，应当予以返还；不能返还或者没必要返还的，应当折价补偿。有过错的一方应当赔偿对方因此所受到的损失，双方都有过错的，应当各自承担相应的责任"的规定，民生银行成都分行与泸州物资集团公司签订的《综合授信合同》属无效合同，因泸州物资集团公司并非实际资金使用人，没有从中获取任何利益，仅是想收回其所属欠款，成渝钒钛公司未能按期偿还本案欠款，并非泸州物资集团公司所致，反而是民生银行成都分行在明知成渝钒钛公司资信状况，且成渝钒钛公司仍欠其逾期贷款的情况下，又向成渝钒钛公司出借款项，故本案借款不能按期偿还的风险，应由民生银行成都分行自行承担。

例案三：中国工商银行股份有限公司芜湖赭山支行与新华联控股有限公司、新华联控股集团财务有限公司票据追索权纠纷案

【法院】

安徽省芜湖市中级人民法院

【案号】

（2020）皖02民初45号

【当事人】

原告：中国工商银行股份有限公司芜湖赭山支行

被告：新华联控股有限公司

被告：新华联控股集团财务有限公司

被告：新华联矿业有限公司

被告：上海旌浩塑料制品有限公司

被告：衢州市佳沐生态农业发展有限公司

被告：芜湖捷康新型材料有限公司

【基本案情】

2018年12月29日，中国工商银行股份有限公司芜湖赭山支行（以下简称工行芜湖赭山支行）（甲方、贴入方）与芜湖捷康新型材料有限公司（以下简称芜湖捷康公司）（乙方、贴出方）签订《银行承兑汇票合作协议》，其中第二条第一款内容为：贴现是指乙方在票据到期日前，将票据权利背书转让给甲方，由甲方扣除一定利息

---

① 该法已失效，《民法典》中无对应的法条。

后,将约定金额支付给乙方的票据行为。第三条第二款内容为:甲方托收本协议项下的银行承兑汇票时,如遇承兑行拒绝付款,甲方将按《票据法》和其他有关法律、法规及本协议第六条的规定向乙方追索。第六条内容为:甲方在其为乙方办理贴现的每份银行承兑汇票项下对乙方享有追索权,甲方应当将被拒绝付款事由书面通知乙方,乙方应保证在收到甲方追索通知之次日起3个工作日内,将被拒绝付款的汇票金额及迟收利息(汇票金额自到期日或提示付款日起至清偿日止,按中国人民银行规定的利率计算)划入甲方指定账户,并在甲方收妥前述款项后将票据取回。

2019年3月15日,工行芜湖赭山支行为芜湖捷康公司办理电子银行承兑汇票贴现业务两笔,票面金额均为1000万元。出票日期为2019年3月15日,到期日为2020年3月13日。出票人均为新华联控股有限公司(以下简称新华联控股公司),承兑人均为新华联控股集团财务有限公司(以下简称新华联财务公司)。该二张汇票背书顺序依次为:新华联矿业有限公司(以下简称新华联矿业公司)、上海旌浩塑料制品有限公司(以下简称上海旌浩公司)、衢州市佳沐生态农业发展有限公司(以下简称衢州佳沐公司)、芜湖捷康公司。芜湖捷康公司以背书转让的方式将上述二张汇票贴现给工行芜湖赭山支行后,工行芜湖赭山支行又将该二张汇票转贴现给浙商银行。该二张汇票在到期日提示付款后被拒绝付款,浙商银行向工行芜湖赭山支行追索,工行芜湖赭山支行于2020年3月17日为此垫付汇票金额2000万元。工行芜湖赭山支行垫付后,即向新华联财务公司发起了电票系统追索,又以催收函的形式向所有前手进行书面追索。

【案件争点】

1. 贴现申请人与贴现行之间是合同关系,还是票据行为;

2. 贴现行有无义务审查贴现申请人与其前手之间的真实商品交易关系的合同、增值税专用发票等材料;

3. 如何判断贴现行工作人员与贴现申请人之间存在合谋。

【裁判要旨】

本案中,案涉汇票为电子银行承兑汇票,芜湖捷康公司作为持票人以背书转让的方式将案涉汇票向工行芜湖赭山支行贴现,工行芜湖赭山支行取得汇票后又向浙商银行转贴现。汇票到期被拒绝付款,工行芜湖赭山支行被浙商银行追索,工行芜湖赭山支行清偿债务后再追索包括直接前手芜湖捷康公司在内的所有前手。本案的汇票贴现属于票据行为,工行芜湖赭山支行主张行使再追索权在清偿日起的3个月内,符合《票据法》的上述规定,亦符合《银行承兑汇票合作协议》的相关约定。

上海旌浩公司、衢州佳沐公司抗辩主张票据贴现属于融资行为，并非票据行为，贴现申请人与贴现行之间系合同关系，贴现行没有追索权，于法无据。根据票据行为无因性、独立性原理，在后票据转让行为的效力独立于在先转让票据行为的效力。工行芜湖赭山支行与贴现申请人芜湖捷康公司之间系基于真实的贴现关系将案涉汇票进行背书转让，工行芜湖赭山支行亦支付了合理对价取得汇票，其作为最后持票人应当被认定为合法持票人。至于贴现申请人芜湖捷康公司与其前手之间是否存在真实交易关系，以及工行芜湖赭山支行在接受芜湖捷康公司进行贴现时是否审查了该公司与其前手之间存在真实交易关系的书面材料，均不影响工行芜湖赭山支行的票据权利的行使。至于追索的方式为线上追索还是书面追索，亦均不影响追索权的行使。因此，全部支持了工行芜湖赭山支行对出票人、承兑人以及贴现申请人前手连带支付票据款的诉讼请求。

三、裁判规则提要

（一）通谋虚伪表示可否适用于票据行为

一种意见认为，通谋虚伪表示不得适用于票据行为。主要理由：（1）民法是一般私法，而包括票据法在内的商法是特别私法。票据法作为特别法，它的法律规范必须异于民法。在票据法领域，既不存在票据行为内容违法、违反社会公共利益、违反公序良俗等情形，也不存在重大误解、显失公平、恶意串通、以合法形式掩盖非法目的的票据行为。（2）民法上的意思表示瑕疵体系是复杂的开放体系，而票据法上的意思表示瑕疵体系是简单的封闭体系。民法正是基于维护意思自治，其意思表示瑕疵体系呈现开放性、复杂性的特点。而票据法为促进交易安全和交易便捷，其意思表示瑕疵类型较少且严苛。换言之，既然我国《票据法》上不存在通谋虚伪表示的体系定位问题，则通谋虚伪表示对于票据行为自无适用空间。（3）须准确区分意思表示解释、合同解释与票据行为解释的不同。意思表示的解释主要采"真意主义"，真意确定旨在解决事实上发生了什么，这属于事实判断问题。而基于合同语言文字表述不畅、缔约事项考虑不周甚至事后出现情势变更等原因，也需要结合合同所使用的语句、相关条款、合同目的、交易习惯以及诚实信用原则确定合同条款的真实意思。在票据法上，为促进票据的使用和流通，对于票据行为的意思表示则实行"表示主义"。基于表示主义的解释原则，应采取外观解释、文义解释和有效解释等方法解释票据行为。通谋虚伪表示系真意主义的逻辑产物，在本质上与贯彻表示主义的票据法体系相悖。①

另一种意见认为，贴现行的负责人或者有权从事该业务的工作人员与贴现申请人合谋，伪造贴现申请人与其前手之间具有真实的商品交易关系的合同、增值税专用发票等材料申请贴现，贴现行主张其享有票据权利的，人民法院不予支持。对贴现行因支付资金而产生的损失，按照基础关系处理。主要理由是：从票据法法理进行分析，"合法取得票据即取得票据权利"。我国《票据法》第十二条对持票人不享有票据权利的情形进行了规定，即："以欺诈、偷盗或者胁迫等手段取得票据的，或者明知有前列情形，出于恶意取得票据的，不得享有票据权利。持票人因重大过失取得不符合本法规定的票据的，也不得享有票据权利。"我国《票据法》未对贴现问题进行规定。关于贴现的相关规定，主要体现在中国人民银行颁布的相关部门规章规定中，如中国人民银行颁布的《商业汇票承兑、贴现与再贴现管理暂行办法》第十九条规定，中国人民银行颁布的《支付结算办法》第九十二条规定，中国人民银行颁布的《关于切实加强商业汇票承兑贴现和再贴现业务管理的通知》第一条规定，中国人民银行颁布的《关于完善票据业务制度有关问题的通知》第一条规定，在票据实务中，在贴现申请人与贴现行签订的贴现协议中一般均约定，贴现申请人申请贴现时，应提供交易合同、增值税发票或普通发票原件并保证真实、合法、有效。上述规定可以有效防止不法分子通过虚构真实交易关系和债权债务关系骗取贴现行贴现款，造成贴现行资金损失以及放大货币乘数，引发票据风险、影响金融安全问题。在《票据法》未对贴现行为以及贴现行的审查义务进行规定的情形下，应参照中国人民银行的上述行政规章对贴现行是否尽到审查义务、是否合法进行判定。贴现行在审查贴现申请人的申请贴现时，应审查贴现申请人是否有用以证明其与出票人或其直接前手之间具有真实交易关系和债权债务关系的交易合同以及增值税发票或普通发票等申请材料。如果贴现行与贴现申请人合谋伪造贴现申请人与出票人或者其前手之间具有真实的交易关系和债权债务关系的合同、增值税专用发票等材料申请贴现，很难认定其合法取得票据，故其不应享有票据权利。②

根据《最高人民法院关于进一步加强金融审判工作的若干意见》"对以金融创新为名掩盖金融风险、规避金融监管、进行制度套利的金融违规行为，要以其实际构成的

---

① 曾大鹏：《〈民法总则〉通谋虚伪表示第一案的法理研判》，载《法学》2018年第9期。
② 最高人民法院民事审判第二庭编著：《〈全国法院民商事审判工作会议纪要〉理解与适用》，人民法院出版社2020年版，第519页。

法律关系确定其效力和各方的权利义务"。《民法典》第一百四十六条确立的通谋虚伪表示制度具有重要的理论和实践意义，它健全了民法上的意思表示瑕疵体系，从整体的交易结构探究当事人的真实意思表示，并基于"表面行为无效，隐藏行为依法处理"的法理识别和排除金融领域的虚假意思，兼顾了交易安全和效率。在当前金融监管情形下，通谋虚假表示制度应适用票据纠纷领域属于主流意见。本书也采此主流观点。

（二）贴现行未审查贴现申请人提交的合同、发票等材料应否作为贴现行重大过失的判断标准

根据《票据法》第十二条的规定，持票人因重大过失取得不合法的票据，不得享有票据权利。能否将审查贴现申请人有无提供具有贸易关系的合同、增值税发票作为贴现行是否存在重大过失的判断标准。一种意见认为，从维护票据信用和流通功能出发，坚持票据无因性原则，不应以合同发票审查作为判断贴现行重大过失的依据。理由是：（1）2016年，人民银行先后发布《关于规范和促进电子商业汇票业务发展的通知》和《票据交易管理办法》，分别规定"企业申请电票贴现的，无需向金融机构提供合同、发票等资料"以及"贴现人办理纸质票据贴现时，……贴现申请人无需提供合同、发票等资料"。（2）2016年以前监管文件要求贴现申请人提供与前手的增值税发票、合同等资料，该监管政策的执行效果不理想。很多企业虽然通过真实贸易取得票据，但因票据作为预付款，商品尚未交货，增值税发票尚未开出，无法满足银行贴现要求，被迫转向民间票据交易市场。票据中介收票后，又利用其控制的空壳公司等工具，轻松包装增值税发票和合同等资料，可顺利通过贴现审查，从而大量套取银行资金。与其放任地下"贴现"泛滥并积聚风险，不如简化银行贴现审查手续，强化票据贴现的融资功能，充分发挥票据支持实体经济和服务中小微企业的作用。

另一种意见认为，贴现申请人申请贴现时，应提供交易合同、增值税发票或普通发票原件并保证真实、合法、有效。如此规定可以有效防止不法分子通过虚构真实交易关系和债权债务关系骗取贴现行贴现款，造成贴现行资金损失以及放大货币乘数，引发票据风险、影响金融安全。随着票据市场的发展，特别是电子票据业务的发展，过于强调贴现行对贸易合同、发票的审查义务实际意义日趋减弱，促进票据流通功能以及服务中小微企业的功能日益凸显。在现行金融政策趋紧的前提下，为防止票据风险，要求贴现行对贴现申请人提供真实贸易关系的合同、增值税发票等材料有其积极的意义。但是，如果不审查出贴现申请人提供的合同、发票的真实

性是否作为重大过失进而认定贴现行不是合法票据持有人值得探究，本书主张，不能光凭这一细节判断贴现行不是合法票据持有人，还应综合案件其他情况作出认定。

四、辅助信息

高频词条：

《民法典》

　　第一百四十三条　具备下列条件的民事法律行为有效：

　　（一）行为人具有相应的民事行为能力；

　　（二）意思表示真实；

　　（三）不违反法律、行政法规的强制性规定，不违背公序良俗。

　　第一百四十六条　行为人与相对人以虚假的意思表示实施的民事法律行为无效。以虚假的意思表示隐藏的民事法律行为的效力，依照有关法律规定处理。

《票据法》

　　第十二条　以欺诈、偷盗或者胁迫等手段取得票据的，或者明知有前列情形，出于恶意取得票据的，不得享有票据权利。

　　持票人因重大过失取得不符合本法规定的票据的，也不得享有票据权利。

　　第十三条　票据债务人不得以自己与出票人或者与持票人的前手之间的抗辩事由，对抗持票人。但是，持票人明知存在抗辩事由而取得票据的除外。

　　票据债务人可以对不履行约定义务的与自己有直接债权债务关系的持票人，进行抗辩。

　　本法所称抗辩，是指票据债务人根据本法规定对票据债权人拒绝履行义务的行为。

《2020年票据纠纷司法解释》

　　第十四条　票据债务人依照票据法第十二条、第十三条的规定，对持票人提出下列抗辩的，人民法院应予支持：

　　（一）与票据债务人有直接债权债务关系并且不履行约定义务的；

　　（二）以欺诈、偷盗或者胁迫等非法手段取得票据，或者明知有前列情形，出于恶意取得票据的；

（三）明知票据债务人与出票人或者与持票人的前手之间存在抗辩事由而取得票据的；

（四）因重大过失取得票据的；

（五）其他依法不得享有票据权利的。

票据纠纷案件裁判规则第 9 条：

在纸质商业汇票代理贴现情形中，贴现行提示付款被拒付后，依据贴现协议的约定，请求贴现申请人（委托人）及其前手（代理人）按照合同法律关系返还贴现款并赔偿损失的，如果贴现合同法律关系有效成立，代理人已在票据上表明其代理关系和完成签章，且贴现行不存在恶意或重大过失的，对其诉请应予支持

【规则描述】 此规则的主要依据是《票据法》第五条、第十二条以及《支付结算办法》第九十三条、第九十五条的规定，同时符合《民法典》第四百九十条、九百二十五条规定精神。

一、类案检索大数据报告

时间：2021 年 4 月 17 日之前，案例来源：中国裁判文书网，检索词：代理贴现、追索权、重大过失，案件数量：28 件，数据采集时间：2021 年 4 月 17 日。其中，对于转贴现行提示付款被拒，票据追索权支持的有 22 件，占比 78.6%；因无法提供明显故意或重大过失证据不支持的 3 件，占比 10.7%；不相关案件 3 件，占比 10.7%。二审维持原判案件 10 件，一审支持二审改判的案件 1 件，再审案件 1 件。所涉案件均为民事案件。整体情况如下：

图 9-1 是否支持情况

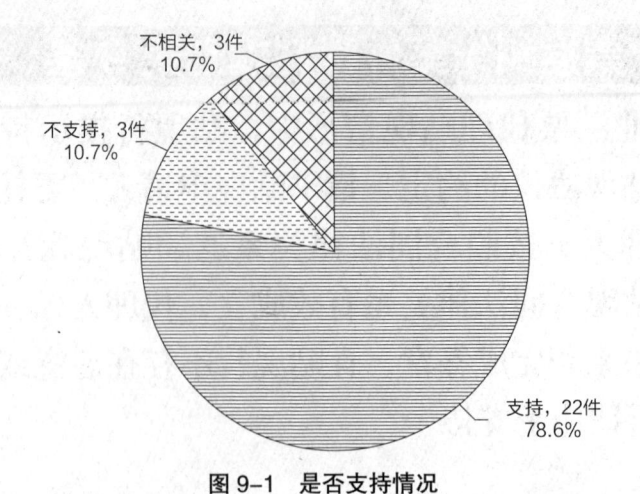

由图可以看出，案件支持占 78.6%、不支持占 10.7%、不相关占 10.7%。

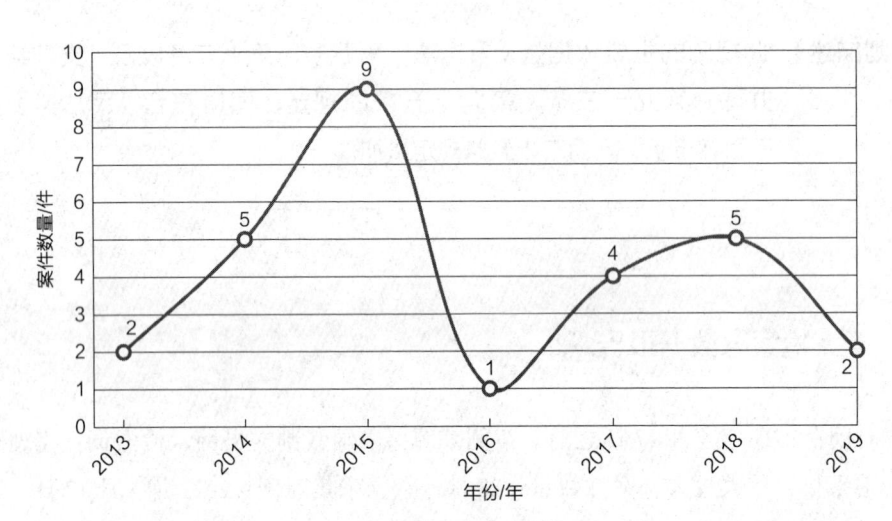

图 9-2 案件年份分布情况

由图可以看出案件分布年份为 2013 年 2 件、2014 年 5 件、2015 年 9 件、2016 年 1 件、2017 年 4 件、2018 年 5 件、2019 年 2 件。

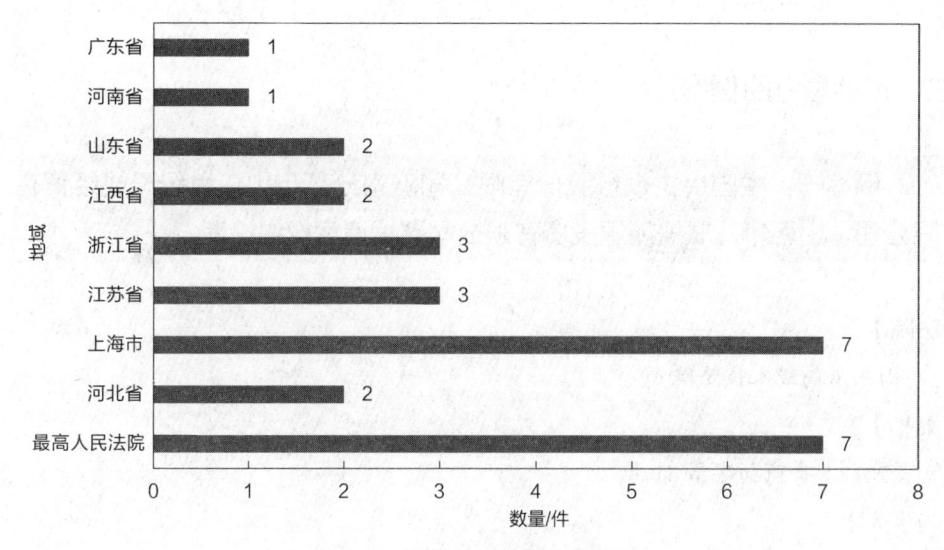

图 9-3 案件主要地域分布情况

由图可以看出，案件分布地点为广东省1件、河南省1件、山东省2件、江西省2件、浙江省3件、江苏省3件、上海市7件、河北省2件、最高人民法院7件，上海市和最高人民法院最为集中。

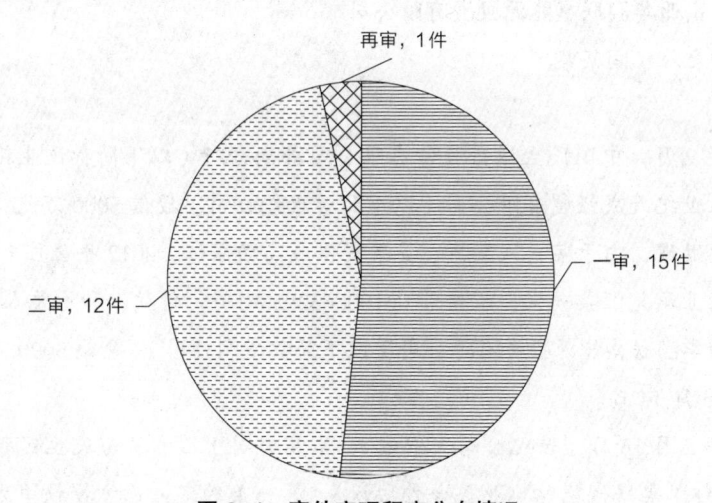

图 9-4 案件审理程序分布情况

由图可以看出，一半案件集中在一审，也有很大部分案件进行了二审，再审案件较少，一审15件、二审12件、再审1件。

二、可供参考的例案

> **例案一：中国民生银行股份有限公司济南分行与山东世纪天成经贸有限公司、山西华润联盛能源投资有限公司票据追索权纠纷案**

【法院】

  山东省高级人民法院

【案号】

  （2012）鲁商初字第41号

【当事人】

  原告：中国民生银行股份有限公司济南分行

  法定代表人：陈某某

  被告：山东世纪天成经贸有限公司

  法定代表人：于某

  被告：山西华润联盛能源投资有限公司

  法定代表人：闫某某

【基本案情】

  2012年2月，中国民生银行股份有限公司济南分行（以下简称民生银行济南分行）向山东世纪天成经贸有限公司（以下简称世纪公司）授信5000万元，种类为商业承兑汇票贴现，由于某、许某某、吴某提供最高额保证。2012年2月14日，世纪公司出具商业承兑汇票一张，汇票号0010006320339163，付款人和承兑人世纪公司，收款人山西华润联盛能源投资有限公司（以下简称华润公司），金额5000万元，到期日2012年8月14日。

  2012年2月15日，世纪公司（甲方）、华润公司（乙方）与民生银行济南分行（丙方）签订《票据代理贴现业务合作协议》，第一条约定：乙方授权甲方在丙方办理票据贴现的全部手续，包括：(1) 代理乙方作为贴现申请人，并以甲方的名义与丙方签订《贴现协议》；(2) 以甲方的名义代理乙方作为票据持有人在贴现的票据上签章，并应当在票据上表明其代理关系；甲方代理上述事项时，甲方的签章为其在丙方开立结算账户时的预留印鉴或者为甲方公章及其法定代表人（或委托代理人）签章；(3) 以甲方的名义代理乙方办理上述票据贴现业务中的相关法律手续。第四条约定：乙方授权丙方将票据贴现款项划入户名为乙方、账号为：05×××38、开户行为山西离石工行永宁支行的指定账户。第八条约定：本合同自甲方、乙方、丙方三方法定代表人/主要负责人或委托代理人签字或盖章并加盖公章之日起生效。甲方处盖有世纪公司的公章及于某的印章，乙方处盖有华润公司的公章及刘纯贵的印章。

同日，世纪公司与民生银行济南分行签订《商业汇票贴现协议》，民生银行济南分行通过华润公司在民生银行济南分行处的账号16×××72，将贴现款划入华润公司在《票据代理贴现业务合作协议》中指定的银行账户05×××38。

民生银行济南分行取得本案商业承兑汇票后，向中国民生银行泉州分行进行转贴现。汇票到期日前，中国民生银行泉州分行通过民生银行济南玉函路支行向世纪公司托收，但因世纪公司账户余额不足遭退票，中国民生银行泉州分行向民生银行济南分行追索。2012年8月20日，民生银行济南分行支付中国民生银行泉州分行票据款5000万元，持有了该汇票。同日，民生银行济南分行从世纪公司账户扣收票据款990.63元。

本案商业承兑汇票的背书情况依次为：世纪公司、民生银行济南分行、中国民生银行泉州分行，其中世纪公司在签章处载明："受委托人山西华润联盛能源投资有限公司委托，由代理人山东世纪天成经贸有限公司代理贴现。"

2012年9月份，民生银行济南分行以世纪公司、华润公司、于某、许某某、吴某为被告起诉至法院。2014年2月，民生银行济南分行向法院申请撤回对被告于某、许某某、吴某的起诉，并将诉讼请求变更为：（1）判令世纪公司向民生银行济南分行支付票据款人民币5000万元，并支付相应利息（利息按照中国人民银行规定的人民币同期贷款利率计算，自2012年8月20日起至清偿日止）；（2）判令华润公司对世纪公司的上述应付款项承担连带清偿责任；（3）判令华润公司支付给民生银行济南分行为实现债权而支出的费用1162400元；（4）诉讼费用由世纪公司、华润公司负担。

本案在审理过程中，华润公司对《票据代理贴现业务合作协议》上华润公司公章和刘纯贵印章的真实性均提出异议，并申请鉴定。经法院委托，司法鉴定科学技术研究所司法鉴定中心作出了司鉴中心（2014）技鉴字第651号《鉴定意见书》，鉴定意见载明：样本1为从中信银行太原大营盘支行提取的户名为"山西华润联盛能源投资有限公司"的《中信银行印鉴卡》原件1份；样本2为从柳林县地方税务局第三税务所提取的填报单位为"山西华润联盛能源投资有限公司"的《财务报表》1

份3页；样本3为从工商银行吕梁永宁支行提取的户名为"山西华润联盛能源投资有限公司"的《预留印鉴卡》《流动资金借款合同》《贷款申请》《董事会决议》《董事会（股东会）决议》原件5份；样本4为从吕梁市公安局提取的"刘纯贵"印文印模打印件和"山西华润联盛能源投资有限公司"印文印模打印件。鉴定意见为：（1）检材上需检的"山西华润联盛能源投资有限公司"印文与样本1至3上留有的"山西华润联盛能源投资有限公司"样本印文是出自同一枚印章的印文。样本4上"山西华润联盛能源投资有限公司"印文不具备同一认定条件。（2）检材上需检的"刘纯贵印"印文与样本1上留有的"刘纯贵印"样本印文是同一枚印章盖印。无法判断检材上需检的"刘纯贵印"印文与样本3上留有的"刘纯贵印"样本印文是否系同一枚印章盖印。样本4上的"刘纯贵印"印文不具备同一认定条件。华润公司支付鉴定费82000元。

另查明：2011年4月20日华润公司的总经理为欧阳亮，2012年2月15日华润公司的总经理为刘纯贵。

再查明：本案民生银行济南分行为证明其贴现行为合法，提交了办理贴现时所留存的以下材料：（1）华润公司的组织机构代码证、企业法人营业执照、开户许可证、税务登记证、法人代表证明等，上述材料中均注明"仅限于办理民生济南分行贴现使用2011年4月20日复印无效"；（2）2012年1月17日，华润公司与世纪公司签订的《煤炭买卖合同》；（3）销货单位为山西煤炭运销集团吕梁兴县有限公司，购货单位为世纪公司太原分公司的增值税专用发票一宗。华润公司质证认为民生银行济南分行在办理贴现过程中存在重大过失：世纪公司办理贴现时向民生银行济南分行提交的材料1为过期材料，民生银行济南分行不应办理贴现；2012年1月17日，华润公司与世纪公司签订的《煤炭买卖合同》是假合同，双方真实贸易合同共有7份《煤炭购销合同》，且最早在2012年2月17日签订；增值税专用发票的开票人不是华润公司，开票时间与世纪公司与华润公司所签订的7份《煤炭购销合同》不能相对应，并且世纪公司提供的增值税专用发票是抵扣联而不是发票联。庭审中华润公司认可山西对外销售煤炭需要山西煤炭运销集团开具增值税专用发票，但认为供货商不仅华润公司一家，增值税专用发票不能看出与华润公司的关联性。

以上事实，由民生银行济南分行与世纪公司、华润公司签订的《票据代理贴现业务合作协议》、汇票号0010006320339163的商业承兑汇票、世公司代华润公司与民生银行济南分行签订的《商业汇票贴现协议》、向华润公司账户汇款的特种转账借方凭证、退票理由书、中国民生银行泉州分行向民生银行济南分行发出的追索函、民生银行济南分行向中国民生银行泉州分行划款的内部转账凭证、《鉴定意见书》、民生银行济南分行的起诉书以及各方当事人的陈述等证据予以证实。

【案件争点】

民生银行济南分行是否有权向世纪公司和华润公司追索，其所主张的诉请应否支持。

【裁判要旨】

审理法院认为：本案所涉商业承兑汇票遭退票后，民生银行济南分行向转贴现行中国民生银行泉州分行支付票据款5000万元，持有了该汇票，民生银行济南分行有权向出票人世纪公司追索已清偿的全部金额及按照中国人民银行规定的企业同期流动资金贷款利率计算至清偿日的利息。但民生银行济南分行已从世纪公司扣收的990.63元应从本案中扣减。世纪公司代理华润公司办理贴现，并在商业承兑汇票上签章，世纪公司与华润公司形成票据代理关系，世纪公司的行为后果应由华润公司承担。华润公司作为民生银行济南分行的前手，民生银行济南分行有权向其追索，有权要求其承担连带责任。

例案二：中国民生银行股份有限公司东营分行与北奔重型汽车集团有限公司、北奔重型汽车集团有限公司销售分公司等票据追索权纠纷、保证合同纠纷案

【法院】

山东省高级人民法院

【案号】

（2015）鲁商终字第159号

【当事人】

上诉人（原审原告）：中国民生银行股份有限公司东营分行

上诉人（原审被告）：北奔重型汽车集团有限公司（原包头北奔重型汽车有限公司）

上诉人（原审被告）：北奔重型汽车集团有限公司销售分公司（原包头北奔重型汽车有限公司销售分公司）

原审被告：山东省博兴县宏昌达汽车有限公司

法定代表人：郭某某

原审被告：刘某

【基本案情】

2011年12月16日，中国民生银行股份有限公司东营分行（以下简称民生银行东营分行）向山东省博兴县宏昌达汽车有限公司（以下简称博兴宏昌达公司）授信4500万元，种类为汇票承兑、票据贴现、银行承兑汇票、商票代理贴现，以受信人为出票人/持票人/背书人的商业承兑汇票贴现，期限为2011年12月16日至2012年12月16日，由郭某某、刘某在最高额5000万元范围内提供连带责任保证，博兴宏昌达公司在最高额4500万元范围内提供连带责任保证。

2012年5月9日，博兴宏昌达公司作为付款人和承兑人，出具商业承兑汇票一张，票号为0010006321022613，收款人为北奔重型汽车集团有限公司销售分公司（以下简称北奔汽车销售分公司），金额为4500万元，到期日为2012年11月9日。出票人、付款人和第一次背书处均加盖博兴宏昌达公司公章及郭某某的印章，并在背书处注明"受委托人包头北奔重型汽车有限公司销售分公司委托由代理人山东省博兴县宏昌达汽车有限公司代理贴现"字样。

民生银行东营分行先后向该院提交两份《票据代理贴现业务合作协议》，签订日期为2012年5月11日，第一份协议载明：代理方博兴宏昌达公司（甲方），委托方（乙方）为北奔汽车销售分公司，贴现银行（丙方）为民生银行东营分行，第一条约定：乙方授权甲方在丙方办理票据贴现的全部手续，包括：（1）代理乙方作为贴现申请人，并以甲方的名义与丙方签订《贴现协议》；（2）以甲方的名义代理乙方作为票据持有人在贴现的票据上签章，并应当在票据上表明其代理关系；甲方代理上述事项时，甲方的签章为甲方在丙方开立结算账户时的预留印鉴或者为甲方公章及其法定代表人（或委托代理人）签章；（3）以甲方的名义代理乙方办理上述票据贴现业务中的相关法律手续。第二条约定：（1）甲方的义务：①代理乙方向丙方申请贴现，填写《贴现协议》《贴现凭证》并签章；②代理乙方在票据和贴现凭证上签章，并应当在票据上表明其代理关系；③按丙方要求提供乙方作为持票人的全部资料，并保证其真实有效。（2）乙方的义务：①为甲方行使代理权提供方便；②为甲方向丙方代理申请贴现时提供贴现需要的相关资料；③确保贴现资金用途的合法性；④保证贴现资料的真实合法性；⑤承担甲方代理行为的法律后果。（3）丙方的义务：①对符合丙方条件的票据办理贴现；②根据本协议中的约定及授权扣划贴现利息；③将贴现资金划入乙方指定账户。第三条约定：贴现利息全部从博兴宏昌达公司在民生银行东营分行59×××03账户中划扣。第四条约定：乙方授权丙方将票据贴现款项划入户名为乙方，账号为00×××10、开户行为包商银行民主路支行的指定账户。该账户如需变更，乙方应在丙方划款之日前的2个工作日内书面通知甲方和丙方。第八条约定：本合同自甲、乙、丙三方法定代表人／主要负责人或委托代理人签字或盖章并加盖公章之日起生效。

第二份协议内容除缺少第二条第二项乙方义务中的第5项内容外，其他内容与第一项内容相同。落款甲方处盖有博兴宏昌达公司的公章及郭某某的印章，乙方处盖有北奔汽车销售分公司的公章及董正明的印章，丙方处盖有民生银行东营分行公章并有张晓东签字。

2012年5月11日，民生银行东营分行与博兴宏昌达公司签订《商业汇票贴现协议》，民生银行东营分行将4500万元划入涉案《票据代理贴现业务合作协议》指定的北奔汽车销售分公司在包商银行民主路支行的账户00×××10中。

民生银行东营分行取得涉案商业承兑汇票后，向民生银行济南分行、民生银行杭州分行进行转贴现。涉案汇票依次背书为民生银行东营分行、中国民生银行济南分行、中国民生银行杭州分行。

2012年11月13日，民生银行杭州分行向博兴宏昌达公司提示付款，因博兴宏昌达公司账户余额不足被拒付。民生银行杭州分行向民生银行东营分行行使票据追索权。同日，民生银行东营分行向民生银行杭州分行清偿了涉案汇票金额4500万元，并取得了涉案汇票。2012年11月16日，民生银行东营分行对涉案汇票4500万元及利息向北奔汽车公司及销售分公司进行追索未果。

2012年10月13日，民生银行东营分行以博兴宏昌达公司、郭某某、刘某为被告诉至该院，请求判令：（1）博兴宏昌达公司归还欠款4500万元，并承担实现债权的费用1062400元；（2）郭某某、刘某对上述款项承担连带清偿责任；（3）诉讼费用由博兴宏昌达公司、郭某某、刘某承担。2013年1月8日，民生银行东营分行申请追加北奔重型汽车集团有限公司（以下简称北奔汽车公司）、北奔汽车销售分公司为被告，并变更诉讼请求为：（1）判令北奔汽车公司、北奔汽车销售分公司立即支付汇票金额4500万元，并支付自2012年11月9日至汇票金额全部付清之日的逾期罚息（暂计算至2013年1月7日为579590.8元），及实现债权的费用1062400元；（2）判令博兴宏昌达公司、郭某某、刘某、山东宏昌达公司对上述应付款承担连带清偿责任；（3）本案全部诉讼费用由北奔汽车公司、北奔汽车销售分公司、博兴宏昌达公司、郭某某、刘某、山东宏昌达公司承担。该院审理期间，民生银行东营分行明确其诉讼请求第1项中逾期罚息为按中国人民银行同期贷款利率即年利率5.6%

计算。

民生银行东营分行为证明其贴现行为合法，提交了办理贴现时所留存的《汽车买卖合同》及其 22 张增值税专用发票，其中《汽车买卖合同》注明"与原件核对无异"。北奔汽车公司、北奔汽车销售分公司质证认为：北奔汽车销售分公司从未签订过该《汽车买卖合同》，22 张增值税专用发票是根据其给博兴宏昌达公司其他业务中开具的发票伪造的，并提交了其留存的真实发票原件予以证实。同时，北奔汽车公司及其销售分公司还提交了龙口恒通公司与博兴宏昌达公司签订的车辆购销合同、与北奔汽车销售分公司签订的汽车买卖合同订单及其付款说明、汽车交接单、财务凭证等，证明本案事实是博兴宏昌达公司先取得涉案资金后向龙口恒通公司购车，龙口恒通公司向北奔汽车销售分公司购车并出售给博兴宏昌达公司，涉案的 4500 万元是博兴宏昌达公司代龙口恒通公司向北奔汽车销售分公司支付货款 3899 万元，剩余 601 万元为博兴宏昌达公司的还款及预付款，因而民生银行东营分行办理涉案票据贴现没有真实交易关系，不是善意持票人，不享有票据权利。

博兴宏昌达公司陈述，其购买的是北奔汽车销售分公司的车辆，只是通过龙口恒通公司办理了相关手续及账目，其与北奔汽车销售分公司之间存在真实购买 100 台车辆的交易。

本案在审理过程中，北奔汽车公司及销售分公司提交其持有的一份《票据代理贴现业务合作协议》，该协议与民生银行东营分行提交的第二份协议相比，合同有效期限处空格未填写，落款乙方处仅加盖北奔汽车销售分公司的公章。北奔汽车公司及销售分公司主张该协议是草拟的协议，加盖公章后负责人并未签字或盖章，合同内容也没有填写，民生银行东营分行提交的两份《票据代理贴现业务合作协议》上加盖的"包头北奔重型汽车有限公司销售分公司"的印章和"董正明"印章均系伪造的，并申请司法鉴定。

经该院依法委托，河北盛唐司法鉴定中心作出冀盛唐司鉴（2013）文鉴字第 30 号《司法鉴定意见书》，鉴定结论为：民生银行东营分行提交的两份《票据代理贴现业务合作协议》与其留存的北奔汽车销售分公司的印章样本均非同一枚印章形成。

民生银行东营分行对该鉴定结论有异议，申请对其提交的第二份《票据代理贴现业务合作协议》与北奔汽车公司及销售分公司提交的《票据代理贴现业务合作协议》，与北奔汽车销售分公司、民生银行济南分行、济宁润通公司签订的两份《票据代理贴现业务合作协议》上加盖的"包头北奔重型汽车有限公司销售分公司"的公章一致性进行比对。同时，北奔汽车公司及销售分公司申请对民生银行东营分行提交的两份《票据代理贴现业务合作协议》与北奔汽车销售分公司、民生银行济南分行、济宁润通公司签订的两份《票据代理贴现业务合作协议》上加盖的"董正明"印章的一致性进行比对。

经该院依法委托,华东政法大学司法鉴定中心作出了华政（2014）物鉴字第19号《文检鉴定意见书》,鉴定结论为:（1）民生银行东营分行提交的第二份《票据代理贴现业务合作协议》与北奔汽车公司及销售分公司提交的《票据代理贴现业务合作协议》,北奔汽车销售分公司、民生银行济南分行、济宁润通公司签订的两份《票据代理贴现业务合作协议》上加盖的"包头北奔重型汽车有限公司销售分公司"的印章系同一枚印章形成;（2）民生银行东营分行提交的两份《票据代理贴现业务合作协议》上加盖的"董正明"印章系同一枚印章形成;北奔汽车销售分公司、民生银行济南分行、济宁润通公司签订的两份《票据代理贴现业务合作协议》上加盖的"董正明"印章系同一枚印章形成。

另查明,北奔汽车销售分公司系北奔汽车公司所设立的分公司。在审理期间,北奔汽车公司的名称由包头北奔重型汽车有限公司变更为北奔重型汽车集团有限公司,北奔汽车销售分公司的名称由包头北奔重型汽车有限公司销售分公司变更为北奔重型汽车集团有限公司销售分公司。

二审审理查明的事实与一审法院查明的一致。

【案件争点】

民生银行东营分行是否有权向北奔汽车公司、北奔汽车销售分公司、博兴宏昌达公司追索,其诉讼请求应否支持。

【裁判要旨】

审理法院认为:根据《票据法》第六十八条第一款规定:"汇票的出票人、背书人、承兑人和保证人对持票人承担连带责任。"第七十一条规定:"被追索人依照前条规定清偿后,可以向其他汇票债务人行使再追索权,请求其他汇票债务人支付下列金额和费用:（一）已清偿的全部金额;（二）前项金额自清偿日起至再追索清偿日止,按照中国人民银行规定的利率计算的利息;（三）发出通知书的费用。行使再追索权的被追索人获得清偿时,应当交出汇票和有关拒绝证明,并出具所收到利息和费用的收据。"《2000年票据纠纷司法解释》第二十二条规定:"票据法第七十条、第七十一条所称中国人民银行规定的利率,是指中国人民银行规定的企业同期流动资金贷款利率。"本案中,涉案商业承兑汇票退票后,民生银行东营分行向转贴现行民生银行杭州分行支付了票据款4500万元,持有了该汇票。民生银行东营分行向出票人博兴宏昌达公司追索已清偿的全部金额及按照中国人民银行同期贷款利率即年利率5.6%计算至实际清偿之日的利息。该院认为，民生银行到东营分行的该项主张符合法律规定，利息应按中国人民银行同期企业流动资金贷款利率计算，但不得超过民生银行东营分行主张的年利率5.6%。博兴宏昌达公司代理北奔汽车销售分公司办理贴现，并在商业承兑汇票上签章，博兴宏昌达公司与北奔汽车销售分公司形成票据代理关系，博兴宏昌达公司的行为后果应由北奔汽车销售分公司承担。北奔汽车销售分公司作为民生银行东营分行的前手，民生银行东营分行有权向其追索，有权要求其承担连带责任。对民生银行东营分行主张的为实现债权支付的律师费，由于其提交的证据不足以证实该费用确已发生，该院不予支持。当事人可在实际发生后另行主张。北奔汽车销售分公司作为北奔汽车公司依法设立并领取营业执照的分支机构，应与北奔汽车公司共同承担民事责任。

三、裁判规则提要

在代理贴现情形中，纸质商业汇票出票人与收款人订立《票据代理贴现业务合作协议》约定由出票人代理收款人向贴现行申请贴现，由出票人作为票据持有人在贴现的票据上签章，并在票据上表明其代理关系。当贴现行取得商业承兑汇票在到期时，有权向承兑人请求兑付，当承兑人拒绝付款时，其有权向其前手追索。

首先，应当确定该代理贴现协议的效力问题。如果协议约定了特定的成立或者生效条件，只要该协议内容不违反法律、行政法规的禁止性规定，则按其约定。同时，应当注意是否存在《民法典》第四百九十条第二款"当法律、行政法规规定或者当事人约定合同应当采用书面形式订立，当事人未采用书面形式但是一方已经履行主要义务，对方接受时，该合同成立"的情形。如果协议约定的成立条件未完全达成，但是符合"一方已经履行主要义务，对方接受时"的情形时，也应当认为合同已经成立。

其次，贴现行应当不存在恶意或者重大过失情形，根据《票据法》第十二条："以欺诈、偷盗或者胁迫等手段取得票据的，或者明知有前列情形，出于恶意取得票据的，不得享有票据权利。持票人因重大过失取得不符合本法规定的票据的，也不得享有票据权利。"否则即使贴现行持有该汇票，也将不享有票据权利。贴现行持有的商业承兑汇票如果法定必要记载事项完备，符合法定格式且背书连续，就是合法票据持有人。基于票据的无因性，尽管贴现行在办理贴现的过程中存在未完全按照中国人民银行相关贴现规定操作的行为,亦仅属于未按银行内部操作规程的规定办理有关手续的过失行为,并非《票据法》第十二条规定的重大过失情形。

票据到期后,如果承兑人拒绝付款时,贴现银行可以向其前手追索票款,追索票款时有权按照与贴现申请人签订的贴现协议,从贴现申请人存款账户扣收票款。另外,汇票的出票人、承兑人、背书人和保证人也应对持票人承担连带责任。

四、辅助信息

高频词条:

《票据法》

第四条第一款　票据出票人制作票据,应当按照法定条件在票据上签章,并按照所记载的事项承担票据责任。

第五条　票据当事人可以委托其代理人在票据上签章,并应当在票据上表明其代理关系。

没有代理权而以代理人名义在票据上签章的,应当由签章人承担票据责任;代理人超越代理权限的,应当就其超越权限的部分承担票据责任。

第十二条　以欺诈、偷盗或者胁迫等手段取得票据的,或者明知有前列情形,出于恶意取得票据的,不得享有票据权利。

持票人因重大过失取得不符合本法规定的票据的,也不得享有票据权利。

第三十一条第一款　以背书转让的汇票,背书应当连续。持票人以背书的连续,证明其汇票权利;非经背书转让,而以其他合法方式取得汇票的,依法举证,证明其汇票权利。

第六十一条　汇票到期被拒绝付款的,持票人可以对背书人、出票人以及汇票的其他债务人行使追索权。

汇票到期日前,有下列情形之一的,持票人也可以行使追索权:

(一)汇票被拒绝承兑的;

(二)承兑人或者付款人死亡、逃匿的;

(三)承兑人或者付款人被依法宣告破产的或者因违法被责令终止业务活动的。

第六十八条第一款　汇票的出票人、背书人、承兑人和保证人对持票人承担连带责任。

《民法典》

第四百九十条第二款　法律、行政法规规定或者当事人约定合同应当采用书面形式订立，当事人未采用书面形式但是一方已经履行主要义务，对方接受时，该合同成立。

第九百二十五条　受托人以自己的名义，在委托人的授权范围内与第三人订立的合同，第三人在订立合同时知道受托人与委托人之间的代理关系的，该合同直接约束委托人和第三人，但有确切证据证明该合同只约束受托人和第三人的除外。

《支付结算办法》

第九十三条　符合条件的商业汇票的持票人可持未到期的商业汇票连同贴现凭证向银行申请贴现。贴现银行可持未到期的商业汇票向其他银行转贴现，也可向中国人民银行申请再贴现。贴现、转贴现、再贴现时，应作成转让背书，并提供贴现申请人与其直接前手之间的增值税发票和商品发运单据复印件。

第九十五条　贴现、转贴现、再贴现到期，贴现、转贴现、再贴现银行应向付款人收取票款。不获付款的，贴现、转贴现、再贴现银行应向其前手追索票款。贴现、再贴现银行追索票款时可从申请人的存款账户收取票款。

票据纠纷案件裁判规则第 10 条：

当事人虚构转贴现事实，或者当事人之间不存在真实的转贴现合同法律关系的，应当按照真实交易关系和当事人约定本意依法确定当事人的责任

【规则描述】 此条规则的依据是《全国法院民商事审判工作会议纪要》第一百条规定之精神以及中国人民银行颁布的《商业汇票承兑、贴现与再贴现管理暂行办法》《支付结算办法》等规范性文件。

一、类案检索大数据报告

时间：2021 年 4 月 17 日之前，案例来源：中国裁判文书网，检索词：转贴现合同无效，案件数量：9 件，数据采集时间：2021 年 4 月 17 日。其中，根据当事人意思表示是否真实，认定当事人意思是真实表示的按照所签订的转贴现合同处理的 7 份，占比 77.8%，按照当事人不是真实意思表示转贴现合同为虚假行为，按照真实的交易关系处理的 2 份，占比 22.2%。其中 4 份都是关于苏州银行股份有限公司与鄂尔多斯农村商业银行股份有限公司合同纠纷。天津金城银行与农村合作信用社一审二审都认定当事人之间存在虚构事实证据情形，一审二审都按照真实的交易关系进行认定；吉林环城农村商业银行股份有限公司与恒丰银行股份有限公司青岛分行合同纠纷案一审二审都按照真实的交易关系进行处理。整体情况如下：

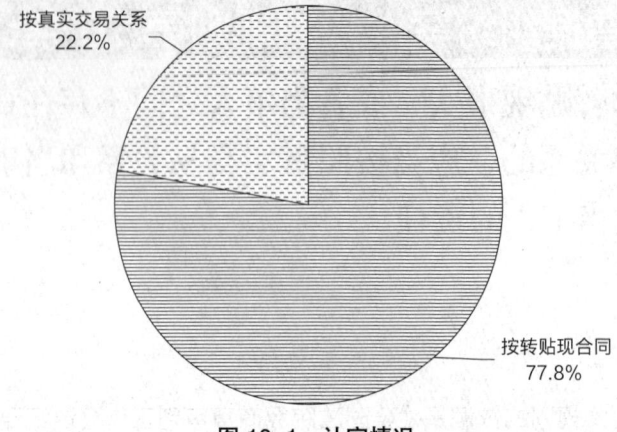

图 10-1　认定情况

如图所示,在筛选的 9 件案件中,根据当事人的意思表示情况,按照所签订的《转贴现合同》处理的占 77.8%,按照真实的交易关系处理的占 22.2%。

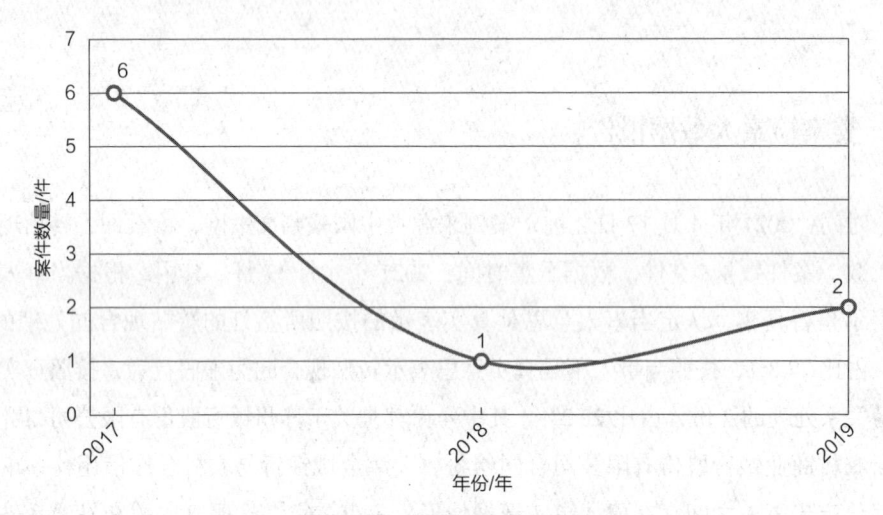

图 10-2　案件年份分布情况

如图所示,关于当事人虚构转贴现事实,转贴现合同效力的认定主要集中在 2017 年,后续年份发生此类案件情况较少。

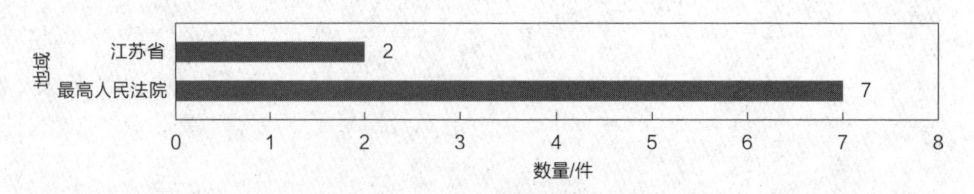

图 10-3　案件主要地域分布情况

如图所示，从案件的地域分布情况来看，当前有关当事人虚构转贴现合同，转贴现合同效力认定案件主要分布地域较为集中。主要集中于最高人民法院为7件，其余发生在江苏省为2件。

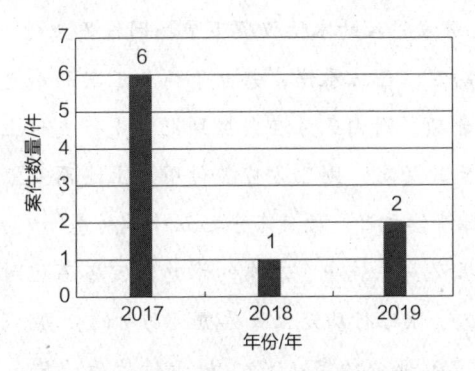

图10-4 案件年份分布情况

如图所示，检索案件中当事人虚构转贴现事实，转贴现合同效力案件的审理主要集中在中级人民法院，由中级人民法院负责审理的案件多达5件，占审级的一半以上。

二、可供参考的例案

例案一：天津金城银行股份有限公司与疏勒县农村信用合作联社合同纠纷案

【法院】

新疆维吾尔自治区高级人民法院

【案号】

（2020）新民终322号

【当事人】

上诉人（原审被告）：天津金城银行股份有限公司

被上诉人（原审原告）：疏勒县农村信用合作联社

【基本案情】

2018年5月21日、22日，疏勒农信社与金城银行签订了两份纸质的《转贴现合同》，合同对双方的交易方式、权利义务、违约责任、追索和迟付利息的计算方式、解决争议的方式均进行了约定。其中合同的第三条A款第3项约定"本协议项下的电子商业汇票提示付款时，如遇承兑人拒绝付款，甲方（即疏勒农信社，下同）将按照《票据法》和其他有关法律、法规及本协议约定向乙方（即金城银行，下同）追索"。如存在或发生甲方买入的本协议项下票据因挂失止付、公示催告、被有权机关第四条B款第3项约定"乙方承诺，若电子商业汇票的承兑人无足额款项用于支付到期商业汇票承兑金额，则由乙方在票据到期日先行支付上述款项并划付至甲方指定账户。如乙方违反此约定，则乙方应支付甲方上述商业汇票本金和该汇票金额自到期日或提示付款日清偿之日，按日万分之五计算利息"。

查明，在中国票据交易系统中，本案的承兑人宝塔石化财务公司、重庆力帆财务公司和疏勒农信社、金城银行均是上海票据交易所的会员。《票据交易主协议》第三条承诺和遵守中持票人部分约定："（2）提示付款后承兑人拒绝付款的，可以按照保证增信行（若有）、贴现人、贴现人的保证人（若有）的顺序进行追索或追偿。（3）放弃对前手背书人行使追索权，但保留对票据出票人、承兑人、承兑人的保证人、贴现人、贴现人的保证人（若有）及贴现人前手背书人的追索权。"《票据交易主协议》第一条协议的构成与效力第三项载明"通用条款与适用的特别条款不一致的，适用的特别条款有优先效力；补充协议与主协议不一致的，补充协议有优先效力；就单笔票据交易而言，在主协议、补充协议、成交单出现不一致时，效力优先顺序如下：成交单、补充协议、主协议"。

【案件争点】

金城银行是否是《转贴现合同》相对人，金城银行认为其非本案适格被告的抗辩理由能否成立；本案案由是合同纠纷还是票据追索权纠纷，如系合同纠纷，是否存在合同无效的情形，合同若有效付款条件是否成就；一审法院判令金城银行向疏勒农信社支付承兑汇票款、利息、律师代理费、违约金是否正确。

【裁判要旨】

关于本案案由是合同纠纷还是票据追索权纠纷。首先，《最高人民法院关于印发修改后的〈民事案件案由规定〉的通知》规定：民事案件案由应当依据当事人主张的民事法律关系的性质来确定。本案中，在存在票据追索请求权与合同请求权竞合的情况下，疏勒农信社依据双方签订的《转贴现合同》要求金城银行支付汇票本金、违约金、律师费等，其请求权基础为《合同法》关于合同履行及违约责任的规定。虽然金城银行与疏勒农信社作为案涉票据的直接前后手，双方存在票据关系，疏勒农信社亦有权基于该票据关系向金城银行行使票据追索权，但疏勒农信社并未依据

《票据法》的规定选择该法律关系行使请求权，故民事案件的案由应依据疏勒农信社主张的法律关系来确定。

其次，《九民会议纪要》第一百零二条规定："转贴现是通过票据贴现持有票据的商业银行为了融通资金，在票据到期日之前将票据权利转让给其他商业银行，由转贴现行在收取一定的利息后，将转贴现款支付给持票人的票据转让行为。转贴现行提示付款被拒付后，依据转贴现协议的约定，请求未在票据上背书的转贴现申请人按照合同法律关系返还转贴现款并赔偿损失的，案由应当确定为合同纠纷。转贴现合同法律关系有效成立的，对于原告的诉讼请求，人民法院依法予以支持。当事人虚构转贴现事实，或者当事人之间不存在真实的转贴现合同法律关系的，人民法院应当向当事人释明按照真实交易关系提出诉讼请求，并按照真实交易关系和当事人约定本意依法确定当事人的责任。"

> **例案二**：吉林环城农村商业银行股份有限公司与恒丰银行股份有限公司青岛分行、恒丰银行股份有限公司合同纠纷案

【法院】

最高人民法院

【案号】

（2017）最高法民终965号

【当事人】

上诉人（一审原告）：吉林环城农村商业银行股份有限公司

上诉人（一审被告）：恒丰银行股份有限公司青岛分行

被上诉人（一审被告）：恒丰银行股份有限公司

【基本案情】

2016年1月15日，甲方吉林环城农村商业银行股份有限公司（以下简称环城农商行）（买入方）与乙方恒丰银行股份有限公司青岛分行（以下简称恒丰银行青岛分行）（卖出方）签订《银行承兑汇票转贴现合同》，约定以下主要内容：根据乙方向甲方提交的票据与相关资料，甲方审核后，同意对银行承兑汇票36份，合计票面金额4.8亿元办理转贴现（详见本合同附件"商业汇票清单"，以下简称清单）。合同签订后，恒丰银行青岛分行向环城农商行交付了36张银行承兑汇票的票据查复书，未交付案涉银行承兑汇票。同日，环城农商行向恒丰银行青岛分行汇入47083.651103

万元，环城农商行提交的该笔贴现凭证（代申请书）贴现率处手工填写"3.8‰"。

环城农商行与恒丰银行青岛分行于 2016 年 1 月 15 日还签订了一份《代保管协议》，约定："第一条：本协议所称的商业汇票，系指甲乙双方根据已签订商业汇票转贴现合同，甲方已划付转贴现资金给乙方，乙方应提供甲方的转贴现商业汇票。第二条：本次转贴现业务所涉及票据资料由乙方按第一条规定备齐，暂由乙方保管。第三条：本次代保管的转贴现业务所涉及票据共叁拾陆张，合计金额人民币肆亿捌仟万元整。第四条：本协议与甲乙双方签订的转贴现合同不可分割，是转贴现合同的附属合同，转贴现合同规定的甲乙双方的责任同样适用于本协议。"恒丰银行青岛分行对该协议上加盖的该分行公章的真实性不予认可。

2016 年 3 月 21 日，甲方恒丰银行青岛分行（买入方）与乙方环城农商行（卖出方）签订《银行承兑汇票转贴现合同》，约定：甲方同意对银行承兑汇票 1 份（票号为 1050005323777683），票面金额人民币 1000 万元办理转贴现。转贴现利率为年利率 3.8%，其他合同条款内容与前述《银行承兑汇票转贴现合同》内容一致。该合同所附《商业银行转贴现业务清单》记载利率为"3.8"，以此为年利率计算该张承兑汇票自转贴现日（2016 年 3 月 21 日）至到期日（2016 年 7 月 13 日）的利息为 12.033333 万元，并将该笔利息从环城农商行向恒丰银行青岛分行支付的票面金额 1000 万元中扣除。同日，恒丰银行青岛分行向环城农商行支付 987.966667 万元，其提交的该笔贴现凭证（代申请书）贴现率处手工填写"3.8‰"。

2016 年 3 月 28 日，甲方环城农商行与乙方昆明储涛商贸有限公司签订《单位人民币银行结算账户管理协议》，约定乙方自愿在甲方设立一般存款账户。昆明储涛商贸有限公司于 2016 年 3 月 29 日、4 月 15 日向其在环城农商行开设的账号为 0××××××××的账户内合计转账 2000 万元。截至 2017 年 3 月 21 日，该笔款项未发生划转行为。

环城农商行收到昆明储涛商贸有限公司邮寄的云南省昆明市明诚公证处于 2016 年 11 月 25 日出具的（2016）云昆明诚证字第 39255 号《公证书》、（2016）云昆明诚证字第 39256 号《公证书》、2016 年 11 月 28 日出具的（2016）云昆明诚证字第 39577 号《公证书》，对昆明储涛商贸有限公司向环城农商行邮寄送达《告知函》事项进行公证。《告知函》的主要内容为："环城农商行，2016 年 3 月 28 日我司与贵行签订了一份《单位人民币结算账户管理协议》。根据该协议我司在贵行开立了一个银行账户，账号：0××××××××。该账户我司同意贵行予以冻结管理。2016 年 3 月 29 日、4 月 15 日我司通过民生银行在以上账户中共汇存了 2000 万资金（凭证号分别是：9800000000877、9800000000874），并告知贵行立即将该账户解冻并即时将该款项扣划到贵行账户，以归还贵行支付的银行承兑汇票（票号1050005323777683面额1000万元、票号1050005323777684面额1000万元）贴现款，但贵行至今未予办理。现我司正式告知贵行：请求贵行在接到本《告知函》后的一个工作日内将以上账户解冻，并在解冻后的一个工作日内将该账户内的全部资金划转到贵行的账户，用以归还贵行已支付的银行承兑汇票贴现款，如贵行仍不及时办理，由此造成的一切损失由贵行承担。告知人：昆明储涛商贸有限公司。"

【案件争点】

环城农商行与恒丰银行青岛分行之间的法律关系性质是什么；恒丰银行青岛分行应否向环城农商行给付本金及利息、违约金。

【裁判要旨】

双方仅采用了银行业关于票据转贴现的格式合同文本，按照票据融资法律关系约定了票款支付、票据背书等相关内容，但双方两次交易均仅发生了清单交易，均未见到银行承兑汇票原件，亦无审核票据的意愿或行为，而在并未发生票据签章背书的情况下，径行发生了付款行为。双方的实际履行行为不符合法律规定的票据转让的实质要件，亦不符合该合同约定的权利义务内容。双方签订《银行承兑汇票转贴现合同》系外在的表面行为，其内部的隐藏行为是银行间资金融通行为。因此，根据本案已查明事实及双方诉辩主张，综合分析双方订立合同目的、票据是否交付、资金划转过程以及回购期限等实际履行行为，双方形成名为"银行承兑汇票转贴现合同"而实为银行间资金融通合同的法律关系。据此，双方签订的《银行承兑汇票转贴现合同》，并非当事人的内心真意，不符合《民法通则》第五十五条①关于"民事法律行为应当具备下列条件……（二）意思表示真实"的规定，该合同在当事人之间不产生书面合同约定的法律后果，故环城农商行基于该合同主张的合同权利，法院不予支持。

同时，《代保管协议》系《银行承兑汇票转贴现合同》的衍生合同，其目的系为履行《银行承兑汇票转贴现合同》项下的票据交付义务，鉴于双方未发生票据融资行为，则该协议实为掩盖银行间资金融通的表面行为，亦非当事人的真实意思表示，对合同当事人不具有拘束力，故对于环城农商行基于《代保管协议》要求恒丰银行

---

① 参见《民法典》第一百四十三条规定："具备下列条件的民事法律行为有效：（一）行为人具有相应的民事行为能力；（二）意思表示真实；（三）不违反法律、行政法规的强制性规定，不违背公序良俗。"

青岛分行返还票据的诉讼主张，一审法院亦不予支持。

关于恒丰银行青岛分行应否向环城农商行给付本金及利息、违约金问题。本案环城农商行与恒丰银行青岛分行之间系银行间资金融通合同关系，恒丰银行青岛分行未能举证证明环城农商行与其他主体之间的权利义务关系，故本案应以环城农商行与恒丰银行青岛分行之间形成的银行间资金融通法律关系确定双方之间的权利义务关系。

三、裁判规则提要

（一）当事人之间存在虚构转贴现事实的认定

根据《支付结算办法》第九十三条"符合条件的商业汇票的持票人可持未到期的商业汇票连同贴现凭证向银行申请贴现。贴现银行可持未到期的商业汇票向其他银行转贴现，也可向中国人民银行申请再贴现。贴现、转贴现、再贴现时，应作成转让背书，并提供贴现申请人与其直接前手之间的增值税发票和商品发运单据复印件"，以及《票据法》第四条关于"持票人行使票据权利，应当按照法定程序在票据上签章，并出示票据"的规定表明，银行承兑汇票的转贴现应转让背书，由卖出方将票据实际交付于买入方，并提供贴现申请人与其直接前手之间的增值税发票和商品发运单据复印件。因此，法院在认定当事人之间是否存在虚构转贴现事实，主要综合分析双方订立合同目的、票据是否交付、资金划转过程以及回购期限等实际履行行为，看当事人所持票据是否进行背书或者转让，是否提供其与前手之间交易的增值税发票与商品发运单等单据复印件、票据在日内是否多次背书转让、票据交易顺序与票据资金流向是否符合交易习惯等情况。如果当事人之间提供的凭证在客观上只有交易清单，没有银行承兑票据的原件，且日内多次进行交易、交易顺序及资金流向存在相反等情况，在主观上也没有交易意愿及行为，不符合票据转让的实质性要件，可以认定当事人之间不存在真实的交易关系而存在虚构转贴现事实。

（二）当存在虚构转贴现事实时，合同效力的认定及责任的承担

根据《最高人民法院关于印发修改后的〈民事案件案由规定〉的通知》规定：民事案件案由应当依据当事人主张的民事法律关系的性质来确定，当追索请求权与合同请求权竞合的情况下，不存在虚构转贴现事实的情况下，应当按照当事人的意思表示，可以按照追索权纠纷处理也可以按照合同纠纷处理。合同主体以外的其他

主体如何支付、如何背书，均不影响《转贴现合同》效力，即便各背书主体在通谋合意下进行了不当的票据行为，该行为也应属于银行业监管的范畴，不能以此推定并否认《转贴现合同》的效力，可以认定其签订《转贴现合同》是其真实意思表示，其在出现纠纷后，以其仅为通道行为而抗辩不承担转贴现合同约定的责任，有违诚信原则。但如果当事人存在虚构转贴现事实，或者当事人之间不存在真实的转贴现合同法律关系的情况，人民法院应当向当事人释明按照真实交易关系提出诉讼请求，并按照真实交易关系和当事人约定本意依法确定当事人的责任，其权利义务不受《票据法》调整，应当根据《民法典》合同编和参照最相类似的借款合同的规定予以调整。

法院在未来的审判实务中可能会更加注重从全局出发、考察整体交易的目的和探究当事人真实的意思表示，进一步适用《民法典》通谋虚伪表示制度与《票据法》票据权利，区分表面的虚假行为和内在的隐藏行为，以当事人最真实的意思表示来确定交易的效力和当事人的权利义务关系，最终确定当事人责任的承担。

四、辅助信息

高频词条：

《民法典》

第一百四十六条　行为人与相对人以虚假的意思表示实施的民事法律行为无效。

以虚假的意思表示隐藏的民事法律行为的效力，依照有关法律规定处理。

第一百五十四条　行为人与相对人恶意串通，损害他人合法权益的民事法律行为无效。

第一百五十五条　无效的或者被撤销的民事法律行为自始没有法律约束力。

第一百五十七条　民事法律行为无效、被撤销或者确定不发生效力后，行为人因该行为取得的财产，应当予以返还；不能返还或者没有必要返还的，应当折价补偿。有过错的一方应当赔偿对方由此所受到的损失；各方都有过错的，应当各自承担相应的责任。法律另有规定的，依照其规定。

第五百条　当事人在订立合同过程中有下列情形之一，造成对方损失的，应当承担赔偿责任：

（一）假借订立合同，恶意进行磋商；

（二）故意隐瞒与订立合同有关的重要事实或者提供虚假情况；

（三）有其他违背诚信原则的行为。

《票据法》

第四条第二款 持票人行使票据权利，应当按照法定程序在票据上签章，并出示票据。

第十条第一款 票据的签发、取得和转让，应当遵循诚实信用的原则，具有真实的交易关系和债权债务关系。

第十二条第一款 以欺诈、偷盗或者胁迫等手段取得票据的，或者明知有前列情形，出于恶意取得票据的，不得享有票据权利。

第六十一条第一款 汇票到期被拒绝付款的，持票人可以对背书人、出票人以及汇票的其他债务人行使追索权。

《2020年票据纠纷司法解释》

第二条 依照票据法第十条的规定，票据债务人（即出票人）以在票据未转让时的基础关系违法、双方不具有真实的交易关系和债权债务关系、持票人应付对价而未付对价为由，要求返还票据而提起诉讼的，人民法院应当依法受理。

第十四条 票据债务人依照票据法第十二条、第十三条的规定，对持票人提出下列抗辩的，人民法院应予支持：

……

（二）以欺诈、偷盗或者胁迫等非法手段取得票据，或者明知有前列情形，出于恶意取得票据的；

……

第六十一条 保证人未在票据或者粘单上记载"保证"字样而另行签订保证合同或者保证条款的，不属于票据保证，人民法院应当适用《中华人民共和国民法典》的有关规定。

《最高人民法院关于印发修改后的〈民事案件案由规定〉的通知》

第五条第四款 请求权竞合时个案案由的确定。在请求权竞合的情形下，人民法院应当按照当事人自主选择行使的请求权所涉及的诉争的法律关系的性质，确定相应的案由。

《支付结算办法》

  第九十三条 符合条件的商业汇票的持票人可持未到期的商业汇票连同贴现凭证向银行申请贴现。贴现银行可持未到期的商业汇票向其他银行转贴现，也可向中国人民银行申请再贴现。贴现、转贴现、再贴现时，应作成转让背书，并提供贴现申请人与其直接前手之间的增值税发票和商品发运单据复印件。

票据纠纷案件裁判规则第 11 条：

担保人以银行未对真实贸易背景尽合理审查义务存在过错为由，主张担保合同无效免除担保责任的，人民法院不予支持

【规则描述】本条规则主要涉及担保人认为银行对真实交易背景的审查存在瑕疵，并借此拒绝承担保证责任的情况。本规则是对《票据法》第十条和《商业银行法》第三十五条银行审查义务的深化和适用后果的明确。银行对交易背景的审查义务仅限于形式审查，银行业务操作瑕疵不影响保证合同的效力。担保人以银行未对真实贸易背景尽合理审查义务存在过错为由，主张担保合同无效免除担保责任的，人民法院不予支持。

一、类案检索大数据报告

时间：2021 年 2 月 3 日之前，案件来源：Alpha 案例库，案件数量：50 件，数据采集时间：2021 年 2 月 3 日。本次检索以汇票；银行；担保；审查义务；交易背景；作为关键词，获取了 2021 年 2 月 3 日前共 50 篇票据纠纷裁判文书。其中，认同虽然银行未对真实贸易背景尽合理审查义务存在过错，但是担保人仍然应当担保责任的案件共 26 件，担保人免除保证责任的 3 件，不相关案件 21 件。整体情况如下：

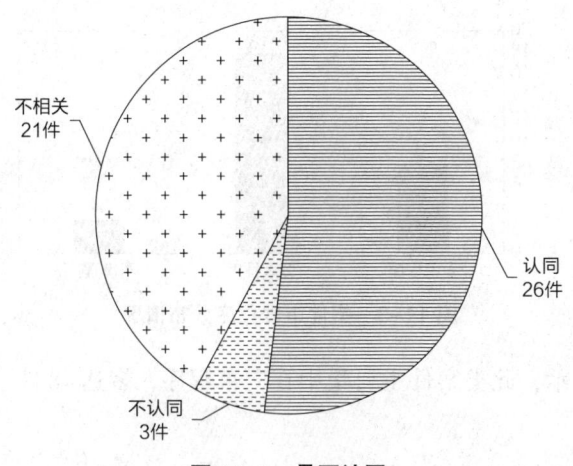

图 11-1 是否认同

如图 11-1 所示，在筛选得到的 50 件案例库中，认同担保人应当担保责任的案件有 26 件，占比 52%；不认同案件 3 件，占比 6%；不相关案件 21 件，占比 42%。

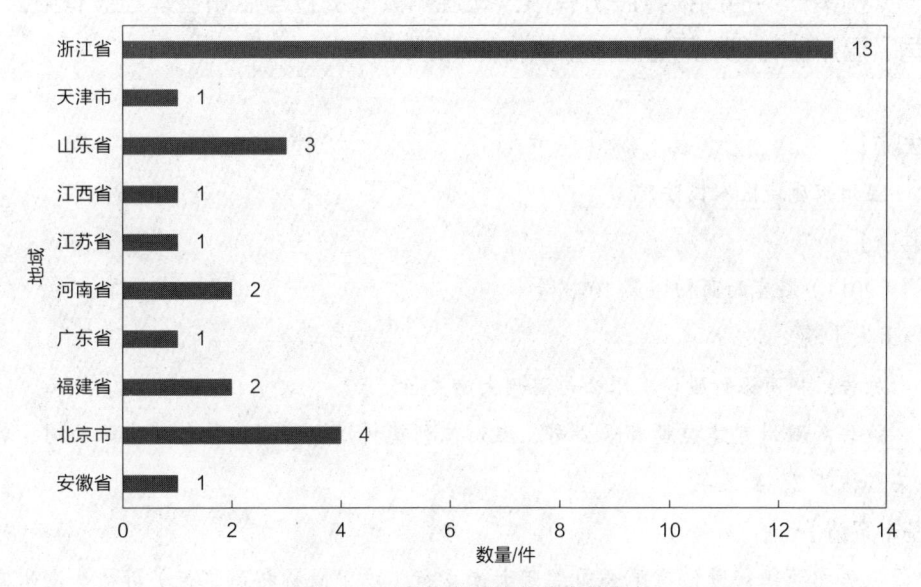

图 11-2 案件主要地域分布情况

如图 11-2 所示，从案件的地域分布情况来看，当前有关银行业务操作瑕疵与合同效力认定的案件主要分布地域较为广泛。其中，浙江省的案件数量最多，达 13 件。

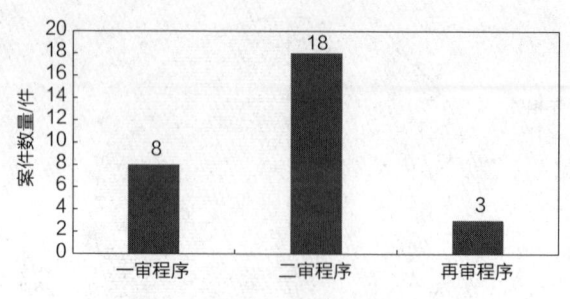

图 11-3 案件审理程序分布情况

如图 11-3 所示，此类案件主要集中在二审程序，多达 18 件。再审案件较少，仅 3 件。

二、可供参考的例案

例案一：招商银行股份有限公司温州大南支行与温州宣建控股有限公司、温州佳利塑料厂等金融借款合同纠纷案

【法院】

温州市鹿城区人民法院

【案号】

（2014）温鹿西商初字第 1073 号

【当事人】

原告：招商银行股份有限公司温州大南支行

被告：温州宣建控股有限公司、温州佳利塑料厂、温州宏旭包装有限公司、林某某、林某2、吴某某

【基本案情】

原告招商银行股份有限公司温州大南支行（以下简称招商银行）诉被告温州宣建控股有限公司（以下简称宣建公司）、温州佳利塑料厂（以下简称佳利塑料厂）、温州宏旭包装有限公司（以下简称宏旭公司）、林某某、林某2、吴某某金融借款合同纠纷一案，法院公开开庭进行了审理。

原告招商银行诉称：原告与被告宣建公司签订《授信协议》，同意向被告宣建公司提供 700 万元的授信额度，授信期间为 12 个月，即从 2013 年 1 月 22 日起至 2014

年1月21日止。

同日，被告佳利塑料厂、宏旭公司、林某某、林某2分别出具《最高额不可撤销担保书》，自愿为被告宣建公司在上述授信协议下所欠原告的所有债务承担连带保证责任。被告林某2、吴某某与原告签订《最高额抵押合同》，约定被告林某2提供其名下房产为被告宣建公司在2013年1月22日至2016年1月21日期间从原告处获得的授信项下债务的履行作抵押担保，并办理了抵押登记手续，最高债权数额为400万元。依据上述授信合同及担保合同，2013年1月22日，被告宣建公司向原告申请承兑其开出的商业汇票，双方签订《银行承兑合作协议》，约定：被告宣建公司具体申请承兑时，无须与原告逐笔另签承兑协议，但须逐笔提出承兑申请；经原告办理承兑的汇票到期日，原告凭票无条件支付票款，如汇票到期日前被告宣建公司未足额交付票款时，原告有权从被告宣建公司在原告处开立的任何存款账户上扣款以作支付；因被告宣建公司不足支付或其账户余额不足扣收而致原告垫付的票款，由原告按《支付结算办法》有关规定计收罚息。2014年1月16日，原告根据被告宣建公司的申请，同意对21张票面金额共计700万元的银行承兑汇票进行承兑。

2014年7月16日，汇票到期，被告宣建公司未按约将汇票金额足额交存开立账户。原告扣划被告账户5913.57元，垫付资金6994086.43元。

被告宏旭公司辩称：（1）被告宏旭公司确实于2013年1月22日出具《最高额不可撤销担保书》，但该担保书格式系原告方提供，上面人工手写部分系原告方事后添加，被告因不懂法律而在空白的担保书上签章；（2）根据《中国人民银行关于切实加强商业汇票承兑贴现和再贴现业务管理的通知》的规定，企业签发、承兑商汇票和商业银行承兑汇票、贴现商汇票，都必须依法、合规，严禁签发、承兑、贴现不具有贸易背景的商汇票。办理承兑时，银行必须要审查交易的真实性和合法性，现原告没有提供被告宣建公司的相关购销合同及增值税发票，故原告向被告宣建公司办理承兑汇票即违法，该款项无法收回的责任应由原告自行承担。

其他被告未作答辩。

经审理，法院查明本案事实与原告起诉主张的事实一致。

【案件争点】

原告是否存在业务操作瑕疵，原告与被告宣建公司签订的授信协议、承兑合作协议及原告与被告佳利塑料厂、宏旭公司、林某某、林某2签订的担保合同是否有效。

【裁判要点】

原告与被告宣建公司签订的授信协议、承兑合作协议及原告与被告佳利塑料厂、宏旭公司、林某某、林某2签订的担保合同均系有效的民事合同。原告依约承兑汇票，其合同义务已经履行完毕。被告宣建公司未能在承兑汇票到期日足额交付票款，其行为构成违约，应当支付逾期票款及利息。

被告佳利塑料厂、宏旭公司、林某某、林某2自愿对授信协议项下原告享有的债权提供连带保证担保，故被告佳利塑料厂、宏旭公司、林某某、林某2对上述债务承担连带清偿责任。至于被告宏旭公司提出原告未尽合理审查义务，存在过错，应认为相关金融法规规定了银行办理票据业务审核资料义务，但上述规定属于管理型风险控制规定，对承兑合同和担保合同的效力以及票据债务人的偿还责任不应产生任何影响。

例案二：中信银行股份有限公司青岛分行与青岛迪生集团有限公司、青岛义得利行销有限公司等金融借款合同纠纷案

【法院】

山东省高级人民法院

【案号】

（2016）鲁民终2156号

【当事人】

上诉人（原审被告）：青岛迪生集团有限公司

被上诉人（原审原告）：中信银行股份有限公司青岛分行、青岛义得利行销有限公司、青岛鲜品屋实业有限公司、戴某某

【基本案情】

上诉人青岛迪生集团有限公司（以下简称迪生公司）因与被上诉人中信银行股份有限公司青岛分行（以下简称中信银行青岛分行）、被上诉人青岛义得利行销有限公司（以下简称义得利公司）、被上诉人青岛鲜品屋实业有限公司（以下简称鲜品屋公司）、被上诉人戴某某金融借款合同纠纷一案，不服山东省青岛市中级人民法院（2015）青民四商初字第37号民事判决，向法院提起上诉。法院于2016年9月29日立案后，依法组成合议庭，公开开庭进行了审理。

一审法院认定事实：2012年12月30日，中信银行青岛分行与义得利公司签订《综合授信合同》，约定中信银行青岛分行向义得利公司提供1500万元的最高授信额度，使用期限为2013年12月30日至2014年12月30日。同日，中信银行青岛分行

与戴某某签订《最高额抵押合同》，约定戴某某以房产为中信银行青岛分行在2013年12月30日至2014年12月30日向义得利公司授信而发生的债权提供最高额342万元的抵押担保，并于次日办理了抵押登记。

2014年1月8日，中信银行青岛分行与迪生公司签订号《最高额抵押合同》，约定迪生公司房产为中信银行青岛分行在2013年12月30日至2014年12月30日向义得利公司授信而发生的债权提供最高额1158万元的抵押担保。合同另约定，迪生公司声明与保证，其具有签订和履行本合同所必须的民事权利能力和行为能力，能独立承担民事责任，并且已获得签署本协议的所有必要和合法的内部和外部的批准和授权。中信银行青岛分行与主合同债务人协议变更主合同的，除展期或增加债权金额外，其他变更事项无需取得迪生公司同意，迪生公司不因此免除其承担本合同项下的抵押担保责任。2014年1月17日，中信银行青岛分行、迪生公司依法办理了上述房屋的抵押登记手续。

2014年1月8日，中信银行青岛分行与鲜品屋公司签订《最高额保证合同》，约定被保证的主债权是指2014年1月8日至2015年1月8日期间因中信银行青岛分行向债务人义得利公司授信而发生的一系列债权，包括但不限于各类贷款、票据、保函、信用证等各类银行业务。被保证的主债权最高额度为1500万元人民币，保证人提供的保证方式为连带责任保证，保证期间为两年。

2014年7月7日，中信银行青岛分行与青岛义得利公司（借款人）签订《流动资金贷款合同》，约定中信银行青岛分行向义得利公司发放贷款1500万元，贷款期限为2014年7月7日至2015年3月24日，按月结息。如出现合同约定的借款人违约的情形，中信银行青岛分行有权要求借款人立即偿还所有已发放贷款、利息及其他应承担的费用。同日，中信银行青岛分行向义得利公司发放上述合同项下贷款1500万元。上述款项发放后，义得利公司未按期支付利息、偿还本金，截至2015年3月20日，义得利公司尚欠中信银行青岛分行借款本金1500万元，利息365456.96元，各担保人亦未履行担保责任。

一审法院认为，中信银行青岛分行与义得利公司签订的《综合授信合同》《流动资金借款合同》均是双方当事人的真实意思表示，其内容不违反法律法规的规定，合法有效。中信银行青岛分行依约为义得利公司发放贷款、履行了合同义务。义得利公司至今未按期偿还上述贷款、支付利息，已违反合同约定，构成违约。中信银行青岛分行有权要求义得利公司清偿全部贷款本金及利息。

鲜品屋公司应对义得利公司的上述债务在最高额1500万元及其他应付款项范围

内承担连带清偿责任。中信银行青岛分行对戴某某名下房产依法享有抵押权,有权对抵押财产拍卖、变卖所得价款在最高额 342 万元范围内享有优先受偿权。

迪生公司主张,中信银行青岛分行未尽合理审查义务,超过义得利公司的偿还能力发放贷款,涉嫌恶意串通,应免除抵押人义务,对此一审法院认为,中信银行青岛分行在发放贷款时对借款人资信状况的审查,属于银行内部管理性规范,在借款人提供相应担保及抵押的情况下,抵押人主张借款人不具有相应贷款能力,不构成免除其抵押责任的理由。同时,迪生公司也未提交证据证明,在其签订《最高额抵押合同》时,中信银行青岛分行知道或应当知道义得利公司欺骗迪生公司提供担保,或中信银行青岛分行与义得利公司串通,违背其真实意思提供担保,因此,迪生公司的该抗辩理由依法不予支持。迪生公司另主张,中信银行青岛分行对贷款用途未尽监管义务,导致贷款用途与合同约定不符,并提交调查取证申请,要求一审法院查明该贷款的实际资金走向。对此,迪生公司未提供充分证据证明义得利公司实际变更了本案的贷款实际用途。同时,合同明确约定,"除展期或增加债权金额外",主合同的其他事项变更不需取得迪生公司的同意,因此,无论涉案贷款用途与《流动资金贷款合同》签订时是否发生变更,均不构成迪生公司免除其承担抵押担保责任的义务。故迪生公司的抗辩依法不予采纳,其申请调取相关材料以明确贷款真实去向的调查申请,一审法院也依法不予批准。综上,中信银行青岛分行依法享有抵押权,有权对抵押财产拍卖、变卖所得价款在最高额 1158 万元范围内享有优先受偿权。

综上,一审法院作出如下判决:一、被告青岛义得利行销有限公司于本判决生效之日起十日内偿还原告中信银行股份有限公司青岛分行借款本金 1500 万元及利息 365456.96 元;二、被告青岛鲜品屋实业有限公司对上述第一项债务在最高债权额 1500 万范围内承担连带保证责任。被告青岛鲜品屋实业有限公司承担保证责任后,有权向被告青岛义得利行销有限公司追偿;三、被告青岛迪生集团有限公司在最高债权额 1158 万元范围内,以抵押财产,对上述第一项债务向原告中信银行股份有限公司青岛分行承担抵押担保责任,原告中信银行股份有限公司青岛分行对该抵押财产享有优先受偿权。被告青岛迪生集团有限公司承担抵押责任后,有权向被告青岛义得利行销有限公司追偿;四、被告戴某某在最高债权额 342 万元范围内,以抵押财产对上述第一项债务向原告中信银行股份有限公司青岛分行承担抵押担保责任,原告中信银行股份有限公司青岛分行对该抵押财产享有优先受偿权。被告戴某某承担抵押责任后,有权向被告青岛义得利行销有限公司追偿。

法院二审期间，当事人围绕上诉请求依法提交了证据。法院组织当事人进行了质证。

上诉人迪生公司为证明其主张，提供了如下证据：中国银行业监督管理委员会青岛监管局（以下简称青岛银监局）信访事项受理通知书及2016【012】号回复函原件一份。证明针对被上诉人中信银行青岛分行在涉案贷款审批过程中存在的重大违法违规行为，上诉人于2016年4月29日向青岛银监局进行了投诉反映，青岛银监局经调查确定：（1）在义得利公司的财务状况审查方面，被上诉人的贷款档案中没有保留任何义得利公司的银行账户交易记录，严重违反了审慎经营原则。这证明被上诉人对借款人最基本的银行流水情况未作任何审查，而借款人的真实经营状况、账款交易情况、资金流情况等均是与银行流水密不可分的，属于《流动资金贷款管理暂行办法》等法律法规明确规范的内容，由此可见被上诉人对义得利公司的信贷资格根本没有履行法定的尽职调查责任，对于涉案贷款存在严重的审批失职。（2）被上诉人的信贷档案中只有真实性不明的《购销合同》复印件，其未审查任何合同原件，也未审查和留存任何关于该笔交易的增值税发票，严重违反了审慎经营原则，青岛银监局将对被上诉人责任人进行问责。这证明被上诉人对虚假《购销合同》、虚假交易没有尽到任何审查义务，明知《购销合同》交易不存在、审批手续不合格仍然违法审批发放了贷款，这对于毫不知情的上诉人来说，实属被恶意骗取了抵押担保。在这种情况下，相应的法律责任应由被上诉人自行承担，上诉人应当免除抵押担保责任。

中信银行青岛分行质证称：对证据的真实性无异议，但上诉人向青岛银监会的投诉反映及青岛银监会的回函，均是从贷款人发放贷款的审查角度进行相应调查，属于商业银行为了加强风险控制的内部调查，并不影响涉案合同的效力和上诉人抵押担保责任的承担。从回函的内容看，针对上诉人关于"义得利公司的财务状况、信贷资格与贷款金额不符，中信银行青岛未尽到审查义务"的主张，青岛银监局的调查结果为"经核查未发现上诉人提出的上述问题"。关于上诉人提出的"义得利公司未提供任何基于《购销合同》交易的真实发票"的问题，银监局回复"要求对中信银行青岛分行对全部的银行承兑汇票业务进行自查"，而本案的贷款业务为流动资金贷款业务，不需要提供交易的发票。对于上诉人提出的"中信银行青岛分行没有对贷款使用用途审查"的问题，青岛银监局回复"确认了中信银行青岛分行按照合同要求发放贷款并采取受托支付的方式完成了对外支付"。综上，上诉人提交的该证据涉及的有关事实及银监会的答复，证明被上诉人完全按照《贷款通则》及《流动资金贷款管理办法》的规定尽到了贷款审查的义务，上诉人迪生公司与中信银行青岛分行签订的抵押合同合法有效并且办理了抵押登记，因此上诉人迪生公司应承担本案的抵押担保责任。

【案件争点】

上诉人迪生公司的抵押担保责任能否免除。

【裁判要旨】

上诉人迪生公司请求免除其抵押担保责任的上诉请求不成立。理由如下：

1. 上诉人迪生公司与中信银行青岛分行签订的《最高额抵押合同》，是双方当事人的真实意思表示，内容不违反法律、行政法规的效力性强制性规定，合法有效，且涉案抵押物已经办理了抵押登记，故中信银行青岛分行依法享有抵押权。

2. 虽然《商业银行法》第三十五条规定，商业银行贷款，应当对借款人的借款用途、偿还能力、还款方式等情况进行严格审查。但此项规定只是商业银行加强内部风险控制的管理性规定，并不是对合同效力的强制性规定，即使商业银行没有尽到相关义务，并不当然对借款合同和抵押担保合同的效力及借款人还款责任、抵押人担保责任的承担产生影响。本案中，中信银行青岛分行在与义得利公司签订《流动资金贷款合同》时，已经对相关贷款审批资料尽到了形式审查义务。因此，上诉人迪生公司不能免于承担抵押担保责任。

3. 上诉人迪生公司称，中信银行青岛分行未对涉案贷款的用途尽到全面、严格、深入的审查、监督义务，应当自行承担不利后果，上诉人迪生公司的抵押担保责任，应当免除。首先，上诉人迪生公司没有充分证据证明借款人义得利公司变更了本案贷款的使用用途。其次，按照约定用途使用贷款是义得利公司的义务，监督义得利公司按规定用途使用贷款是中信银行青岛分行的权利而非过错。其三，案涉抵押合同也没有约定义得利公司未按约定用途使用贷款应当免除上诉人迪生公司的抵押担保责任。其四，上诉人迪生公司与中信银行青岛分行签订的《最高额抵押合同》第八条8.4明确约定，中信银行青岛分行与主合同债务人协议变更主合同的，除展期或增加债权金额外，其他变更事项无须取得上诉人迪生公司同意。所以，贷款用途的变更不属于合同约定或法律规定的免除上诉人迪生公司承担抵押担保责任的范畴。

另，法院认为上诉人迪生公司在二审中提交的中国银行业监督管理委员会青岛监管局群众来信来访受理通知书及回复函，并不能证明上诉人迪生公司抵押担保责任存在应当免除的法定或约定情形。

例案三：宁波镇海农村商业银行股份有限公司澥浦支行、胡某某金融借款合同纠纷案

【法院】

浙江省宁波市中级人民法院

【案号】

（2019）浙02民再42号

【当事人】

二审上诉人（一审原告）：宁波镇海农村商业银行股份有限公司澥浦支行

二审被上诉人（一审被告）：胡某某

【基本案情】

二审上诉人宁波镇海农村商业银行股份有限公司澥浦支行（以下简称农商银行澥浦支行）与二审被上诉人胡某某抵押合同纠纷一案，法院于2015年7月27日作出（2015）浙甬商终字第643号民事判决，已经发生法律效力。法院经审判委员会讨论决定，于2019年4月3日作出（2018）浙02民监13号民事裁定，再审本案。

一审法院认定事实：2012年11月30日，农商银行澥浦支行与农商银行骆驼支行签订《镇海农商银行银行承兑汇票委托出票协议书》一份，载明：经农商银行澥浦支行审批通过的银行承兑汇票企业信贷客户，按本行结算管理的要求统一由农商银行骆驼支行开具银行承兑汇票（纸票）；农商银行澥浦支行须向农商银行骆驼支行提供银行承兑汇票业务的相关资料，农商银行骆驼支行按照农商银行澥浦支行提供的相关信息开具银行承兑汇票；银行承兑汇票到期前，农商银行澥浦支行负责及时将承兑申请人全额银行承兑汇票资金划入农商银行骆驼支行存款账户，作为到期兑付之用，农商银行骆驼支行的债权得到全部清偿后，将代垫款项的债权转让与农商银行澥浦支行，由农商银行澥浦支行行使权利。

2013年1月22日，农商银行澥浦支行、胡某某签订《最高额抵押合同》一份，约定：胡某某以其所有的土地为农商银行澥浦支行向借款人鑫淼公司自2013年1月22日至2016年1月21日融资期间内最高融资限额为1××××万元的债权提供最高额抵押担保，并办理了房产抵押登记手续。

2014年1月，鑫淼公司向农商银行澥浦支行提交《承兑申请书》，并分别按票面金额的50%存入保证金。同时与农商银行澥浦支行签订《银行承兑汇票承兑协议》，载明：若鑫淼公司在汇票到期日前未足额交付票款的，同意农商银行澥浦支行将不

足支付部分票款转作鑫淼公司的逾期贷款，并按日利率万分之五计收利息。

汇票到期后，农商银行漵浦支行共计付款汇票256张，合计金额2××××万元。

一审法院认为，本案的争议焦点在于胡某某是否应当依据涉案《最高额抵押合同》为鑫淼公司的债务向农商银行漵浦支行承担抵押担保责任。对此，一审法院认为，《票据法》第十条第一款规定："票据的签发、取得和转让，应当遵循诚实信用的原则，具有真实的交易关系和债权债务关系。"中国人民银行《支付结算办法》第七十四条规定："在银行开立存款账户的法人以及其他组织之间，必须具有真实的交易关系或债权债务关系，才能使用商业汇票。"第八十三条规定："银行承兑汇票的出票人或持票人向银行提示承兑时，银行的信贷部门负责按照有关规定和审批程序，对出票人的资格、资信、购销合同和汇票记载的内容进行认真审查，必要时可由出票人提供担保。符合规定和承兑条件的，与出票人签订承兑协议。"中国人民银行《关于完善票据业务制度有关问题的通知》第一条规定："关于商业汇票真实交易关系的审查。根据《票据法》的规定，商业汇票的签发、取得和转让应具有真实的交易关系和债权债务关系。出票人（持票人）向银行申请办理承兑或贴现时，承兑行和贴现行应按照支付结算制度的相关规定，对商业汇票的真实交易关系和债权债务关系进行审核……"根据上述规定，承兑银行在办理承兑业务时应审查出票人与其交易对方之间是否存在真实的交易关系，此时不仅要审查可以证明交易成立生效的交易合同，同时还应审查可以证明交易履行的增值税专用发票。本案中，胡某某以其所有的土地使用权为鑫淼公司的债务提供最高额抵押担保，但农商银行骆驼支行在鑫淼公司未提供增值税专用发票的情形下便对鑫淼公司签发的汇票进行承兑，未尽到审慎审查义务，增加了抵押人胡某某的风险负担，胡某某不应对不具有真实交易关系而产生的主债务承担抵押担保责任。一审法院依照《票据法》第十条第一款、《最高人民法院关于民事诉讼证据的若干规定》第二条之规定，于2015年4月27日作出如下判决：驳回农商银行漵浦支行的诉讼请求。

法院二审认定事实：与一审法院认定的事实一致。法院二审认为，双方当事人在二审中的争议焦点为：胡某某是否应当依据涉案《最高额抵押合同》为鑫淼公司的债务向农商银行漵浦支行承担抵押担保责任。根据《票据法》第十条第一款之规定，票据的签发、取得和转让，应当遵循诚实信用的原则，具有真实的交易关系和债权债务关系；结合中国人民银行《支付结算办法》第七十四条、第八十三条及中国人民银行《关于完善票据业务制度有关问题的通知》第一条之规定，出票人（持票人）向银行申请办理承兑或贴现时，承兑行和贴现行应按照支付结算制度的相关规定，对商业汇票的真实交易关系和债权债务关系进行审核，故农商银行澥浦支行在办理本案银行汇票承兑业务时应审查出票人鑫淼公司与其交易对方之间是否存在真实的交易关系。涉案银行承兑汇票的总金额为2××××万元，承兑协议签订了5份，银行承兑汇票多达256张，但农商银行澥浦支行未能提供能够充分相互印证的真实的购销合同、增值税专用发票或商品发运单据等以证明涉案汇票具有真实交易关系。农商银行澥浦支行在未严格按照规定审查汇票的真实交易关系情况下便对鑫淼公司签发的汇票进行承兑，未尽到审慎审查义务，由此形成的债权风险，应由其自行承担。农商银行澥浦支行应当知道涉案银行承兑汇票不具有真实交易关系而进行承兑，应认定为债权人对担保人的欺诈。根据《担保法》第三十条的规定，一审法院认定胡某某不应对不具有真实交易关系而产生的主债务承担抵押担保责任，并无不当。综上，一审判决认定事实清楚，适用法律正确，判决并无不当。依照《民事诉讼法》第一百七十条第一款第一项之规定，二审法院判决：驳回上诉，维持原判。

法院再审认定以下事实：就涉案的主债务，农商银行澥浦支行另行向一审法院起诉主债务人鑫淼公司和担保人梁小华，一审法院于2016年6月14日受理后，于2017年1月3日作出（2016）浙0211民初1611号民事判决，判令鑫淼公司返还农商银行澥浦支行承兑汇票垫款1××××万元，并支付至2016年5月31日止的利息××××元，以及自2016年6月1日起至实际履行日止按日利率万分之五计收的利息，并驳回农商银行澥浦支行的其他诉讼请求。该判决已生效。对一、二审认定的事实法院再审予以确认。

【案件争点】

胡某某是否应当依据涉案《最高额抵押合同》为鑫淼公司的债务向农商银行澥浦支行承担抵押担保责任。

【裁判要旨】

再审法院认为，票据具有无因性，票据的基础关系与票据关系相互独立，基础关系的欠缺并不必然导致票据行为无效。《票据法》第十条并未规定相关融资关系因欠缺真实交易背景而应认定无效，胡某某援引的《中国人民银行支付结算办法》《关于银行承兑汇票业务案件风险提示的通知》《关于加强银行承兑汇票业务监管的通知》等文件中关于办理汇票承兑的规定，均属于管理性规定，对涉案承兑协议的效力并无影响，且票据作为一种金融工具，旨在为交易结算提供便利，为保障票据的流通性，承兑行依据《中国人民银行支付结算办法》对出票人资格、资信、购销合同和汇票记载内容进行形式审查，且不存在其他重大过失，一般可以视为其已根据《票据法》第十条规定,对真实的交易关系和债权债务关系进行了审查。根据现有证据,不足以认定涉案的《银行承兑汇票承兑协议》和《最高额抵押合同》具有《合同法》和《担保法》所规定的属无效合同或可撤销合同的情形,故应认定涉案的《银行承兑汇票承兑协议》和《最高额抵押合同》有效,各方均应依约履行,农商银行澥浦支行和农商银行骆驼支行在办理涉案承兑汇票业务时,也审查了鑫森公司的资格、资信、涉案的《购销合同》和汇票记载的内容,应认定农商银行澥浦支行和农商银行骆驼支行就涉案承兑款项已尽了相应的审查义务,农商银行澥浦支行有权要求胡某某依据《最高额抵押合同》的约定承担抵押担保责任。一、二审判决认定农商银行澥浦支行未尽到审慎审查义务,由此形成的债权风险,应由其自行承担不当,法院再审予以纠正。二审判决认定农商银行澥浦支行应当知道涉案银行承兑汇票不具有真实交易关系而进行承兑,应认定为债权人对担保人的欺诈也属不当,法院再审也予以纠正。

三、裁判规则提要

担保人以银行未对真实贸易背景尽合理审查义务存在过错为由主张担保合同无效,免除其担保责任,主要是基于《票据法》第十条"票据的签发、取得和转让,应当遵循诚实信用的原则,具有真实的交易关系和债权债务关系"及《商业银行法》第三十五条"商业银行贷款,应当对借款人的借款用途、偿还能力、还款方式等情况进行严格审查"的规定,该规定要求银行在发放贷款及承兑时需要对贸易背景进行审查。因此,银行业务操作的瑕疵能否直接导致保证合同无效,进而免除担保人的担保责任,是认定能否支持担保人主张的关键。

一方面,《商业银行法》所要求的银行对交易背景的审查应当理解为形式审查。银行应当对出票人和收款人之间的贸易关系进行何种程度的审查法律上并无明确的规定,但从票据的流通性以及银行无法控制基础交易执行程度等客观情况考虑,若要求银行对基础交易关系进行实质审查,在实践中银行通常难以做到,且不利于票据的流通,大幅增加了交易成本。并且《票据法》第十条及《商业银行法》第三十五条所规定的银行对真实贸易关系的审查义务,实际上是从银行业审慎经营的角度考虑,要求银行控制风险的措施,银行对真实贸易关系的审查义务属于银行为了加强内部风险控制的工作流程,主要目的是减少银行自身经营风险,保障银行资金安全。因此,一般认为银行对真实贸易关系的审查义务限于要求承兑人或借款人提交交易合同、购销合同、增值税发票或普通发票等足以证明该票据具有真实贸易背景的书面材料并进行形式审查，并不要求银行对基础交易的执行程度进行持续审查。

另一方面，银行进行交易背景审查的业务操作并不影响担保合同的效力。根据《民法典》第一百四十三条的规定："具备下列条件的民事法律行为有效：（一）行为人具有相应的民事行为能力；（二）意思表示真实；（三）不违反法律、行政法规的强制性规定，不违背公序良俗。"担保合同作为一般民事法律行为，其效力的认定主要受上诉三个条件的约束。银行对出票人与持票人之间的真实贸易关系的审查，是银行作为承兑人为了维护自身资金安全而取得的权利而非对担保人承担的义务，《商业银行法》对银行进行贷款业务操作的要求不能理解为影响担保合同效力的强行性规定。因此，银行业务操作瑕疵不会导致担保合同无效，担保人不能以此拒绝承担担保责任。

综上所述，银行对贸易关系的审查义务仅限于形式审查，银行对交易背景进行审查的业务操作只涉及银行内部风险控制规则的执行。即使银行的业务操作存在瑕疵，未对贷款的用途尽到审查、监管义务，对票据的真实交易背景未作全面审查，但不导致担保合同无效。担保人主张担保合同无效，免除担保责任的，人民法院不予支持。

四、辅助信息

`高频词条：`

《民法典》

第一百四十三条　具备下列条件的民事法律行为有效：

（一）行为人具有相应的民事行为能力；

（二）意思表示真实；

（三）不违反法律、行政法规的强制性规定，不违背公序良俗。

第一百五十三条第一款　违反法律、行政法规的强制性规定的民事法律行为无效。但是，该强制性规定不导致该民事法律行为无效的除外。

《票据法》

第十条第一款　票据的签发、取得和转让，应当遵循诚实信用的原则，具有真实的交易关系和债权债务关系。

《商业银行法》

第三十五条第一款　商业银行贷款，应当对借款人的借款用途、偿还能力、还款方式等情况进行严格审查。

《支付结算办法》

第七十四条　在银行开立存款账户的法人以及其他组织之间，必须具有真实的交易关系或债权债务关系，才能使用商业汇票。

第七十五条　商业承兑汇票的出票人，为在银行开立存款账户的法人以及其他组织，与付款人具有真实的委托付款关系，具有支付汇票金额的可靠资金来源。

第七十六条　银行承兑汇票的出票人必须具备下列条件：

（一）在承兑银行开立存款账户的法人以及其他组织；

（二）与承兑银行具有真实的委托付款关系；

（三）资信状况良好，具有支付汇票金额的可靠资金来源。

第七十七条　出票人不得签发无对价的商业汇票用以骗取银行或者其他票据当事人的资金。

《中国人民银行关于切实加强商业汇票承兑贴现和再贴现义务管理的通知》

一、……商业银行……办理承兑业务时，必须审查承兑申请人与票据收款人是否具有真实的贸易关系，对不具有贸易背景的商业汇票或不能确认具有贸易背景的商业汇票，不得办理承兑。

票据纠纷案件裁判规则第 12 条：

票据贴现属于国家特许经营业务，合法持票人向不具有法定贴现资质的当事人进行"贴现"的，该行为应当认定无效，贴现款和票据应当相互返还。当事人不能返还票据的，原合法持票人可以拒绝返还贴现款

【规则描述】 票据贴现属于国家特许经营业务，依据《九民会议纪要》的相关规定，为了维护金融市场的稳定，防止票据违法交易的发生，针对不具有贴现资格的当事人之间的"贴现"交易应当认定为无效行为。

一、类案检索大数据报告

时间：2020 年 10 月 28 日之前，案例来源：Alpha 案例库，案件数量：20 件，数据采集时间：2020 年 10 月 28 日。本次检索获取 2020 年 10 月 28 日前共 10 篇裁判文书。整体情况如图 12-1 所示，从案件年份分布情况可以看出当前条件下案例数量的变化趋势。

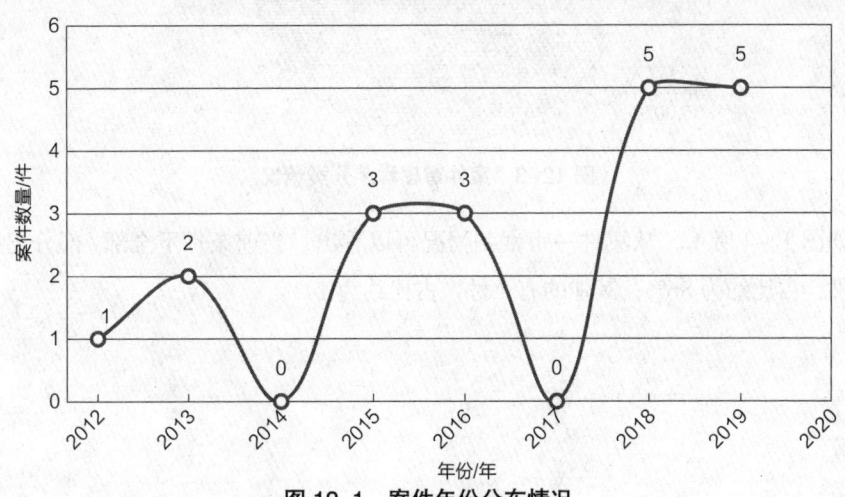

图 12-1 案件年份分布情况

如图 12-2 所示，从案件主要地域分布情况来看，当前案例主要集中在浙江省、河南省、湖南省、四川省，分别占比 20%、15%、10%、10%。其中浙江省的案件量最多，达到 4 件。

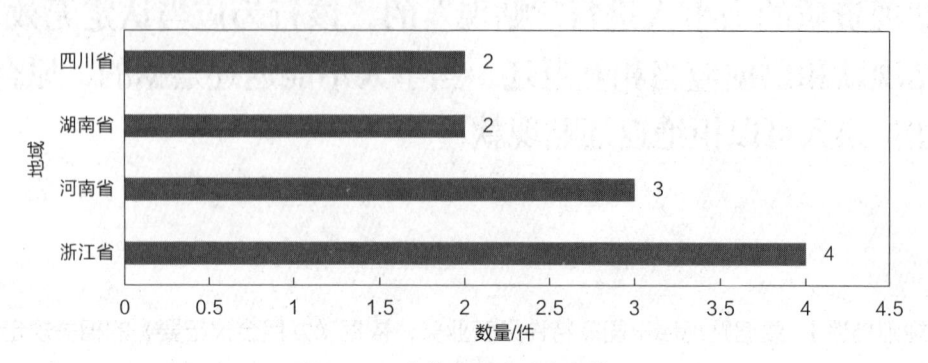

图 12-2　案件主要地域分布情况

如图 12-3 所示，从案件审理程序分类统计可以看出，一审案件有 7 件，占比约为 35%；二审案件有 11 件，占比约为 55%；再审案件有 2 件，占比约为 10%。

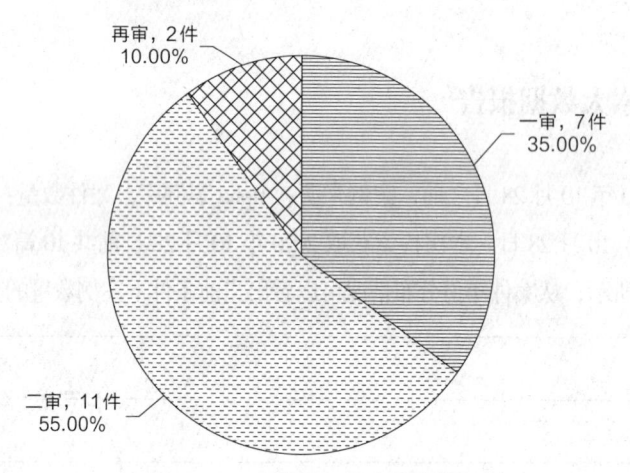

图 12-3　案件审理程序分类情况

如图 12-4 所示，从案件一审裁判情况可以看出，当前条件下全部 / 部分支持的有 6 件，占比约为 86%；其他的有 1 件，占比约为 14%。

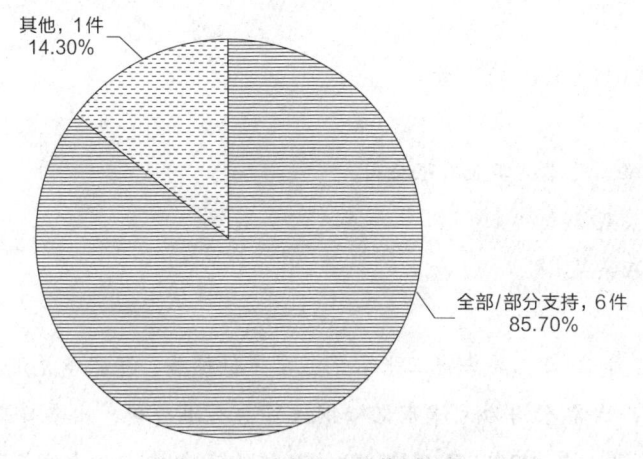

图 12-4　案件一审裁判结果

如图 12-5 所示，从案件二审裁判情况可以看出，当前条件下维持原判的有 10 件，占比约为 91%；改判的有 1 件，占比约为 9%。

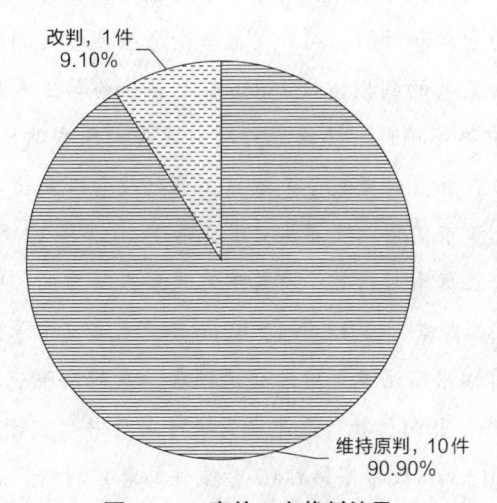

图 12-5　案件二审裁判结果

二、可供参考的例案

例案一：亿雄（天津）实业有限公司与潘某某票据纠纷案

【法院】

天津市东丽区人民法院

【案号】

(2016) 津 0110 民初 3215 号

【当事人】

原告：亿雄（天津）实业有限公司

被告：潘某某

第三人：庄某某

【基本案情】

2013 年 12 月 10 日，原告将三张承兑汇票交付被告，三张承兑汇票的票面金额各为 100 万元，出票人均为天津市亿雄钢铁贸易有限公司，出票日期均为 2013 年 12 月 9 日，到期日均为 2014 年 6 月 9 日。双方约定由被告对上述三张票据代为贴现，被告收取票面总金额的 3.85% 作为代为贴现利润，余款 288.45 万元给付原告。但被告在贴现过程中，三张票据被他人骗取，无法按时给付原告贴现款项。2015 年 1 月 13 日，原告的实际控制人庄某某（甲方）与被告（乙方）达成协议，约定乙方向甲方支付贴现款的金额和时间。同日，被告向原告实际控制人出具债权转让协议一份，承诺将其对吴某某的到期债权 1884500 元转让给第三人庄某某，但原告没有在该债权转让协议中签字确认。协议签订后，被告向原告共计支付 11 万元后未再支付任何款项。原告在立案时提交了天津市工商行政管理局出具的企业名称变更核准通知书，证实了天津市亿雄钢铁贸易有限公司于 2013 年 12 月 16 日变更为现行企业名称的事实，原告在庭审时出具了有其法定代表人签字的证明，证实第三人系原告实际控制人的事实。原告于 2013 年 12 月 11 日就上述三张承兑汇票向天津市东丽区人民法院（以下简称东丽法院）申请公示催告，东丽法院受理后作出 (2013) 丽民催字第 0007 号公告，并向付款行天津农商银行东丽中心支行送达了停止支付通知书。法院核实了 (2013) 丽民催字第 0007 号案件的卷宗材料，卷宗材料中显示 2014 年 1 月 30 日，阳泉煤业（集团）股份有限公司就票号为 31400051/23023141 的承兑汇票向东丽法院申报票据权利，东丽法院于 2014 年 1 月 22 日作出终结本案的公示催告程序的民事裁定书。2014 年 1 月 22 日，唐山市胜利轮胎有限公司就票号分别为 31400051/23023140、31400051/23023142 的承兑汇票向东丽法院申报票据权利，东丽法院于 2014 年 1 月 26 日作出民事裁定书，裁定终结公示催告程序。

【案件争点】

贴现款的支付金额。

【裁判要旨】

　　法院认为，原告将承兑汇票交付被告，被告代为贴现并收取利润，被告作为自然人不具备从事票据贴现业务的相关资质，双方实施的上述行为违反国家相关金融法律法规，应为无效的民事行为，被告应当按照法律规定返还从原告处取得的票据。现被告无法返还票据，且持票人已对三张承兑汇票申报权利，原告因被告的行为遭受经济损失，被告应当承担支付相应票据款的责任。原告实际控制人庄某某与被告就支付票据款项达成的协议系双方的真实意思表示，内容不违反法律、行政法规的强制性规定，应为合法有效。第三人认可由原告向被告主张权利，被告应当按照约定的付款期限向原告支付票据款项。现被告未完全履行支付义务，原告有权要求其承担继续履行的责任。关于被告应当支付票据款的数额，原告主张被告按照三张承兑汇票票面总金额支付票据款 300 万元，因双方协议已约定被告给付原告 288.45 万元，被告支付的票据款应以双方约定为准，扣除被告已支付的 11 万元，被告应当继续支付原告票据款 277.45 万元，对于原告主张的超出约定部分的票据款项，法院不予支持。关于被告辩称的应由吴某某承担支付票据款中 1884500 元的意见，因债权转让协议未经原告确认，该协议不具有法律效力，被告的抗辩意见不能成立。

例案二：湖北帕瑞斯特贸易有限公司与广东劲胜智能集团股份有限公司、黄石市港晟废旧物资回收有限公司票据追索权纠纷案

【法院】

　　黄石市西塞山区人民法院

【案号】

　　（2019）鄂 0203 民初 1344 号

【当事人】

　　原告：湖北帕瑞斯特贸易有限公司

　　被告：广东劲胜智能集团股份有限公司

　　被告：黄石市港晟废旧物资回收有限公司

　　被告：安徽绿创精密电子科技有限公司

　　被告：湖北绿创电子有限公司

　　被告：瞿某

【基本案情】

广东劲胜智能集团股份有限公司（以下简称劲胜智能公司）开出一张10万元的电子商业承兑汇票，收款人为安徽绿创电子公司，票据号码230××××620190129342886502，出票日期为2019年1月29日，到期日为2019年7月26日。出票人承诺，到期无条件付款。

该份电子商业承兑汇票经过多次背书转让，分别为：2019年1月29日背书转让给湖北绿创电子公司；2019年1月30日背书转让给黄石市港晟废旧物资回收有限公司（以下简称港晟废旧物资公司）；2019年2月3日背书转让给帕瑞斯特公司。

湖北帕瑞斯特贸易有限公司（以下简称帕瑞斯特公司）取得票据之后于2019年7月24日提示付款，但汇票到期后被拒绝付款。帕瑞斯特公司向其前手港晟废旧物资公司追索债权，2019年8月9日，港晟废旧物资公司及其法定代表人瞿某共同向原告出具《同意追索清偿协议书承诺函》，承诺于2019年8月13日前付清票据全款10万元，如违约则承担后期追偿所发生的费用，包括诉讼费、律师费。

帕瑞斯特公司追索无果，向法院提起诉讼，并因此次诉讼向湖北鸣伸（武汉）律师事务所支付律师费7000元。

另查明，帕瑞斯特公司与港晟废旧物资公司没有真实交易关系。帕瑞斯特公司向港晟废旧物资公司支付97700元，以民间贴现方式取得涉案电子商业承兑汇票。

【案件争点】

1. 帕瑞斯特公司是否取得票据权利，对票据的背书人享有票据追索权；
2. 帕瑞斯特公司与其法定代表人是否应当承担付款责任及后期追偿费用。

【裁判要旨】

法院认为：第一，根据《票据法》第十条第一款的规定：票据的签发、取得和转让，应当遵循诚实信用的原则，具有真实的交易关系和债权债务关系。本案中，原告帕瑞斯特公司向被告港晟废旧物资公司支付了97700元，以民间贴现方式取得涉案电子商业承兑汇票，双方没有真实的交易关系和债权债务关系。票据贴现属于国家特许经营业务，原告帕瑞斯特公司不具有从事贴现业务的法定资质，原告以"贴现"方式取得涉案票据的行为无效，贴现款和票据应当相互返还。第二，《票据法》第六十一条第一款规定：汇票到期被拒绝付款的，持票人可以对背书人、出票人以及汇票的其他债务人行使追索权。上述法条规定的"持票人"是指合法占有票据的"持票人"，而本案原告取得票据所依据的基础法律关系无效，不属合法"持票人"，故不享有票据追索权。第三，被告瞿某及港晟废旧物资公司共同出具承诺书，承诺在2019年8月13日前向原告清偿票据款，如违约则承担后期追偿所发生的律师费。故原告有权主张被告瞿某对97700元贴现款承担连带返还责任。同时，有权主张被告瞿某及港晟废旧物资公司共同负担原告支出的律师费7000元。综上所述，原告对于涉案票据不享有追索权。被告港晟废旧物资公司应当向原告返还贴现款97700元，原告应当向被告港晟废旧物资公司返还票据。相互返还后，票据索权由被告港晟废旧物资公司依照法律规定行使。被告瞿某对97700元贴现款应当承担连带返还责任。原告因本案诉讼支出的律师费7000元应由被告瞿某及港晟废旧物资公司共同负担。当事人不能在违法行为中获益，法院对于原告主张的利息损失不予支持。

例案三：丁某、潘某某票据纠纷案

【法院】

湖南省长沙市中级人民法院

【案号】

（2019）湘01民终9374号

【当事人】

上诉人（原审被告）：丁某

被上诉人（原审原告）：潘某某

【基本案情】

潘某某经他人介绍，与丁某相识。2018年4月9日，丁某与潘某某达成约定，将票面金额为100万元的承兑汇票交付给潘某某，潘某某支付丁某转让款974500元。协议达成后，丁某于当日交付该票据，潘某某承诺的转让款于当日接收票据后立即转入丁某指定的其父亲丁某2持有的账户。2018年4月27日，丁某再次找到潘某某，希望再转让一张票面金额为90万元的承兑汇票，潘某某同意按照877500元转让该承兑汇票，并按照丁某的要求，将该转让款于该日直接转入丁某指定的其父亲丁某2持有的账户。交易完成后，潘某某发现上述两张承兑汇票均存在问题，均无法进行兑付，随即与丁某进行联系并告知汇票信息不符的情况，丁某于2018年7月13日，在案外人舒望生、张仁靠的陪同下，来到潘某某的公司就汇票问题进行协商，丁某出具《情况说明》，主要内容如下："本人：丁某于2018年4月27日在长沙三湘大市场二栋找到潘某某（先生）贴现并将贴现金额：捌拾柒万柒仟伍佰元打到指定收款人：丁某2在建行岳阳太阳桥支行，账号62×××15的账户上。潘某某先生于2018年7月11日发现丁某提供的该银行承兑汇票有问题，现本人丁某无条件将已贴现的承兑汇票收回并承诺在 2018 年 7 月 19 日前按票面金额全额退款给潘某某先生，否则本人自愿从贴现之日起按总金额 3‰ 每天向潘某某支付违约金。备注：本人承诺该汇票在处理过程中如有任何后果及损失由我丁某个人承担与潘某某先生无关。"《情况说明》签署前后，丁某以银行转账方式共向潘某某返还贴现款 58 万元，后丁某未再支付任何款项给潘某某。本案在审理过程中，丁某向潘某某提起诉讼，主张受到潘某某的胁迫出具《情况说明》，要求撤销《情况说明》，经该法院审理后，判决驳回丁某的诉讼请求。

【案件争点】

贴现票款是否返还及返还金额。

【裁判要旨】

法院认为，从本案所查明的事实，可以认定潘某某、丁某之间没有真实的交易关系和债权债务关系基础，故涉案票据应属无效票据，但潘某某已按照丁某的指示将两张票据的对价款项支付至丁某指定的账户，潘某某交付了银行承兑汇票，双方交易已经完成。本案中潘某某已支付 1852000 元付贴现款对价，根据国务院《非法金融机构和非法金融业务活动取缔办法》第四条规定，潘某某个人不具备汇票贴现资格，丁某因汇票贴现而取得贴现款的行为违反金融法律法规和社会公众利益，潘某某、丁某的行为属无效民事行为，合同无效或者被撤销后，因该合同取得的财产，应当予以返还；不能返还或者没有必要返还的，应当折价补偿。潘某某要求丁某返还转让款 1272000 元的诉讼请求，法院予以支持。关于潘某某要求丁某支付利息及违约金的诉讼请求，法院经审查后认为，根据本案潘某某提交的《情况说明》所证明的丁某就票据转让款项 877500 元的返还和违约责任的承担问题均作出了约定，在出具《情况说明》后，丁某已经支付了 58 万元的返还款，应视为已经部分履行。但该情况说明约定违约金过高，丁某在诉讼中提出该抗辩，结合双方的过错程度及实际情况酌定，丁某按照人民银行同期贷款利率支付潘某某资金占用期间的损失，过高部分不予支持。

三、裁判规则提要

（一）合法持票人向不具有法定贴现资质的当事人进行"贴现"的行为无效

票据贴现是金融市场资本流通的一种方式，是指收款人将未到期的商业承兑汇票或银行承兑汇票背书后转让给受让人，受让人按照票面金额扣去自贴现日至汇票到期日的利息以剩余金额支付给持票人的行为。票据贴现属于特许经营业务，只有银行等具有贴现资质的机构可以从事该业务。但现实中部分票据的贴现会受到阻碍，主要原因有：（1）票据多次流转后，最后持票人无从了解承兑人的授信银行，因此无法进行票据贴现。（2）小面额票据会因为操作成本高等问题被银行拒绝贴现。（3）银行票据贴现所需资料手续烦琐和严格。因为票据贴现不够便捷顺畅，从而导致民间"贴现"市场的产生，大量票据通过无贴现资质的企业或个人进行"贴现"交易。对于此类无基础交易关系的票据交易，理论界存在不同的看法。

　　第一种观点认为，票据的民间交易有利于票据的流通，更大地发挥票据的信用功能和支付功能，降低实体经济的融资成本，减少对货币供应量M2的增发压力。民间票据"贴现"交易并不是真正意义上的票据贴现，它不会终止票据的流通，更加有利于发挥票据的支付流通功能。民间的票据交易主要来源于几种需求：（1）持票企业急于将票据变现以获取资金用于支付货款、发薪、还贷、纳税等企业现金支出。（2）企业通过折价购买票据以票面金额支付货款来节省采购成本。（3）企业通过折价购买票据，获取差额的投资收益。（4）采购商卖出短期票据，买入供应商可以接受的长期票用于支付货款，以降低采购成本。票据经银行贴现后，即终止了该票据的支付功能。但在民间票据交易中，持票企业卖出票据取得货币资金用于支付，而买入票据的企业可将该票据继续用于支付。在纸质商业汇票条件下，原来存在许多起自然人买卖商业汇票的纠纷，但在电子商业汇票条件下，只限于具有统一社会信用代码的机构开立电票账户，所以，在电票环境下，自然人和个体户都不存在交易电票的客观条件了。因此部分学者认为民间票据交易应当承认其有效性，以实现票据的信用和支付功能。

　　第二种观点认为，票据贴现属于国家特许经营业务，不具备特许经营资质的主体从事的民间贴现行为，因其违反相关部门规章的强制性规定、损害金融秩序这一社会公共利益，故应当认定为无效。

　　本书更加倾向于第二种观点，《商业汇票承兑、贴现与再贴现管理暂行办法》第二条规定："本办法所称贴现系指商业汇票的持票人在汇票到期日前，为了取得资金贴付一定利息将票据权利转让给金融机构的票据行为，是金融机构向持票人融通资金的一种方式。"《电子商业汇票业务管理办法》第四十二条规定："贴现是指持票人在票据到期日前，将票据权利背书转让给金融机构，由其扣除一定利息后，将约定金额支付给持票人的票据行为。"由此我们可知，票据贴现的主体为金融机构，未经许可，其他主体不能经营票据贴现业务。民间"贴现"实际上是没有基础关系的票据交易，而进行票据买卖的行为。其形式上类似于票据贴现，但实质上"贴现人"并不是具有法定贴现资质的主体，该非法"贴现"行为违反了国家关于金融业务特许经营的强制性规定，危害了国家的金融管理秩序。《民法典》第一百四十三条规定："具备下列条件的民事法律行为有效：……（三）不违反法律、行政法规的强制性规定，不违背公序良俗。"民间贴现行为危害了国家的金融管理秩序，损害了社会公共利益，应认定无效。

（二）民间贴现行为无效的法律后果

《民法典》第一百五十七条规定："民事法律行为无效、被撤销或者确定不发生效力后，行为人因该行为取得的财产，应当予以返还；不能返还或者没有必要返还的，应当折价补偿……"民间贴现行为属于民事法律行为。其被认定为无效后，当事人应互返因该无效行为而交付给对方当事人的财产，即票据和贴现款进行相互返还。现实情况中存在票据已经流转等其他无法返还的情况，根据法律规定，财产无法返还的，应当予以折价补偿。票据无法返还的，"贴现人"应当进行补偿。依据此前双方达成的票据"贴现"合意，可以认定双方认可该票据的价值为贴现款。以"贴现款"金额进行补偿较为合理。因此如票据无法返还的情况下，原合法持票人可以拒绝返还贴现款。如贴现款未支付的情况下，原合法持票人可以继续要求"贴现人"支付贴现款作为折价补偿。

（三）民间票据"贴现"的风险

民间"贴现"对于市场存在着不可忽视的作用。在现实的市场中，存在许多民间票据交易平台，以及私下的光票买卖情况。但民间"贴现"没有相应的规范监管，有很多潜在的风险存在。因为处于监管盲区，一些企业充当"票据中介"，在民间市场购买票据后向银行机构申请票据贴现或者质押贷款，以此来套取信贷资金转牟利贷。还存在一些企业以融资为目的签发巨额电子商票，中介机构以此票据资产在民间向公众集资，赚取差价。民间票据交易还同时存在洗钱交易的风险，通过民间票据交易平台虚构票据，通过第三方平台的支付通道进行洗钱交易。在市场经济发展过程中，票据作为一种无因性的有价证券，其本身就具有融资性的特点，进行票据贴现也是发挥其融资性的一种方式，而且以票据进行融资具有快速、多次等特点，相比于企业贷款的繁琐性，票据贴现的融资方式更加便捷，同时在票据交易中，交易双方都能够获利,但同时也存在巨大的风险,容易产生非法交易,因此严守票据贴现的合规性至关重要。票据交易中应当重视风险的防控,谨慎地从事票据贴现业务,避免风险的产生,从源头上就加以控制规范,有利于票据市场更加健康稳定的发展。

四、辅助信息

高频词条:

《民法典》

  第一百四十三条第三项 具备下列条件的民事法律行为有效:
  (三)不违反法律、行政法规的强制性规定,不违背公序良俗。

《票据法》

  第十条 票据的签发、取得和转让,应当遵守诚实信用的原则,具有真实的交易关系和债权债务关系。
  票据的取得,必须给付对价,即应当给付票据双方当事人认可的相对应的代价。

《商业汇票承兑、贴现与再贴现管理暂行办法》

  第二条 本办法所称贴现系指商业汇票的持票人在汇票到期日前,为了取得资金贴付一定利息将票据权利转让给金融机构的票据行为,是金融机构向持票人融通资金的一种方式。

《电子商业汇票业务管理办法》

  第四十二条 贴现是指持票人在票据到期日前,将票据权利背书转让给金融机构,由其扣除一定利息后,将约定金额支付给持票人的票据行为。

票据纠纷案件裁判规则第 13 条：

在合法持票人向不具有贴现资质的主体进行"贴现"，该"贴现"人给付贴现款后直接将票据交付其后手，其后手支付对价并记载自己为被背书人后，又基于真实的交易关系和债权债务关系将票据进行背书转让的情形下，应当认定最后持票人为合法持票人

【规则描述】票据具有无因性和独立性，后手之间的票据交易应当独立于前手之前的票据转让行为。通过真实的交易关系和债权债务关系进行的票据转让，并在票据上连续背书的，使得票据满足要式性和文义性的要求，应当认定受让票据方享受票据权利。

一、类案检索大数据报告

时间：2020 年 10 月 28 日之前，案例来源：Alpha 案例库，案件数量：14 件，数据采集时间 2020 年 10 月 28 日。本次检索获取 2020 年 10 月 28 日前共 21 篇裁判文书。整体情况如下：

从案件年份分布情况可以看出当前条件下案例数量的变化趋势。

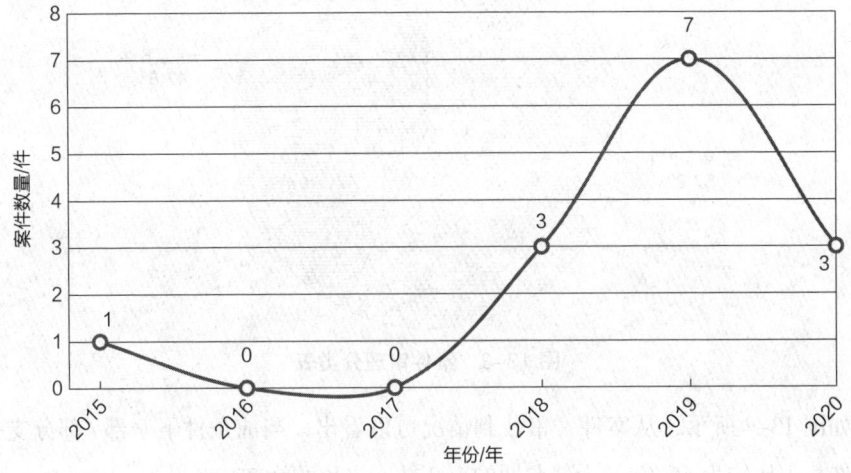

图 13-1 案件年份分布情况

如图 13-2 所示，从案件主要地域分布情况来看，当前案例主要集中在河南省、山东省、安徽省、江苏省，分别占比 35.7%、21.4%、14.2%、14.2%。其中的案件量最多河南省，达到 5 件。

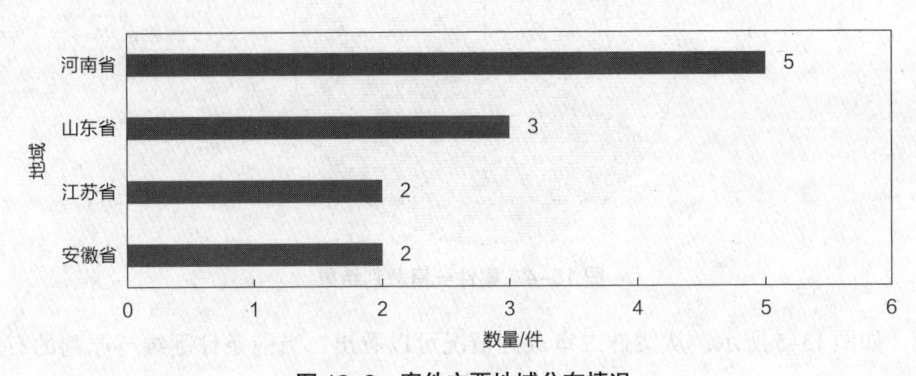

图 13-2 案件主要地域分布情况

如图 13-3 所示，从案件审理程序分类统计可以看出，一审案件有 6 件，占比约为 42.8%；二审案件有 8 件，占比约为 57.2%。

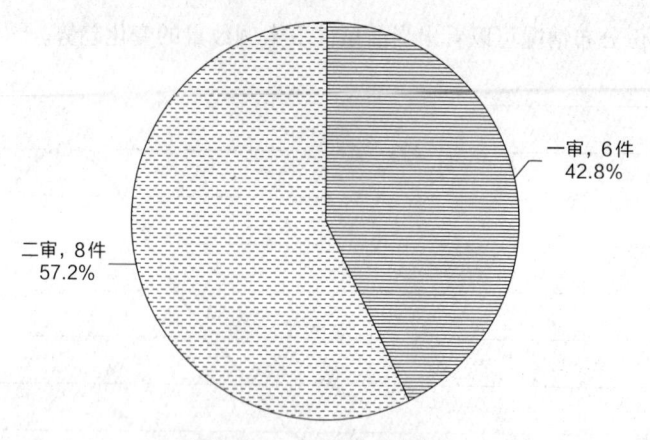

图 13-3　案件审理分类表

如图 13-4 所示，从案件一审裁判情况可以看出，当前条件下全部/部分支持的有 4 件，占比约为 66.7%；全部驳回的有 2 件，占比约为 33.3%。

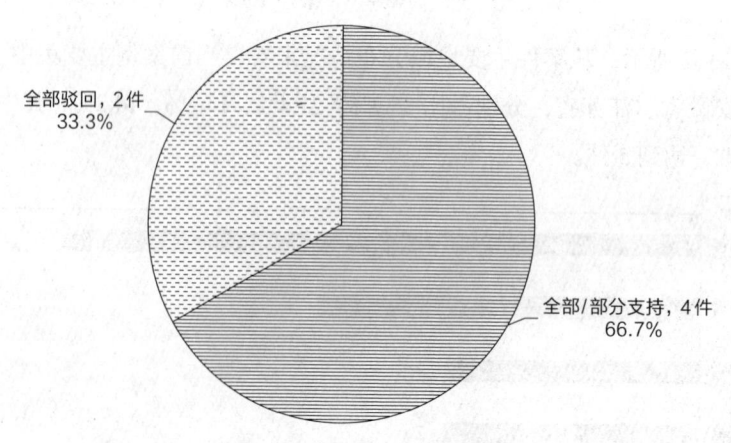

图 13-4　案件一审裁判结果

如图 13-5 所示，从案件二审裁判情况可以看出，当前条件下维持原判的有 6 件，占比约为 75%；改判的有 1 件，占比约为 12.5%；发回重审的有 1 件，占比约为 12.5%。

图 13-5 案件二审裁判结果

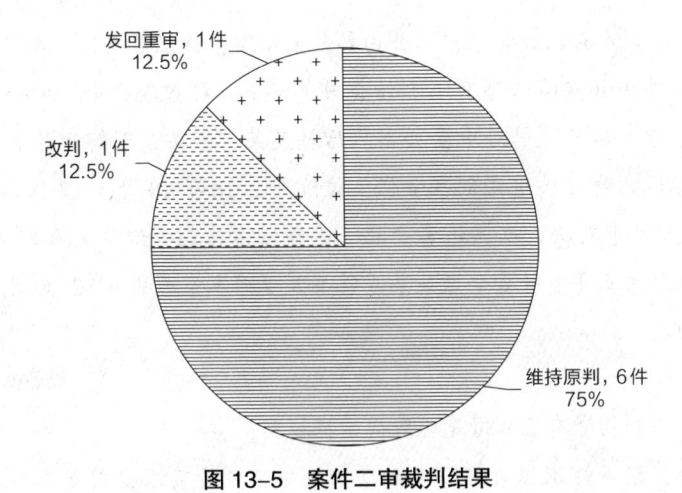

发回重审，1件 12.5%
改判，1件 12.5%
维持原判，6件 75%

二、可供参考的例案

例案一：新安新奥燃气有限公司、安阳县鑫隆洗煤有限责任公司票据纠纷案

【法院】

河南省洛阳市中级人民法院

【案号】

（2019）豫 03 民终 6280 号

【当事人】

上诉人（原审原告）：新安新奥燃气有限公司

被上诉人（原审被告）：安阳县鑫隆洗煤有限责任公司

被上诉人（原审被告）：安阳县中金物资有限公司

【基本案情】

本案涉及汇票的票号为 3080005397397644，出票日期为 2016 年 12 月 19 日，出票人为浙江欣杰纸业有限公司，承兑人为招商银行海宁支行，收款人为浙江高阳纸业有限公司，到期日为 2017 年 6 月 19 日，票面金额 230 万元。2017 年 4 月，因上诉人公司查账，其公司财务韩某某担心之前挪用公司资金事情败露，从公司取出包含本案票据在内的七张总额 969.9 万元的票据交由姬某某办理贴现，之后二人留取了

部分款项将 695 万元存入公司账户。并由韩某某报案，称汇票丢失。本案涉案票据贴现后经流转，安阳县鑫隆洗煤有限责任公司（以下简称鑫隆公司）取得该票据，后该票据签章、背书后又流转给中金公司。后韩某某、姬某某因挪用原告公司包含本案涉案票据贴现的资金被追究刑事责任，该院于 2018 年 10 月 11 日作出（2018）豫 0323 刑初 62 号刑事判决，以挪用资金罪、职务侵占罪判令姬某某有期徒刑十三年，韩某某有期徒刑十三年。并责令姬某某、韩某某退赔本案原告 9152900 元。该判决已发生法律效力。

【案件争点】

1. 安阳县中金物资有限公司是否取得票据权利；

2. 安阳县鑫隆洗煤有限责任公司和安阳县中金物资有限公司是否应当返还票据或票据款项。

【裁判要旨】

法院认为，关于上诉人要求被告鑫隆公司、中金公司返还票据或者承担损失的诉求不能成立。理由如下：（1）通过该院查明的事实，鑫隆公司取得涉案票据系原告公司财务人员韩某某通过姬某某等向案外人郭某某、邢某某办理贴现所得到，后邢某某又将该票据转让给鑫隆公司，并有鑫隆公司向其支付对价，根据票据无因性原则，鑫隆公司作为善意相对人，在支付合理对价后，且无证据证实其存在恶意或者重大过失的情况下，依法取得该票据的权利。（2）关于原告称被告公司在取得票据时在被背书人书写内容并非原告所书写，原告也未授权被告公司自行书写，该背书系他人伪造所为，故背书不连续，发生阻断，不产生票据转让事实的意见。法院认为，背书是指在票据背面或者粘单上记载有关事项并签章的票据行为。依据《票据法》第三十一条第一款规定：以背书转让的汇票，背书应当连续。持票人以背书的连续，证明其汇票权利；非经背书转让，而以其他合法方式取得汇票的，依法举证，证明其汇票权利。第二款规定，前款所称背书连续，是指在票据转让中，转让汇票的背书人与受让汇票的被背书人在汇票上的签章依次前后衔接。本案原告虽称鑫隆公司取得该票据上的背书并非其书写，依据《2000 年票据纠纷司法解释》第四十九条①规定：依照《票据法》第二十七条和第三十条的规定，背书人未记载被背书人名称即将票据交付他人的，持票人在票据被背书人栏内记载自己的名称与背书

---

① 该司法解释已于 2020 年 12 月 23 日修正，本案所涉第四十九条修改为第四十八条，内容未作修改。

人记载具有同等法律效力。涉案票据签章真实且连续，若前手将票据交付后手时被背书人名称处存在空白，可视为其将填写被背书人名称的权利交付后手行使，故即使本案被告公司存在在空白被背书人处补记的行为，也并不构成《票据法》认定的背书不连续。后中金公司依据商业交易取得该票据的行为，符合票据转让的形式要件及实质要件，故被告中金公司作为合法持票人依法取得涉案票据权利，不负有返还票据或票据款项的责任，被告鑫隆公司更不负有返还票据的责任，应驳回原告的诉讼请求。

例案二：江苏司能润滑科技有限公司与临猗县东城兰天化工产品经销部票据返还请求权纠纷、返还原物纠纷案

【法院】

山西省运城市中级人民法院

【案号】

（2020）晋08民终3117号

【当事人】

上诉人（原审原告）：江苏司能润滑科技有限公司

被上诉人（原审被告）：临猗县东城兰天化工产品经销部

【基本案情】

2019年10月15日乌海银行签发了出票人为内蒙古荣信矿业有限责任公司，收款人乌海市锦程煤业有限责任公司，付款行为乌海银行汇款支付，出票金额为10万元，票号为3130005143762328，到期日为2020年4月15日的银行承兑汇票，此汇票经多手背书转让，现票面显示的连续背书情况为：内蒙古荣信矿业有限责任公司、陕西徐工鲲鹏工程机械有限公司包头分公司、徐工集团工程机械股份有限公司科技分公司、江苏司能润滑科技有限公司、临猗县东城兰天化工产品经销部、中国农业银行股份有限公司临猗县支行（委托收款）。另查明，徐工集团工程机械股份有限公司科技分公司将案涉票据交付给江苏司能公司工作人员杨某某后，杨某某（甲方）于2019年12月29日持该票据及其他票据与王某某（乙方）签订《质押借款协议》，约定甲方本次质押的银行承兑汇票共计7份，票面金额73万元整；乙方借给甲方的金额为73万元整，借款期限1天；如果甲方不能按时归还借款，则视为同意将本次质押票据的所有权转让给乙方，用于偿还借款，乙方依法享有该票据权利，有权处

理本次用于质押的全部票据;甲方委托杨某某前往乙方办理业务,并委托乙方将上述借款汇入杨某某的银行账户等内容。同日,王某某向杨某某银行卡转账642400元。杨某某在质押借款协议空白处载明:"今收到转账64.24万元,现金8.76万元,共计柒拾叁万元,并在下面签字确认。"次日,杨某某未能如期归还借款。后王某某作为汇亿五金商行的经营者,以汇亿五金商行的名义将杨某某质押的案涉汇票交付给霞光商贸公司,未在汇票上作背书签章;霞光商贸公司将案涉汇票交付给喆浩商贸公司,未在汇票上作背书签章;喆浩商贸公司又将案涉汇票交付给洛阳同陶商贸有限公司,未在汇票上作背书签章;洛阳同陶商贸有限公司将二张(本案和另一案)承兑汇票寄给司机魏白斗作为支付运费,未在汇票上作背书签章;魏白斗收到前述二张承兑汇票后又将汇票交付给分期购车所在山西垣曲县飞云达物流有限公司,用于支付分期购车款,未在汇票上作背书签章;垣曲县飞云达物流有限公司以归还之前所借临猗县东城兰天化工产品经销部即二张承兑汇票为由,将二张承兑汇票交付给临猗县东城兰天化工产品经销部,临猗县东城兰天化工产品经销部在汇票上背书人为江苏司能粘单内的被背书人一栏内填写"临猗县东城兰天化工产品经销部",又将该汇票背书给中国农业银行股份有限公司临猗县支行(委托收款)。再查明,2020年1月15日,溧阳市公安局昆仑派出所出具情况说明一份,载明:"2020年1月14日16时许,犯罪嫌疑人杨某某到溧阳市公安局昆仑派出所投案自首称:2017年至2019年期间,其利用担任广西柳州司能石油化工有限公司的大客户部门三部的大客户经理的身份,在驻江苏司能润滑科技有限公司销售产品向客户单位回收货款的过程中,私自将本应该交给江苏司能润滑科技有限公司入账的部分以纸质银行承兑汇票形式开具的应收款贴现扣下,挪作他用,涉案金额约631万元等内容。"江苏司能公司知悉上述情况后于2020年3月27日向内蒙古自治区乌海市海勃湾区人民法院以其丢失案涉票据为由申请公示催告,海勃湾区人民法院于2020年3月27日发出公告,催促利害关系人在六十日内申报权利,后临猗县东城兰天化工产品经销部在规定期间向海勃湾区人民法院申报了权利,海勃湾区人民法院于2020年5月11日作出(2020)内0302民催4号民事裁定书,裁定终结公示催告程序。同年5月26日江苏司能润滑科技有限公司于2020年5月26日向内蒙古自治区乌海市海勃湾区人民法院申请诉前财产保全,冻结被申请人临猗县东城兰天化工产品经销部持有公司银行承兑汇票10万元整,期限为1年。江苏司能公司以临猗县东城兰天经销部不享有案涉票据权利为由于2020年6月24日向法院提起诉讼。又查明,陈某申请溧阳市公安局对检材印文与样本印文进行同一性鉴定,鉴定意见是检材"粘单"上的2枚"江苏司能润滑科技有限公司财务专用章"印文与样上的"江苏司能润滑科技有限公司财务专用章3204810910997"印文均不是同一枚印章盖印的，检材"粘单"上的2枚"施耀刚印"印文与样本上的"施耀刚印3204810968926"印文均不是同一枚印章盖印的。

【案件争点】

1. 案涉票据权利归谁所有；
2. 临猗县东城兰天化工产品经销部是否应当返还票据。

【裁判要旨】

法院认为，票据返还请求权纠纷是指丧失票据占有的人，对于以恶意或因重大过失而取得票据的人，有请求返还票据的权利。《票据法》第十二条规定："以欺诈、偷盗或者胁迫等手段取得票据的，或者明知有前列情形，出于恶意取得票据的，不得享有票据权利。持票人因重大过失取得不符合本法规定票据的，也不得享有票据权利。"从本案查明事实可以看出，原告丧失票据占有是因其工作人员杨某某向案外人王某某"质押贴现"行为所造成，杨某某已向溧阳市公安局昆仑派出所投案自首，昆仑派出所也已立案并对杨某某采取刑事拘留强制措施，杨某某向公安局自首交代"在为江苏司能润滑科技有限公司销售产品向客户单位回收货款的过程中，私自将本应该交给江苏司能润滑科技有限公司入账的部分以纸质银行承兑汇票形式开具的应收款贴现扣下，挪作他用，涉案金额约631万元等内容"。因此，原告失票原因是因其工作人员杨某某恶意贴现造成的，而不是本案被告采取欺诈、偷盗或者胁迫等手段取得涉案票据，原告亦无证据证明被告是出于恶意取得涉案票据，其次，王某某与杨某某之间仅仅签订了质押借款协议而并未在案涉汇票上载明"质押"，故不产生质押效力；且票据贴现属于国家特许经营业务，王某某同其所经营汇亿五金商行均不具有"贴现"资质；况且杨某某采取伪造司能公司财务专用章和法定代表人私章以不当手段骗取贴现，因此，合法持票人向不具有贴现资质的当事人进行"贴现"的，此行为应当认定为无效，即杨某某和王某某所签订的质押合同及贴现行为均属于无效民事法律行为。但根据票据行为无因性原理，在合法持票人向不具有贴现资质的主体进行贴现，该贴现人给付贴现款后直接将票据交付其后手，其后手支付对价并记载自己为被背书人后，又基于真实的交易关系和债权债务关系将票据进行背书转让的情形下，应当认定最后持票人为合法持票人。尽管民间贴现行为在进行贴现的直接当事人之间无效，但根据票据行为无因性、独立性原则，在后票据转让行为的效力独立于在先转让票据行为的效力。最后持票人系基于合法手段或者善意且支付了合理对价取得票据的，则应认定其是合法持票人。本案被告取得涉案汇票是基于前手恒曲县飞云达物流有限公司之前借其 20 万元承兑汇票所为，属正当债权债务关系，且其在取得涉案汇票后又在粘单上记载自己为被背书人，同时又背书给中国农业银行股份有限公司临猗支行（委托收款），所以应认定被告系基于合法手段或善意且支付合理对价取得票据，应认定其是合法持票人，享有涉案票据权利。

例案三：南京中电熊猫贸易发展有限公司与江苏巨皇贸易有限公司、潘某某等票据纠纷案

【法院】

盱眙县人民法院

【案号】

（2019）苏 0830 民初 3643 号

【当事人】

原告：南京中电熊猫贸易发展有限公司

被告：江苏巨皇贸易有限公司

被告：潘某某

被告：江苏宇通建材科技有限公司

被告：傅某

【基本案情】

2018 年 1 月 30 日，江苏宇通建材科技有限公司（以下简称宇通公司）与江苏巨皇贸易有限公司（以下简称巨皇公司）分别从国恒公司各取得一份电子商业承兑汇票。其中票号为 5244 号汇票载明：出票人国恒公司，收票人宇通公司，承兑人国恒公司，票据金额 500 万元，出票日期 2018 年 1 月 30 日，到期日期 2019 年 1 月 29 日。票号为 0046 号汇票载明：出票人国恒公司，收款人巨皇公司，承兑人国恒公司，票据金额 500 万元，出票日期 2018 年 1 月 30 日，到期日期 2019 年 1 月 29 日。2018 年 1 月 30 日，巨皇公司、宇通公司分别向百业通公司出具承诺函，承诺如票据到期不能按时托收承兑，自票据到期之日起 3 日内将 500 万元以网银形式付给百业通公司，如不能付款承担票面金额月息 2% 利息。潘某某、傅某分别作为担保人在承诺书落款处签名担保。宇通公司与巨皇公司取得票据后，在与百业通公司无真实交易关系的情况下，通过百业通公司法定代表人罗某某（与潘某某系同学关系），分别将上述两张票据背书转让给百业通公司，从百业通公司融资贴现。其中宇通公司的 5244

号票据贴现440万元，巨皇公司的0046号票据贴现440万元。2018年2月2日，案外人迟某某通过其银行账户向宇通公司法定代表人傅某账户汇入300万元，向刘某某账户汇入300万元。2018年1月23日至3月29日百业通公司法定代表人罗某某分四次向刘某某账户汇入210万元。2018年2月7日，案外人徐某某通过其银行账户向刘某某账户汇入70万元。另2018年1月31日，徐某某转账支付杨某60万元，罗某某转账支付王新铭60万元。审理中，中电公司提供迟某某、徐某某出具的说明，迟某某明确其分别转给傅某、刘某某各300万元，系其代百业通公司分别支付给宇通公司、巨皇公司的票据款。徐某某明确其转给刘某某的70万元，系代百业通公司支付给宇通公司的票据款，转给杨某的60万元，系代百业通公司支付的票据贴息款。中电公司提供刘某某的尾号8373中国银行卡交易流水明细单、刘某某2019年5月29日出具的说明、2019年5月28日巨皇公司出具的说明，刘某某明确其名下中国银行卡（尾号8373）从开户之日起一直由潘某某使用，资金流转均是潘某某操作使用。巨皇公司出具的情况说明明确，其公司通过刘某某账户收到百业通公司分别通过迟某某、罗某某、徐某某账户转入的共计580万元，其中440万元系代其公司收取的票据款，140万元系代为转交宇通公司的票据款，经宇通公司法定代表人傅某同意。因宇通公司与巨皇公司存在买卖关系，双方协商用此款结算货款。中电公司向法院出具说明，明确百业通公司背书转让的0046号、5244号两张各500万元电子商业承兑汇票，百业通公司通过徐某某账户转账支付给杨某60万元，以及通过罗某某账户转账支付王新铭60万元的款项，合计120万元，系中电公司委托员工杨某、王新铭代其公司向百业通公司收取的上述两张票据的贴息款，每张贴息金额60万元。

百业通公司后将上述两张票据背书转让给中电公司，中电公司后背书给江苏鹤林水泥有限公司，江苏鹤林水泥有限公司背书给江苏船山矿业股份有限公司，江苏船山矿业股份有限公司背书给镇江船山建材有限公司。两张票据付款承兑到期后，镇江船山建材有限公司提示付款被拒付，后向其前手追索。2019年2月20日中电公司向其后手清偿后，向其前手百业通公司追索，其中5244号票据百业通公司于2019年5月5日清偿，百业通公司清偿后已在法院另案就5244号票据款向其前手宇通公司追索；0046号票据百业通公司拒付未清偿。另2019年1月23日，经百业通公司法定代表人罗某某协调，宇通公司、巨皇公司、傅某、潘某某作为共同担保人出具一份1000万元商票还款计划，明确涉案5244号、0046号两张商票因承兑到期不能兑付，中电公司就此提出解决方案，作出还款计划，明确傅某于2019年1月27日网银支付中电公司120万元，其中本金48万元、利息72万元，傅某需支付本金300万元；潘某某于 2019 年 1 月 27 日网银支付中电公司 120 万元，利息按实际计算，潘某某需支付本金 700 万元；自 2019 年 3 月 1 日起，各担保人每月还款不低于 30 万元，直至付清为止。1000 万元商票金额由宇通公司、巨皇公司、傅某、潘某某承担无限责任担保，自愿向中电公司提供连带责任担保。担保范围包括兑付 1000 万元电子商票、应付利息、违约金和中电公司实现债权发生的公证费、律师费等全部费用，担保期限至 2020 年 12 月 31 日止。以上担保不免除百业通公司及罗某某的担保责任。还款计划出具后，宇通公司、巨皇公司、傅某、潘某某均未履行。现中电公司就 0046 号票据款起诉要求被告宇通公司、巨皇公司、傅某、潘某某连带承担支付票据款 500 万元及按年利率 24% 计算的利息，承担律师费 3 万元。另百业通公司就 5244 号票据起诉要求宇通公司支付票据款 500 万元及利息，傅某承担连带责任，巨皇公司对其中 140 万元承担连带责任。

另查明，2018 年 9 月 20 日，盱眙县公安局对潘某某涉嫌票据诈骗一案立案侦查，本案审理所涉的 5244 号、0046 号票据在侦查范围内。

【案件争点】

1. 南京中电熊猫贸易发展有限公司是否取得票据权利；
2. 潘某某、江苏宇通建材科技有限公司、傅某是否承担连带保证责任。

【裁判要旨】

法院认为，我国《票据法》第十条规定，票据的签发、取得和转让，应当遵循诚实信用的原则，具有真实的交易关系和债权债务关系。签发商业汇票应以商品交易为基础，禁止签发、承兑和贴现无商品交易的商业汇票，严禁利用商业汇票拆借资金和套取银行贴现资金。票据贴现属于国家特许经营业务，合法持票人向不具有法定贴现资质的当事人进行贴现的，该行为应当认定无效，贴现款和票据应当相互返还。本案原告中电公司以其持有 0046 号承兑汇票，宇通公司、巨皇公司、傅某、潘某某对该票据款项自愿向中电公司提供连带责任担保，主张要求四被告连带支付票据款 500 万元及逾期利息。被告巨皇公司辩称与百业通公司、中电公司均无真实的交易关系，该票据是通过贴现的方式向原告进行借款，名为票据纠纷，实为民间借贷，应按实际借款金额承担还款责任。依据查明的事实，宇通公司、巨皇公司作为 5244 号、0046 号票据的收票人，在与百业通公司无真实商品交易的情况下，将上述两张票据通过百业通公司法定代表人罗某某向百业通公司融资贴现，即通过票据背书转让向百业通公司贴现借款。宇通公司、巨皇公司与百业通公司之间的票据贴现行为，因违反中国人民银行《电子商业汇票业务管理办法》及《票据法》的相关规定，扰乱金融秩序，损害国家利益，宇通公司、巨皇公司与百业通公司之间的票据流转关系是各方通谋虚伪行为，所形成的票据关系应属无效。但百业通公司在背书贴现后，将上述两张票据背书转让给与其有正常交易关系的中电公司，中电公司后又背书给其后手。现无证据证明百业通公司与中电公司及涉案票据后手存在违法转让票据的行为，故中电公司在受让票据后取得票据权利。在其对后手清偿上述票据款项后，取得对其前手的追索权。就5244号票据在法定期限内向其前手百业通公司追索已获得清偿，但0046号票据在清偿后未在法定期限内通知前手百业通公司并行使追索权。现依据还款计划要求债务人即担保人宇通公司、巨皇公司、傅某、潘某某连带支付票据款并支付利息。宇通公司及其法定代表人傅某、巨皇公司及其实际控制人潘某某在收取涉案两张票据后进行贴现借款，在票据到期前已明知票据到期出票人及承兑人不能兑付的情况下，共同向中电公司出具还款计划，承诺共同连带担保承担上述两张票据款项的清偿责任，是当事人的真实意思表示，不违反法律规定，应按还款计划承诺承担清偿票据款及利息的民事责任。0046号票据的背书人系巨皇公司，故巨皇公司应承担支付责任，宇通公司、傅某、潘某某承担连带清偿责任。因百业通公司法定代表人罗某某代巨皇公司向中电公司支付贴息款60万元，中电公司收取票据贴息款，违反法律规定，应予退还。为减少当事人之间不必要的连环诉讼，在本案中一并处理，在应付票据款500万元中予以扣减。另因涉案票据贴现付息违反法律规定，宇通公司、巨皇公司、傅某、潘某某与百业通公司及中电公司之间支付票据款利息的约定均无效，且还款计划中未对利率进行明确约定。现中电公司要求支付利息，应自其向后手清偿票据款之日起按中国人民银行规定的利率计算支付利息。另中电公司要求被告承担律师费3万元，但未提供其实际支出律师费的依据，不予支持。巨皇公司、潘某某辩称，本案涉及的票据涉嫌票据诈骗，公安机关已立案侦查，仍在侦查中，请求本案中止审理；本案票据涉嫌犯罪，票据关系无效，从合同的担保关系也无效，担保责任、律师费和利息的约定均无效，被告也不同意承担。法院认为，尽管公安机关对涉案票据涉嫌票据诈骗立案侦查，但现无证据证明涉案票据是虚假的，且票据当事人也未向公安机关报案，不影响票据持有人依据票据法行使民事权利，故本案应继续审理。巨皇公司、潘某某出具的还款计划，不存在无效情形。百业通公司与罗某某不是本案必要的共同诉讼参与人，中电公司在本案中未起诉要求百业通公司及罗某某承担责任，是其依法行使其民事权利的行为，也不影响本案被告民事责任的承担。故对巨皇公司、潘某某的辩称不予支持。宇通公司、傅某的辩称也与事实不符，不予支持。

三、裁判规则提要

（一）票据转让中后票据转让行为效力独立于前票据转让行为效力

《票据法》第十三条规定："票据债务人不得以自己与出票人或者与持票人的前手之间的抗辩事由，对抗持票人。"《2000年票据纠纷司法解释》第十三条规定："票据债务人以票据法第十条、第二十一条的规定为由，对业经背书转让票据的持票人进行抗辩的，人民法院不予支持。"由上述规定可见，在后票据转让行为独立于在先的转让票据行为。前行为的无效并不当然影响后行为的效力。尽管民间贴现行为无效，但其仅限于进行贴现的直接当事人之间的行为无效。《票据法》第十条规定："票据的签发、取得和转让，应当遵循诚实信用的原则，具有真实的交易关系和债权债务关系。"《票据法》第三十一条规定："以背书转让的汇票，背书应当连续。"由此，依据票据的无因性、文义性等特点。非法的"贴现"行为后，基于真实的交易关系和债权债务关系进行的票据转让行为应当认定为有效，在票据同时具有完整连续背书，符合文义性要求后，可以认定最后持票人为合法持票人，享有票据权利。

（二）保证最后合法持票人的票据权利更有利于票据市场的稳定和发挥票据的流通作用

票据从签发到兑付的这段时间内，票据一般会进行多次转让，特别是对于长期票据来说。在因票据发生的诉讼过程中，市场中有大量的票据在流转过程中都有可能有民间"贴现"的情况存在，而票据的无因性、文义性等特点，导致票据转让过程中，交易双方只能了解交易当事人之间的交易情况，而不可能审查也无需去审查票据在流转过程中其前手之前的转让是否存在无效情况。票据的文义性及无因性也有助于票据更好地发挥其流通功能。票据持票人只需要对其直接前手直接的转让关系负责。持票人取得票据权利只需要符合两点：（1）票据的背书连续且完整。（2）持票人与直接前手是基于真实的交易关系和债权债务关系转让的票据。如果因为该票据在流转过程中存在无效的交易情形，而否认最后合法持票人的权利，势必会加重票据流转过程中持票人的审查义务，增加票据流通过程中所有背书人的风险，更加不利于票据的流转。如果最后合法持票人的票据权利因之前的无效转让而无法取得，则会连带推翻在整个无效流转票据后所有的交易情况，不利于票据市场的稳定，也无法体现票据作为一个无因性凭证在市场交易中的优势，无法发挥其对于市场交易便捷性的作用。

四、辅助信息

高频词条：

《票据法》

第十条　票据的签发、取得和转让，应当遵循诚实信用的原则，具有真实的交易关系和债权债务关系。

票据的取得，必须给付对价，即应当给付票据双方当事人认可的相对应的代价。

第十三条　票据债务人不得以自己与出票人或者与持票人的前手之间的抗辩事由，对抗持票人。但是，持票人明知存在抗辩事由而取得票据的除外。

票据债务人可以对不履行约定义务的与自己有直接债权债务关系的持票人，进行抗辩。

本法所称抗辩，是指票据债务人根据本法规定对票据债权人拒绝履行义务的行为。

《2020年票据纠纷司法解释》

第九条　票据债务人依照票据法第十三条的规定，对与其有直接债权债务关系的持票人提出抗辩，人民法院合并审理票据关系和基础关系的，持票人应当提供相应的证据证明已经履行了约定义务。

第六十一条　保证人未在票据或者粘单上记载"保证"字样而另行签订保证合同或者保证条款的，不属于票据保证，人民法院应当适用《中华人民共和国民法典》的有关规定。

票据纠纷案件裁判规则第 14 条：

电子商业承兑汇票持票人在到期后提示付款，在承兑人未应答的情况下，其开户银行电票系统也未按照人民银行规定作出应答（付款或拒付），该银行应对持票人承担逾期赔偿责任

【规则描述】根据央行《电子商业汇票业务管理办法》第六十条的规定，电子商业承兑汇票承兑人在票据到期后收到提示付款请求，且在收到该请求次日起第 3 日（遇法定休假日、大额支付系统非营业日、电子商业汇票系统非营业日顺延）仍未应答的，接入机构应按其与承兑人签订的《电子商业汇票业务服务协议》，作扣划承兑人账户资金支付票款签收应答，或无款支付的拒付应答。由此确保持票人享有追索权。因银行系统造成延误退票的，该银行应对持票人承担逾期赔偿责任。

一、类案检索大数据报告

类案检索大数据在 Alpha 案例库以关键词：提示付款、承兑人未签收、追索权、预期赔偿责任，获取了 2020 年 7 月 5 日前共 43 篇票据纠纷裁判文书。其中，持票人在到期后提示付款，承兑人未签收，其开户银行电票系统也未作出付款应答（付款或拒付）的案件为 15 件，完全不相关案件 28 件。部分相关的 15 个案件的持票人并没有选择裁判规则提供的向银行主张逾期赔偿责任的维权方式，而是依据《票据法》第六十一条有关"拒绝付款"的规定以及《票据交易管理办法》第五十六、五十七条的规定，将票据一直处于"提示付款待签收"状态视为被拒绝付款，行使票据追索权。

二、可供参考的例案

例案一：北京航天新立科技有限公司与济源市丰泽特钢实业有限公司票据追索权纠纷案

【法院】

北京金融法院

【案号】

（2021）京74民终189号

【当事人】

上诉人（原审被告）：北京航天新立科技有限公司

被上诉人（原审原告）：济源市丰泽特钢实业有限公司

【基本案情】

2018年5月21日，钛业公司作为出票人出具了电子商业承兑汇票一张票据号码为×××，票据记载了：收款人北京航天新立科技有限公司（以下简称航天新立公司），票据金额182.5万元，出票日期2018年5月21日，汇票到期日2019年5月21日，承兑人钛业公司，能够转让：可以转让，出票人承诺：本汇票请予以承兑，到期无条件付款，承兑人：本汇票已经承兑，到期无条件付款，承兑日期：2018年5月21日。航天新立公司收票后，于2018年6月6日背书转让给中船公司；2019年5月20日，中船公司将该汇票背书给济源市丰泽特钢实业有限公司（以下简称济源丰泽公司），济源丰泽公司为最终持票人。

2019年5月20日，济源丰泽公司通过电子商业汇票系统提示付款，票据状态显示：提示付款待签收。

2020年7月21日，济源丰泽公司前往河南省济源市金天公证处进行涉案9张电子商业承兑汇票（其中包括本案诉争的票据）提示付款后显示提示付款待签收的情况进行了公证，该公证处出具了（2020）豫济金证内民字第1549号公证书。证明包括本案诉争票据在内的9张电子商业承兑汇票的票据状态为"提示付款待签收"。

2019年7月26日，济源丰泽公司分别向钛业公司、航天新立公司邮寄送达"电子商业承兑汇票追索通知"，7月29日，快递公司应航天新立公司市场与产业发展中心处长郑萧要求将该邮件放入快递柜，邮件查询单显示已签收；7月27日邮件查询单显示钛业公司已签收。

2020年4月24日,济源丰泽公司向航天新立公司邮寄送达"律师函",4月27日邮件查询单显示已签收。

【案件争点】

济源丰泽公司于电子商业汇票到期日之前提示付款是否享有向所有前手拒付追索权。

【裁判要旨】

一审法院认为,《票据法》第四条第四款规定:"票据权利是指持票人向票据债务人请求支付票据金额的权利,包括付款请求权和追索权。"第三十九条第一款规定:"定日付款或者出票后定期付款的汇票,持票人应当在汇票到期日前向付款人提示承兑。"本案诉争的票据系定日付款票据,系由出票人钛业公司签发,票据记载的内容符合法律规定,为有效票据。钛业公司将该票据依法交付给收款人航天新立公司,航天新立公司收票后将该票据转让给中船公司,中船公司受让后又将该票据转让给济源丰泽公司,且济源丰泽公司系依据其与中船公司间的合同关系,并依约履行了合同义务的情况下,合法受让并取得了该票据,系最终合法持票人。济源丰泽公司取得该票据后,在票据到期日前,通过电子商业汇票系统向出票人(即承兑人)钛业公司提示付款,但电子商业汇票系统显示为"提示付款待签收"。庭审中,一审法院依据济源丰泽公司的调查申请,依法查询了钛业公司票据到期日当月银存款情况,即自2018年8月24日转款5928500元后至2019年6月30日止账户余额为0,钛业公司银行存款不足以支付本案诉争票据金额,导致钛业公司至今未应答。《电子商业汇票业务管理办法》第五十九条规定:"持票人在票据到期日前提示付款的,承兑人可付款或拒绝付款,或于到期日付款。承兑人拒绝付款或未予应答的,持票人可待票据到期日后再次提示付款。"依据上述规定,济源丰泽公司于票据到期日前提示付款后,钛业公司作为出票人和承兑人未应答且未付款的情况下,济源丰泽公司可在电子商业汇票系统中撤回前次提示付款,再次提示付款,虽然济源丰泽公司在票据到期后提示付款期内未再次提示付款,但由于电子商业汇票系统为实时接收、处理票据信息,并向票据当事人的接入机构实时发送信息,接入机构并实时向承兑人发送该信息,票据的出票人和承兑人可实时收到申请人发出的提示付款信息,因此,济源丰泽公司提示付款行为的效力及于票据到期后的提示付款行为,具有提示付款期内提示付款的效力,且至今,济源丰泽公司所持票据的状态仍显示为"提示付款待签收",钛业公司作为出票人对济源丰泽公司的提示付款行为应为明知的,其未作应答的行为应视为钛业公司拒绝承兑或拒绝付款。《票据法》第十九条之规定:

"汇票是出票人签发的,委托付款人在见票时或者在指定日期无条件支付确定的金额给收款人或者持票人的票据。"第二十六条规定:"出票人签发汇票后,即承担保证该汇票承兑和付款的责任。出票人在汇票得不到承兑或者付款时,应当向持票人清偿本法第七十条、第七十一条规定的金额和费用。"综上,钛业公司作为票据出票人,未能依据其签发票据所记载的票据金额履行保证承兑和付款义务,应依法承担清偿票据款及相应费用的责任。

二审法院认为,第一,济源丰泽公司于电子商业汇票到期日之前提示付款并不符合向所有前手拒付追索的构成要件。拒付追索的构成要件。《电子商业汇票业务管理办法》第五条规定:"电子商业汇票的出票、承兑、背书、保证、提示付款和追索等业务,必须通过电子商业汇票系统办理。"《电子商业汇票业务管理办法》第六十六条规定:"持票人在票据到期日前被拒付的,不得拒付追索。持票人在提示付款期内被拒付的,可向所有前手拒付追索。持票人超过提示付款期提示付款被拒付的,若持票人在提示付款期内曾发出过提示付款,则可向所有前手拒付追索;若未在提示付款期内发出过提示付款,则只可向出票人、承兑人拒付追索。"《电子商业汇票业务管理办法》第六十七条规定:"追索时,追索人应当提供拒付证明。拒付追索时,拒付证明为票据信息和拒付理由。非拒付追索时,拒付证明为票据信息和相关法律文件。"根据上述规定,电子商业汇票拒付追索可以分为具有向所有前手拒付追索与仅能向出票人、承兑人拒付追索两类。其中,向所有前手拒付追索的构成要件为:(1)提示付款期内提示付款或超过提示付款期提示付款但在提示付款期内曾发出过提示付款;(2)应当提供拒付证明;(3)追索必须通过电子商业汇票系统办理。本案案涉汇票到期日2019年5月21日,济源丰泽公司于到期前的2019年5月20日通过电子商业汇票系统提示付款,票据状态显示:提示付款待签收。对于期前提示付款,《电子商业汇票业务管理办法》第五十八条规定:"提示付款是指持票人通过电子商业汇票系统向承兑人请求付款的行为。持票人应在提示付款期内向承兑人提示付款。提示付款期自票据到期日起10日,最后一日遇法定休假日、大额支付系统非营业日、电子商业汇票系统非营业日顺延。"《电子商业汇票业务管理办法》第五十九条规定:"持票人在票据到期日前提示付款的,承兑人可付款或拒绝付款,或于到期日付款。承兑人拒绝付款或未予应答的,持票人可待票据到期后再次提示付款。"本案中,济源丰泽公司期前提示付款后并未在票据到期日起10日再次提示付款。虽然济源丰泽公司又于2019年7月26日分别向钛业公司、航天新立公司邮寄送达"电子商业承兑汇票追索通知",7月29日航天新立公司市场与产业发展中心处长郑萧要求将该邮件放入快递柜，邮件查询单显示已签收，但该追索权的行使并非通过电子商业汇票系统办理，济源丰泽公司于电子商业汇票到期日之前提示付款并不符合向所有前手拒付追索的构成要件。

第二，电子商业汇票具有自身特点，"提示付款待签收"的票据状态，并不能当然得出票据拒付追索的结论。相比于纸质票据，电子商业汇票是以电子数据为介质，存储于中国人民银行 ECDS 系统，票据行为依托网络和计算机技术，接收、存储、发送电子商业汇票数据电文，进行电子商业汇票的签发、转让和资金清算交易。而电子汇票相关系统上所显示的"提示付款待签收"状态仅反映接收行对于电子商业汇票的接收情况，并未区分期前提示付款与期内提示付款，亦未明确表示付款人拒付与否。若不考虑电子商业汇票的特点，仅从字面解释出发，认为"提示付款待签收"即代表持票人提示付款行为完成，有违商业实践，有悖电子商业汇票制度设立初衷，应结合电子商业汇票自身特点及提示付款要件综合认定提示付款是否完成。本案中，济源丰泽公司于到期前的 2019 年 5 月 20 日通过电子商业汇票系统提示付款，票据状态显示：提示付款待签收，一审法院径行认定持票人济源丰泽公司已完成提示付款行为，二审法院难以认同。

例案二：天地（唐山）矿业科技有限公司与唐山日晟安达商贸有限公司票据追索权纠纷案

【法院】

河北省唐山市中级人民法院

【案号】

（2019）冀 02 民终 4818 号

【当事人】

上诉人（原审被告）：天地（唐山）矿业科技有限公司

被上诉人（原审原告）：唐山日晟安达商贸有限公司

【基本案情】

天地（唐山）矿业科技有限公司（以下简称天地公司）因与唐山日晟安达商贸有限公司（以下简称唐山日晟公司）存在买卖合同关系，2018 年 1 月 11 日，天地公司将金额为 100 万元的电子银行承兑汇票一张背书转让给唐山日晟公司，该汇票的票据号码为×××，出票日期 2017 年 9 月 18 日，汇票到期日 2018 年 9 月 18 日，出票人为宝塔盛华商贸集团有限公司，收票人为北京宝塔国际经济技术合作有限公司，承兑人为宝塔石化集团财务有限公司，承兑信息显示承兑人承兑"本汇票已经承兑，到期无条件付款"。该票据记载的背书人依次：北京宝塔国际经济技术合作有限公司、昆山健利隆贸易有限公司、上海是那国际贸易有限公司、泽州县义胜通达工贸有限公司、山西科兴能源发展有限公司、天地（唐山）矿业科技有限公司，2018年1月11日天地（唐山）矿业科技有限公司将该汇票背书转让给唐山日晟公司。唐山日晟公司持有票据后于汇票到期日通过电子汇票系统向承兑人提交了电子银行承兑汇票并提示付款，承兑人答复无能力兑付。该汇票网上银行电子商业汇票系统显示票据状态"提示付款待签收"。2018年12月4日，唐山日晟公司向天地公司邮寄送达了该电子银行承兑汇票未兑付的情况说明，天地公司于2018年12月5日已签收。

【案件争点】

天地公司是否应支付唐山日晟公司汇票票款及相应利息。

【裁判要旨】

一审法院认为，唐山日晟公司基于与天地公司之间的真实交易关系，取得由天地公司背书转让的汇票，且该汇票背书连续，唐山日晟公司对该汇票享有合法权利。根据唐山日晟公司提供的电子商业汇票系统查询截屏显示，唐山日晟公司于2018年9月18日汇票到期日已向承兑人提示付款，电子商业汇票系统至今仍显示提示付款待签收，且承兑人在收到持票人的提示付款请求后未在法定期限内作出应答，应属于承兑人拒绝付款的行为。依照《票据法》第六十一条规定："汇票到期被拒绝付款的，持票人可能对背书人、出票人以及汇票的其他债务人行使追索权。"《电子商业汇票业务管理办法》第六十五条亦规定："追索分为拒付追索和非拒付追索。拒付追索是指电子商业汇票到期后被拒绝付款，持票人请求前手付款的行为。"唐山日晟公司作为持票人，依法对其前手享有票据追索权以及利息请求权。依照《电子商业汇票业务管理办法》第五条规定，电子商业汇票的出票、承兑、背书、保证、提示付款和追索等业务，必须通过电子商业汇票系统办理；第十一条规定，电子商业汇票信息以电子商业汇票系统的记录为准；第十九条规定，电子商业汇票系统应实时接收、处理电子商业汇票信息，并向相关票据当事人的接入机构实时发送该信息，接入机构应实时接收、处理电子商业汇票信息，并向相关票据当事人实时发送该信息。故本案所涉汇票系电子商业汇票，作为该票据的当事人对票据的相关信息能够时实共享，并且以系统记录为准。

二审法院认为，上诉人天地（唐山）矿业科技有限公司主张被上诉人唐山日晟安达商贸有限公司未能提交涉案票据被拒绝承兑或者被拒绝付款的有关证明，但被上诉人于涉案票据到期日 2018 年 9 月 18 日即通过电子商业汇票系统向承兑人宝塔石化集团财务有限公司提交了涉案汇票并提示付款，但承兑人并未签收，一直处于提示付款待签收状态，至被上诉人起诉时乃至本院二审审理中仍显示为此状态，故该行为实际为变相的拒绝付款的行为，一审认定此行为应属于承兑人拒绝付款的行为并无不当。被上诉人作为持票人，依法可对上诉人行使票据追索权，一审判决上诉人给付被上诉人汇票票款 100 万元并自 2018 年 9 月 19 日起至实际履行之日止按中国人民银行规定的企业同期流动资金贷款利率支付相应利息并无不当。

三、裁判规则提要

随着票据电子化进程的加快，电子商业汇票将成为票据市场的主要发展方向。电子商业汇票相比于纸质票据而言优势明显，既具有融资功能又具有支付结算功能，同时具有互联网属性，且准入门槛较低、安全便捷高效，电子商业承兑汇票已作为实体经济尤其是中小微企业常见的融资方式。

传统纸票追索权的发生，是以汇票到期被拒绝付款为前提的。根据《票据法》第六十一条的规定，持票人在行使付款请求权未果后，持票人可以以此为由追索票据债务人要求获得补偿。即满足票据已到期且被票据债务人拒绝付款时，持票人享有向票据上的所有前手请求支付票据金额的权利。但持票人行使追索权时，应当提供被拒绝付款的有关证明，因为对于其他票据债务人来讲，其并不了解持票人不获承兑或不获付款的真实详情，只有当有确切证据证明承兑人或付款人不履行义务或履行义务不能，其他票据债务人才得以付款。《票据法》第六十二条、第六十五条规定了用以确权的证明文件类型和有关的法律后果。其中，对于承兑人或付款人应对其拒绝行为作出说明，出具拒绝证明或退票理由书。如果未能出具，一是表明其行为可能是无理拒绝，二是造成持票人因不能出示拒绝证明或退票理由书而丧失对其前手的追索权，所以理应由承兑人或付款人承担民事责任。

在电子票据时代，承兑人开户银行电票系统设置了承兑人未在规定期限内应答，电子商业汇票系统于日终时变更票据状态为拒付状态。此时如果银行系统未能及时对承兑人作出付款应答（付款或拒付），并代理签章，造成延误退票。继而导致持票人因未能取得被拒绝承兑或者被拒绝付款的有关证明，影响票据追索权行使的，持票人有权请求开户行就迟延应答给持票人造成的损失承担违约损害赔偿责任。在此过程中，持票人应当对迟延行为、损失数额以及因果关系承担证明责任。根据《票据交易管理办法》第五十六条的规定，"持票人在提示付款期内通过票据市场基础设施提示付款的，承兑人应当在提示付款当日进行应答或者委托其开户行进行应答"，此外，为防止承兑人故意不作付款或拒付的签收，造成持票人无法行使追索权的道德风险，《电子商业汇票业务管理办法》设置了承兑人不作付款或拒付应答时，其开户银行在T+3天后系统作自动应答的处理，以保障持票人及时行使追索权。承兑人开户行作为票据市场参与者、大额支付系统参与人，应当对其工作中的失误承担相应的责任，但需要说明的是，承兑人开户行应该承担的是逾期自动应答天数的利息，与本金无关。

经检索，尚未发现当事人因承兑人开户银行电票系统未能及时对承兑人作出付款应答（付款或拒付）并代理签章而向该银行主张逾期赔偿责任的案例。主要是因为现有案例均认为当持票人到期后提示付款，承兑人未签收且系统一直处于提示付款待签收状态的，视同拒绝付款，符合《票据法》第六十一条规定的"拒绝付款"的情形并据此行使票据追索权。并且，满足拒付追索条件的当事人选择直接行使票据追索权的，其主张自票据到期后提示付款日起的利息损失的，也能够得到法院支持。但此规则明确了持票人可以向承兑人开户银行主张权利，当持票人的前手丧失偿债能力时，持票人也可以选择获得其他救济。

此外，应当注意的是，《电子商业汇票业务管理办法》第六十条第三款关于承兑人开户银行自动应答的规定仅限于电子商业承兑汇票适用，电子银行承兑汇票不适用。本规则案例二选用涉及电子银行承兑汇票的案例意在说明当持票人到期后提示付款，承兑人未签收且系统一直处于提示付款待签收状态的，视同拒绝付款。

四、辅助信息

高频词条：

《票据法》

第五十三条 持票人应当按照下列期限提示付款：

（一）见票即付的汇票，自出票日起一个月内向付款人提示付款；

（二）定日付款、出票后定期付款或者见票后定期付款的汇票，自到期日起十日内向承兑人提示付款。

持票人未按照前款规定期限提示付款的，在作出说明后，承兑人或者付款人仍应当继续对持票人承担付款责任。

通过委托收款银行或者通过票据交换系统向付款人提示付款的，视同持票人提示付款。

第五十四条　持票人依照前条规定提示付款的，付款人必须在当日足额付款。

第六十一条　汇票到期被拒绝付款的，持票人可以对背书人、出票人以及汇票的其他债务人行使追索权。

汇票到期日前，有下列情形之一的，持票人也可以行使追索权：

（一）汇票被拒绝承兑的；

（二）承兑人或者付款人死亡、逃匿的；

（三）承兑人或者付款人被依法宣告破产的或者因违法被责令终止业务活动的。

第六十二条　持票人行使追索权时，应当提供被拒绝承兑或者被拒绝付款的有关证明。

持票人提示承兑或者提示付款被拒绝的，承兑人或者付款人必须出具拒绝证明，或者出具退票理由书。未出具拒绝证明或者退票理由书的，应当承担由此产生的民事责任。

第六十三条　持票人因承兑人或者付款人死亡、逃匿或者其他原因，不能取得拒绝证明的，可以依法取得其他有关证明。

第六十四条　承兑人或者付款人被人民法院依法宣告破产的，人民法院的有关司法文书具有拒绝证明的效力。

承兑人或者付款人因违法被责令终止业务活动的，有关行政主管部门的处罚决定具有拒绝证明的效力。

第六十五条　持票人不能出示拒绝证明、退票理由书或者未按照规定期限提供其他合法证明的，丧失对其前手的追索权。但是，承兑人或者付款人仍应当对持票人承担责任。

第六十六条　持票人应当自收到被拒绝承兑或者被拒绝付款的有关证明之日起三日内，将被拒绝事由书面通知其前手；其前手应当自收到通知之日起三日内书面通知其再前手。持票人也可以同时向各汇票债务人发出书面通知。

未按照前款规定期限通知的,持票人仍可以行使追索权。因延期通知给其前手或者出票人造成损失的,由没有按照规定期限通知的汇票当事人,承担对该损失的赔偿责任,但是所赔偿的金额以汇票金额为限。

在规定期限内将通知按照法定地址或者约定的地址邮寄的,视为已经发出通知。

第七十条 持票人行使追索权,可以请求被追索人支付下列金额和费用:

(一)被拒绝付款的汇票金额;

(二)汇票金额自到期日或者提示付款日起至清偿日止,按照中国人民银行规定的利率计算的利息;

(三)取得有关拒绝证明和发出通知书的费用。

被追索人清偿债务时,持票人应当交出汇票和有关拒绝证明,并出具所收到利息和费用的收据。

《票据交易管理办法》

第五十二条 票据市场基础设施代理票款对付的资金结算时,应当通过其在大额支付系统的清算账户进行。票据市场基础设施应当在该账户下,为委托其代理资金结算的市场参与者开立票据结算资金专户。

第五十六条 持票人在提示付款期内通过票据市场基础设施提示付款的,承兑人应当在提示付款当日进行应答或者委托其开户行进行应答。

承兑人存在合法抗辩事由拒绝付款的,应当在提示付款当日出具或者委托其开户行出具拒绝付款证明,并通过票据市场基础设施通知持票人。

承兑人或者承兑人开户行在提示付款当日未做出应答的,视为拒绝付款,票据市场基础设施提供拒绝付款证明并通知持票人。

第五十七条 商业承兑汇票承兑人在提示付款当日同意付款的,承兑人开户行应当根据承兑人账户余额情况予以处理。

(一)承兑人账户余额足够支付票款的,承兑人开户行应当代承兑人做出同意付款应答,并于提示付款日向持票人付款。

(二)承兑人账户余额不足以支付票款的,则视同承兑人拒绝付款。承兑人开户行应当于提示付款日代承兑人做出拒付应答并说明理由,同时通过票据市场基础设施通知持票人。

《电子商业汇票业务管理办法》

第二十一条 签收是指票据当事人同意接受其他票据当事人的行为申请，签章并发送电子指令予以确认的行为。

驳回是指票据当事人拒绝接受其他票据当事人的行为申请，签章并发送电子指令予以确认的行为。

收款人、被背书人可与接入机构签订协议，委托接入机构代为签收或驳回行为申请，并代理签章。

商业承兑汇票的承兑人应与接入机构签订协议，在本办法规定的情况下，由接入机构代为签收或驳回提示付款指令，并代理签章。

第五十九条 持票人在票据到期日前提示付款的，承兑人可付款或拒绝付款，或于到期日付款。承兑人拒绝付款或未予应答的，持票人可待票据到期后再次提示付款。

第六十条 持票人在提示付款期内提示付款的，承兑人应在收到提示付款请求的当日至迟次日（遇法定休假日、大额支付系统非营业日、电子商业汇票系统非营业日顺延）付款或拒绝付款。

持票人超过提示付款期提示付款的，接入机构不得拒绝受理。持票人在作出合理说明后，承兑人仍应当承担付款责任，并在上款规定的期限内付款或拒绝付款。

电子商业承兑汇票承兑人在票据到期后收到提示付款请求，且在收到该请求次日起第3日（遇法定休假日、大额支付系统非营业日、电子商业汇票系统非营业日顺延）仍未应答的，接入机构应按其与承兑人签订的《电子商业汇票业务服务协议》，进行如下处理：

（一）承兑人账户余额在该日电子商业汇票系统营业截止时足够支付票款的，则视同承兑人同意付款，接入机构应扣划承兑人账户资金支付票款，并在下一日（遇法定休假日、大额支付系统非营业日、电子商业汇票系统非营业日顺延）电子商业汇票系统营业开始时，代承兑人作出付款应答，并代理签章；

（二）承兑人账户余额在该日电子商业汇票系统营业截止时不足以支付票款的，则视同承兑人拒绝付款，接入机构应在下一日（遇法定休假日、大额支付系统非营业日、电子商业汇票系统非营业日顺延）电子商业汇票系统营业开始时，代承兑人作出拒付应答，并代理签章。

第六十五条 追索分为拒付追索和非拒付追索。拒付追索是指电子商业汇票到期后被拒绝付款，持票人请求前手付款的行为。

非拒付追索是指存在下列情形之一，持票人请求前手付款的行为：

（一）承兑人被依法宣告破产的；

（二）承兑人因违法被责令终止业务活动的。

第六十六条 持票人在票据到期日前被拒付的，不得拒付追索。持票人在提示付款期内被拒付的，可向所有前手拒付追索。持票人超过提示付款期提示付款被拒付的，若持票人在提示付款期内曾发出过提示付款，则可向所有前手拒付追索；若未在提示付款期内发出过提示付款，则只可向出票人、承兑人拒付追索。

第六十七条 追索时，追索人应当提供拒付证明。拒付追索时，拒付证明为票据信息和拒付理由。非拒付追索时，拒付证明为票据信息和相关法律文件。

票据纠纷案件裁判规则第 15 条：

持票人在票据到期日前提示付款，承兑人无应答，且在票据到期后，持票人未在法定提示付款期内进行提示付款，丧失对票据出票人以及承兑人以外的债务人的追索权

【规则描述】《票据法》规定，持票人应当在票据到期后 10 日内向票据承兑人提示付款。在票据实务中，持票人常在提示付款期前就在电子商业汇票系统向承兑人提示付款，承兑人无应答，电子商业汇票系统显示提示付款待签收，应视为承兑人以默认形式拒绝在到期日前兑付，持票人应在票据到期日后 10 日内再次向承兑人提示付款，完成提示付款的义务，否则丧失对前手（除出票人、承兑人）的票据拒付追索权。

一、类案检索大数据报告

时间：2020 年 7 月 5 日之前，案例来源：Alpha 案例库，案件数量：38 件，数据采集时间：2020 年 7 月 5 日。本次检索获取了 2020 年 7 月 5 日前共 38 篇裁判文书，其中认同在票据到期前提示付款无应答，票据到期后 10 日内未提示付款，丧失对出票人及承兑人之外的债务人的追索权的案件 8 件，不认同的 24 件，无关联的 6 件。整体情况如下：

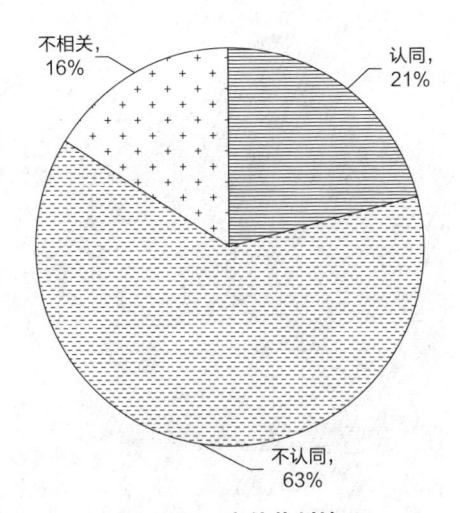

图 15-1　案件裁判情况

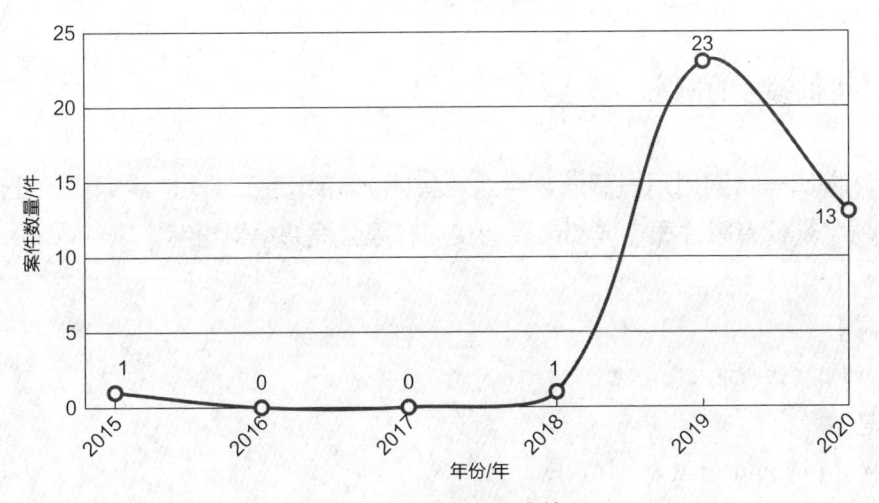

图 15-2　案件年份分布情况

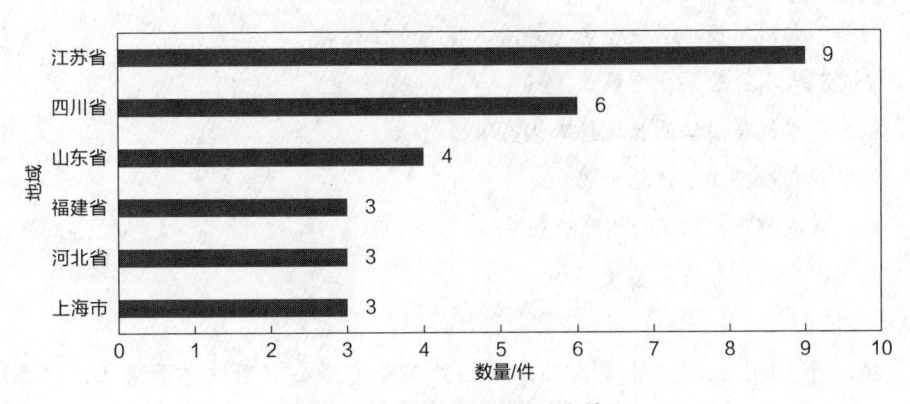

图 15-3　案件主要地域分布情况

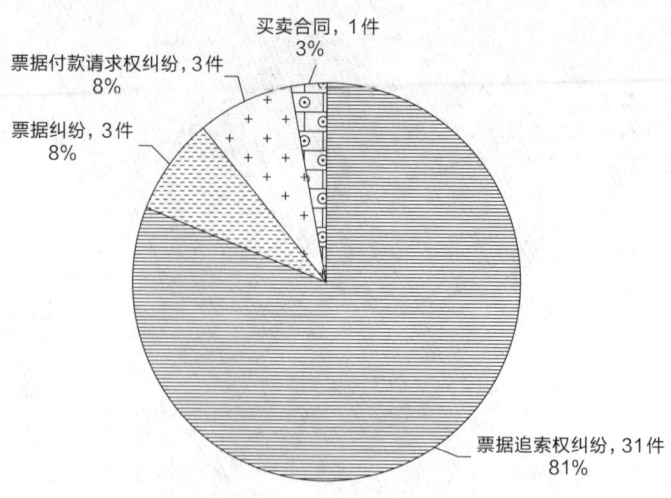

图 15-4 案件案由情况

饼图数据：
- 买卖合同，1件，3%
- 票据付款请求权纠纷，3件，8%
- 票据纠纷，3件，8%
- 票据追索权纠纷，31件，81%

二、可供参考的例案

例案一：四川川投峨眉铁合金（集团）有限责任公司、攀钢集团江油长城特殊钢有限公司、成都市天韧实业有限公司票据纠纷案

【法院】

四川省江油市人民法院

【案号】

（2019）川 0781 民初 4910 号

【当事人】

原告：四川川投峨眉铁合金（集团）有限责任公司

法定代表人：唐某，董事长

被告：攀钢集团江油长城特殊钢有限公司

法定代表人：江某，总经理

被告：成都市天韧实业有限公司

法定代表人：陈某，总经理

【基本案情】

2018 年 10 月 30 日，出票人天津市福浩实业有限公司通过电子商业汇票系统向收款人天津天资棉纺织品物流有限公司签发电子银行承兑汇票一份，票据号码为××××，票据金额为100万元，汇票到期日2019年4月30日，承兑人为天津物产集团财务有限公司，汇票为可转让。2018年10月31日，出票人天津市福浩实业有限公司通过电子商业汇票系统向收款人天津天资棉纺织品物流有限公司签发电子银行承兑汇票二份，票据号码分别为××××、××××，票据金额均为100万元，汇票到期日2019年4月30日，承兑人为天津物产集团财务有限公司，汇票为可转让。上述三份电子银行承兑汇票经多次背书转让至被告成都天韧公司名下，2018年11月2日，被告成都天韧公司为向被告长城特殊钢公司支付货款，通过电子商业汇票系统将上述三份电子银行承兑汇票背书转让给被告长城特殊钢公司。2018年6月13日，原告与被告长城特殊钢公司签订高碳铬铁买卖合同（合同编号1806226644），同年10月30日，原告向被告长城特殊钢公司开具金额为4177443.64元的四川省增值税专用发票一份。2018年11月16日，被告长城特殊钢公司为向原告支付货款，将上述票据中尾号为870的电子银行承兑汇票背书转让给原告，票据金额100万元。2019年1月16日，被告长城特殊钢公司为支付货款将上述票据中尾号为239和425的电子银行承兑汇票背书转让给原告，票据金额共计200万元。2019年4月22日，原告峨眉铁合金公司针对尾号为239和425的电子银行承兑汇票通过电子商业汇票系统向承兑人天津物产集团财务有限公司提示付款，承兑人未签收，票据状态显示："提示付款待签收"。由于汇票到期后原告未收到票据金额相应款项，2019年5月28日至6月6日，原告安排专人前往天津物产集团财务有限公司处理案涉汇票承兑事宜，共产生差旅费用4798元。2019年6月3日，天津物产集团财务有限公司向原告出具《延期支付说明》，主要内容为："四川川投峨眉铁合金（集团）有限责任公司，贵公司持有我公司承兑的2019年4月30日到期的300万元票据，到期未能兑付，主要原因为我集团母公司进行混改，造成财务公司流动性紧张，暂时无力支付。根据以上情况，现向贵公司申请对该票据延期支付，请予以谅解。"2019年8月21日，原告通过邮政快递向被告长城特殊钢公司发出《川投峨铁公司关于恳请贵司尽快解决三张到期不能兑付承兑汇票的函》，表明长城特殊钢公司背书转让的案涉三张承兑汇票共计300万元到期不能兑付，以及向天津物产集团财务有限公司提示付款未签收和该公司出具《延期支付说明》的情况，要求长城特殊钢公司对三张汇票给予重新支付或换票处理。被告长城特殊钢公司收到函件后，未作出回复。

2018年9月28日，案外人天泽矿业公司与原告签订硅锰合金买卖合同。2018年11月16日，原告为向天泽矿业公司支付货款，将尾号为870的电子银行承兑汇票背书转让给该公司。2019年4月22日,天泽矿业公司向承兑人天津物产集团财务有限公司提示付款,该公司未签收,天泽矿业公司通过电子商业汇票系统撤回提示付款。2019年4月30日,该汇票到期无法托收。2019年8月29日,天泽矿业公司与原告达成协议,同意原告以换票形式处理尾号为870的汇票到期不能兑付的问题,自愿放弃资金利息和实现票据兑付产生的所有费用。2019年8月30日,天泽矿业公司通过电子商业汇票系统向原告提出非拒付追索申请,原告同意清偿并签收。原告向天泽矿业公司清偿票据债务后,尾号为870的电子银行承兑汇票系统显示持票人为原告峨眉铁合金公司,票据状态为"非拒付追索同意清偿已签收"。

【案件争点】

原告以持票人身份在提示付款前提示付款,被拒付后能否向其前手行使追索权和再追索权。

【裁判要旨】

法院认为:原告在汇票到期日前向承兑人提示付款和超过提示付款期派人要求承兑人兑付,未按照规定期限提示付款,已经丧失对其前手的追索权,但原告仍可要求承兑人或者付款人承担付款责任。

例案二:福建省永安煤业有限责任公司与邵武市福缘矿业有限公司、建瓯市中汇贸易有限公司票据追索权纠纷案

【法院】

福建省邵武市人民法院

【案号】

(2019)闽0781民初1228号

【当事人】

原告:福建省永安煤业有限责任公司

法定代表人:陈荣某,董事长

被告:邵武市福缘矿业有限公司

法定代表人:廖某某,执行董事

被告:建瓯市中汇贸易有限公

法定代表人:詹某,经理

【基本案情】

2017年12月29日,永安煤业公司与福缘公司签订《煤炭买卖合同》一份,约定福缘公司向永安煤业公司购买燃料煤,福缘公司于2018年6月21日将六张电子银行承兑汇票背书给永安煤业公司,票据金额:10万元整,出票人:宝塔盛华商贸集团有限公司,承兑人:宝塔石化集团财务有限公司,出票人承诺:本汇票请予以承兑,到期无条件付款,承兑人承诺:本汇票已经承兑,到期无条件付款。票据号码为:×××479、×××204、×××0446,出票日期:2018年6月19日,汇票到期日:2018年12月19日;票据号码为:×××741、×××805、×××522,出票日期:2018年6月20日,汇票到期日:2018年12月20日。以上电子银行承兑汇票的背书人依次是北京宝塔国际经济技术合作有限公司、张家港科贝奇机械科技有限公司、中汇公司、福缘公司。2018年12月4日,永安煤业公司通过电子商业汇票系统向宝塔石化集团财务有限公司提示付款,但宝塔石化集团财务有限公司未签收付款,此后永安煤业公司未再提示付款,票据状态一直处于提示付款待签收至今。

【案件争点】

永安煤业公司向其前手背书人福缘公司、中汇公司行使追索权的主张是否能支持。

【裁判要旨】

法院认为:永安煤业公司在票据到期日前向承兑人提示付款,在未付款亦未应答的情况下,在票据到期后的提示付款期内未再发出过提示付款,丧失了向其前手追索的权利,只能向出票人、承兑人拒付追索。

例案三:北京航天新立科技有限公司、湖北江耀机械股份有限公司票据追索权纠纷案

【法院】

北京金融法院

【案号】

京74民终162号

【当事人】

上诉人(原审被告):北京航天新立科技有限公司

法定代表人:郭某某,董事长

被上诉人（原审原告）：湖北江耀机械股份有限公司
法定代表人：陈某某，董事长

【基本案情】

2018 年 6 月 28 日，钛业公司作为出票人出具了电子商业承兑汇票一张，票据号码为×××846，票据记载了：收款人航天新立公司，票据金额 155.25 万元，出票日期 2018 年 6 月 28 日，汇票到期日 2019 年 6 月 28 日，承兑人钛业公司，能够转让：可以转让，出票人承诺：本汇票请予以承兑，到期无条件付款，承兑人：本汇票已经承兑，到期无条件付款，承兑日期：2018 年 6 月 28 日。航天新立公司于 2018 年 6 月 29 日收票，并于同日背书转让给中船公司；2019 年 6 月 27 日，中船公司将该汇票背书给湖北江耀公司，湖北江耀公司为最终持票人。2019 年 6 月 27 日，湖北江耀公司通过电子商业汇票系统提示付款，票据状态显示：提示付款待签收。2020 年 7 月 20 日，湖北江耀公司前往湖北省宜昌市三峡公证处进行涉案 10 张电子商业承兑汇票（其中包括本案诉争的票据）提示付款后显示提示付款待签收的情况进行了公证，该公证处出具了（2020）鄂宜昌三峡证字第 2699 号公证书，证明包括本案诉争票据在内的 10 张电子商业承兑汇票的票据状态为"提示付款待签收"。2019 年 7 月 25 日，湖北江耀公司分别向钛业公司、航天新立公司邮寄送达"电子商业承兑汇票追索通知"，7 月 26 日航天新立公司市场与产业发展中心处长郑满签收，7 月 27 日邮件查询单显示钛业公司已签收。2020 年 4 月 24 日，湖北江耀公司向航天新立公司邮寄送达"律师函"，4 月 27 日邮件查询单显示已签收。一审庭审中，湖北江耀公司为证明其受让电子商业承兑汇票的合法性，向法庭提供了与中船公司签署的承揽合同、订单及中船公司提供的合同履行情况的证明（中船公司并派员出庭作证），双方自 2018 年以来，签订多份承揽合同和订单，且合同及订单均已履行完毕，受让了本案诉争的票据。

【案件争点】

湖北江耀公司于电子商业汇票到期日之前提示付款是否享有向所有前手拒付追索权。

【裁判要旨】

法院认为：《2020 年票据纠纷司法解释》第六十二条规定："人民法院审理票据纠纷案件，适用票据法的规定；票据法没有规定的，适用《中华人民共和国民法典》等法律以及国务院制定的行政法规。中国人民银行制定并公布施行的有关行政规章与法律、行政法规不抵触的，可以参照适用。"案涉票据系电子商业汇票，在《电子商业汇票业务管理办法》有明确规定的情形下，本案应当适用《电子商业汇票业务管理办法》，《电子商业汇票业务管理办法》未尽事宜，遵照《票据法》《票据管理实施办法》等法律法规规定。票据权利分为付款请求权和追索权，《2020年票据纠纷司法解释》第四条规定："持票人不先行使付款请求权而先行使追索权遭拒绝提起诉讼的，人民法院不予受理。除有票据法第六十一条第二款和本规定第三条所列情形外，持票人只能在首先向付款人行使付款请求权而得不到付款时，才可以行使追索权。"付款请求权是第一顺序权利，追索权是第二顺序权利。根据《票据法》第六十一条的规定，追索权分为拒付追索权与非拒付追索权，本案中钛业公司并不存在《票据法》第六十一条第二款所规定的非拒付追索情形，故本案的审理焦点在于：湖北江耀公司于电子商业汇票到期日之前提示付款是否享有向所有前手拒付追索权。

第一，湖北江耀公司于电子商业汇票到期日之前提示付款并不符合向所有前手拒付追索的构成要件。《电子商业汇票业务管理办法》第五条规定："电子商业汇票的出票、承兑、背书、保证、提示付款和追索等业务，必须通过电子商业汇票系统办理。"《电子商业汇票业务管理办法》第六十六条规定："持票人在票据到期日前被拒付的，不得拒付追索。持票人在提示付款期内被拒付的，可向所有前手拒付追索。持票人超过提示付款期提示付款被拒付的，若持票人在提示付款期内曾发出过提示付款，则可向所有前手拒付追索；若未在提示付款期内发出过提示付款，则只可向出票人、承兑人拒付追索。"《电子商业汇票业务管理办法》第六十七条规定："追索时，追索人应当提供拒付证明。拒付追索时，拒付证明为票据信息和拒付理由。非拒付追索时，拒付证明为票据信息和相关法律文件。"根据上述规定，电子商业汇票拒付追索可以分为具有向所有前手拒付追索与仅能向出票人、承兑人拒付追索两类。其中，向所有前手拒付追索的构成要件为：（1）提示付款期内提示付款或超过提示付款期提示付款但在提示付款期内曾发出过提示付款；（2）应当提供拒付证明；（3）追索必须通过电子商业汇票系统办理。本案案涉汇票到期日为2019年6月28日，湖北江耀公司于到期前的2019年6月27日通过电子商业汇票系统提示付款，票据状态显示：提示付款待签收。对于期前提示付款，《电子商业汇票业务管理办法》第五十八条规定："提示付款是指持票人通过电子商业汇票系统向承兑人请求付款的行为。持票人应在提示付款期内向承兑人提示付款。提示付款期自票据到期日起10日，最后一日遇法定休假日、大额支付系统非营业日、电子商业汇票系统非营业日顺延。"《电子商业汇票业务管理办法》第五十九条规定："持票人在票据到期日前提示付款的，承兑人可付款或拒绝付款，或于到期日付款。承兑人拒绝付款或未予应答的，持票人可待票据到期后再次提示付款。"本案中，湖北江耀公司期前提示付款后并未在票据到期日起 10 日再次提示付款。虽然，湖北江耀公司又于 2019 年 7 月 25 日分别向钛业公司、航天新立公司邮寄送达"电子商业承兑汇票追索通知"，7 月 26 日航天新立公司市场与产业发展中心处长郑潇签收，但该追索权的行使并非通过电子商业汇票系统办理，湖北江耀公司于电子商业汇票到期日之前提示付款并不符合向所有前手拒付追索的构成要件。

第二，电子商业汇票具有自身特点，"提示付款待签收"的票据状态，并不能当然得出票据拒付追索的结论。相比于纸质票据，电子商业汇票是以电子数据为介质，存储于中国人民银行 ECDS 系统，票据行为依托网络和计算机技术，接收、存储、发送电子商业汇票数据电文，进行电子商业汇票的签发、转让和资金清算交易。而电子汇票相关系统上所显示的"提示付款待签收"状态仅反映接收行对于电子商业汇票的接收情况，并未区分期前提示付款与期内提示付款，亦未明确表示付款人拒付与否。若不考虑电子商业汇票的特点，仅从字面解释出发，认为"提示付款待签收"即代表持票人提示付款行为完成，有违商业实践，有悖电子商业汇票制度设立初衷，应结合电子商业汇票自身特点及提示付款要件综合认定提示付款是否完成。

第三，对于电子商业汇票期前提示付款效力的认定，应注重持票人与票据债务人利益衡平，以促进电子商业汇票流通，营造良好金融法治环境为解释论出发点。票据具有无因性、要式性、文义性，电子商业汇票则明确要求电子汇票交易应于电子商业汇票系统上进行，强调电子商业汇票的外观主义与要式性，以保证电子商业汇票具有高度可流通性。出票人、背书人、保证人、付款人等票据债务人在电子商业汇票高度可流通条件下所面对的是高度不确定的债权人。电子商业汇票提示付款期的安排一方面可以督促持票人及时行使付款请求权，明确票据上的权利义务关系，让付款人及其他票据债务人在合理期限内获知权利主体，提高交易效率与可预期性；另外，明确票据债务人期限利益的范围，保障票据债务人正常的经营活动，避免票据债务人无期限地被请求付款与追索。

如何认定电子商业汇票期前提示付款的效力，直接影响票据债务人期限利益，因此，对此效力的认定应注重持票人与票据债务人利益衡平，秉持"两害相权取其轻"之方法。若票据债务人自愿放弃期限利益，法院仅须审查权利放弃的正当性。若票据债务人并未放弃期限利益，并未追认期前提示付款的效力，此时若赋予期前提示付款具有票据法上提示付款的积极效力，则票据债务人将面对不可捉摸的交易对手与变化无常的交易模式，电子商业汇票法律关系的稳定性与可预测性将受到冲击。相比较而言，若否认期前提示付款行为具有票据法上提示付款的积极效力，仅持票人承受了违反电子商业汇票要式性规范的失权后果，并不会牵涉到票据债务关系全链条，作为票据流通基础的票据无因性与要式性得到了维护，电子商业汇票的流通性与可预期性得到了保障，而且持票人还可能向出票人、承兑人进行拒付追索，持票人亦有相应权利救济途径。综上所述，无法认定湖北江耀公司期前提示付款行为的效力及于票据到期后的提示付款行为，具有提示付款期内提示付款的效力，湖北江耀公司不享有向所有前手拒付追索权。遂判决：一、撤销北京市海淀区人民法院（2020）京0108民初41407号民事判决；二、驳回湖北江耀机械股份有限公司全部诉讼请求。

三、裁判规则提要

在票据操作实务中，持票人需通过电子商业汇票系统向承兑人提示付款，在票据到期日前提示付款，付款人可以付款，亦可拒绝付款，或票据到期日后再付款，票据的付款或拒付可由承兑人自行选择，在承兑人未作选择的期间为"提示付款待签收"状态，如承兑人在票据到期日仍未予以应答，票据仍为"提示付款待签收"，持票人可再次提示付款，如持票人未在票据到期后再次提示付款，票据付款期限届满后持票人是否取得拒付追索权，在审判实务中，基于《电子商业汇票业务管理办法》第五十九条、第六十六条的适用存在不同的理解。部分认为，提示付款的请求在系统中没有应答，因票据"提示付款待签收"，持票人需要在系统中撤销提示付款请求，否则不能对该票据进行其他操作，票据到期日前提示付款的行为，系有效行使票据付款请求权，产生提示付款的法律效果，故如"提示付款待签收"状态一直持续至票据到期日，应视为在提示付款期内亦作出了提示付款的行为，如被拒付，享有向其他前手的追索权。部分认为，提示付款期限在于督促持票人依法及时提示付款，以便付款人知晓汇票权利人，从而作出是否付款的决定，使除承兑人（付款人）之外的前手能够合理预期其责任是否解除，防止除承兑人（付款人）之外的前手所承担的票据责任长期处于不确定的状态，或承担持票人长期不提示付款所导致的拒付风险，故提示期内未再次进行提示付款，应免除除承兑人、出票人之外的前手票据责任。

从票据行为的两个特性分析：

（一）票据行为法定性

由于票据具有较强的流通性，不仅涉及直接进行票据授受的特定当事人，而且涉及经票据流通间接取得票据而加入票据关系的不特定第三人，所以，票据关系的设定、变更或消灭，均以法律的规定为行为准则。票据的内容由法律直接规定，不允许当事人加以变更。同时，票据行为也是严格的要式行为，违反法定方式的票据及票据行为一律无效。关于提示付款的法律，我们根据《票据法》第五十三条、第五十八条的文义解释，持票人应当对见票即付的汇票，自出票日起一个月内向付款人提示付款；对定日付款、出票后定期付款或者见票后定期付款的汇票，自到期日起 10 日内向承兑人提示付款，持票人超过提示付款期提示付款被拒付的，若未在提示付款期内发出过提示付款，则只能向出票人、承兑人拒付追索。故持票人在提示付款期前发出的提示付款，不产生拒付追索的法律后果，持票人行使拒付追索，仍应在提示付款期内发出提示付款。

（二）票据行为的技术性

票据是作为金钱支付和运用手段而创造出来的，必须具有严密而精巧的技术解决方法。《票据法》中的许多规定，如票据形式的严格规定、关于票据行为无因性的规定、背书连续的规定、抗辩切断的规定以及付款责任的规定等，都是为了保证票据使用的安全、确保票据的流通和付款，从方便合理的角度出发，由立法者专门设计出来的，而不是基于一般的道德理念，或者遵循一般的法律原则而规定的。中国人民银行《电子商业汇票业务管理办法》第五十九条规定旨在对持票人提示付款获得兑付与承兑人于到期日履行付款义务之间的平衡，第六十六条规定意在明确拒付追索的行使条件。

表 1 《电子商业汇票业务管理办法》第六十六条追索权规则示意表

承兑人 \ 持票人	票据到期日前提示付款	提示付款期内提示付款	提示付款期后提示付款
票据到期日前拒付	不可进行拒付追索	—	—
提示付款期内拒付	可拒付追索，可以追所有人	可拒付追索，可以追所有人	—
提示付款期后拒付	可拒付追索，只可追出票人、承兑人及保证人	可拒付追索，可以追所有人	可拒付追索，只可追出票人、承兑人及保证人

根据表1所示规则，可以得出提示期内未再次进行提示付款，应免除承兑人、出票人之外的前手票据责任的结论。

基于上述票据行为两个特性的分析，保护票据交易的安全性、规范性，根据《票据法》《电子商业汇票业务管理办法》等法律及规范性文件，应认定在提示付款期前虽做出提示付款，但在提示付款期内未再次提示付款，持票人只能向出票人、承兑人主张票据权利，而不能对其他前手行使拒付追索权利。

四、辅助信息

`高频词条：`

《票据法》

第五十三条　持票人应当按照下列期限提示付款：

（一）见票即付的汇票，自出票日起一个月内向付款人提示付款；

（二）定日付款、出票后定期付款或者见票后定期付款的汇票，自到期日起十日内向承兑人提示付款。

持票人未按照前款规定期限提示付款的，在作出说明后，承兑人或者付款人仍应当继续对持票人承担付款责任。

通过委托收款银行或者通过票据交换系统向付款人提示付款的，视同持票人提示付款。

第五十八条　对定日付款、出票后定期付款或者见票后定期付款的汇票，付款人在到期日前付款的，由付款人自行承担所产生的责任。

第六十一条　汇票到期被拒绝付款的，持票人可以对背书人、出票人以及汇票的其他债务人行使追索权。

汇票到期日前，有下列情形之一的，持票人也可以行使追索权：

（一）汇票被拒绝承兑的；

（二）承兑人或者付款人死亡、逃匿的；

（三）承兑人或者付款人被依法宣告破产的或者因违法被责令终止业务活动的。

第六十二条　持票人行使追索权时，应当提供被拒绝承兑或者被拒绝付的有关证明。

持票人提示承兑或者提示付款被拒绝的，承兑人或者付款人必须出具拒绝证明，或者出具退票理由书。未出具拒绝证明或者退票理由书的，应当承担由此产生的民事责任。

第六十五条　持票人不能出示拒绝证明、退票理由书或者未按照规定期限提供其他合法证明的，丧失对其前手的追索权。但是，承兑人或者付款人仍应当对持票人承担责任。

第六十八条　汇票的出票人、背书人、承兑人和保证人对持票人承担连带责任。

持票人可以不按照汇票债务人的先后顺序，对其中任何一人、数人或者全体行使追索权。

持票人对汇票债务人中的一人或者数人已经进行追索的，对其他汇票债务人仍可以行使追索权。被追索人清偿债务后，与持票人享有同一权利。

《2020年票据纠纷司法解释》

第四条　持票人不先行使付款请求权而先行使追索权遭拒绝提起诉讼的，人民法院不予受理。除有票据法第六十一条第二款和本规定第三条所列情形外，持票人只能在首先向付款人行使付款请求权而得不到付款时，才可以行使追索权。

第五条　付款请求权是持票人享有的第一顺序权利，追索权是持票人享有的第二顺序权利，即汇票到期被拒绝付款或者具有票据法第六十一条第二款所列情形的，持票人请求背书人、出票人以及汇票的其他债务人支付票据法第七十条第一款所列金额和费用的权利。

《电子商业汇票业务管理办法》

第五十八条　提示付款是指持票人通过电子商业汇票系统向承兑人请求付款的行为。持票人应在提示付款期内向承兑人提示付款。提示付款期自票据到期日起10日，最后一日遇法定休假日、大额支付系统非营业日、电子商业汇票系统非营业日顺延。

第五十九条　持票人在票据到期日前提示付款的，承兑人可付款或拒绝付款，或于到期日付款。承兑人拒绝付款或未予应答的，持票人可待票据到期后再次提示付款。

第六十五条 追索分为拒付追索和非拒付追索。拒付追索是指电子商业汇票到期后被拒绝付款，持票人请求前手付款的行为。非拒付追索是指存在下列情形之一，持票人请求前手付款的行为：

（一）承兑人被依法宣告破产的；

（二）承兑人因违法被责令终止业务活动的。

第六十六条 持票人在票据到期日前被拒付的，不得拒付追索。持票人在提示付款期内被拒付的，可向所有前手拒付追索。持票人超过提示付款期提示付款被拒付的，若持票人在提示付款期内曾发出过提示付款，则可向所有前手拒付追索；若未在提示付款期内发出过提示付款，则只可向出票人、承兑人拒付追索。

票据纠纷案件裁判规则第 16 条：

票据权利是一种特定的、重要的财产权利，指持票人向票据债务人请求支付票据金额的权利，与商事活动紧密联系。持票人向票据主债务人或其他付款义务人请求按票据上所记载的金额在一定时间内行使票据权利或者保全票据权利，若票据权利人在一定时间内不行使相应的票据权利或者因票据记载事项欠缺而丧失票据权利的，仍享有民事权利，可以请求商业承兑汇票的出票人（出票人为承兑人时）或者承兑人（当收款人出票，债务人承兑时），银行承兑汇票的出票人返还其与未支付的票据金额相当的利益。银行承兑汇票的承兑人无须承担失效票据的兑付责任，对已收取的承兑保证金应退回出票人

【规则描述】 票据利益返还请求权，是指持票人根据票据法的规定而享有的，当票据权利因时效或者票据记载事项欠缺而消灭时，请求出票人或者承兑人返还其与未支付的票据金额相当的利益的权利。此条规则的法律依据是《票据法》第十八条的规定，实践依据是在持票人因超过票据权利时效或因票据记载事项欠缺而丧失票据权利后提起"票据利益返还请求权"诉讼中，法院基本上是依据此法条"可以请求出票人或者承兑人返还"，判决承兑银行须承担支付失效票据的票款。

一、类案检索大数据报告

时间：2021 年 4 月 17 日之前，案例来源：中国裁判文书网，案件数量：84 件，数据采集时间：2021 年 4 月 17 日。本次检索以票据利益返还请求权、票据时效、付

款请求权为关键词，获取了 2021 年 4 月 17 日前共 84 篇裁判文书。① 其中，对于票据持有人虽然丧失票据时效但是在民法上的诉讼时效期间内支持的有 51 件，占比 60.7%；既丧失了票据法上的票据时效又超过民法上的诉讼时效导致法院不予支持票据利益返还请求权的有 11 件，占比 13.1%；不相关案件 22 件，占比 26.2%；一审 47 件，二审 6 件，一审支持二审改判 1 件。所涉案件均为民事案件。

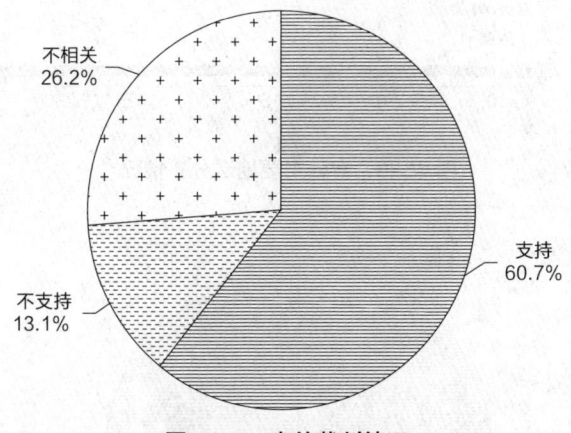

图 16-1　案件裁判情况

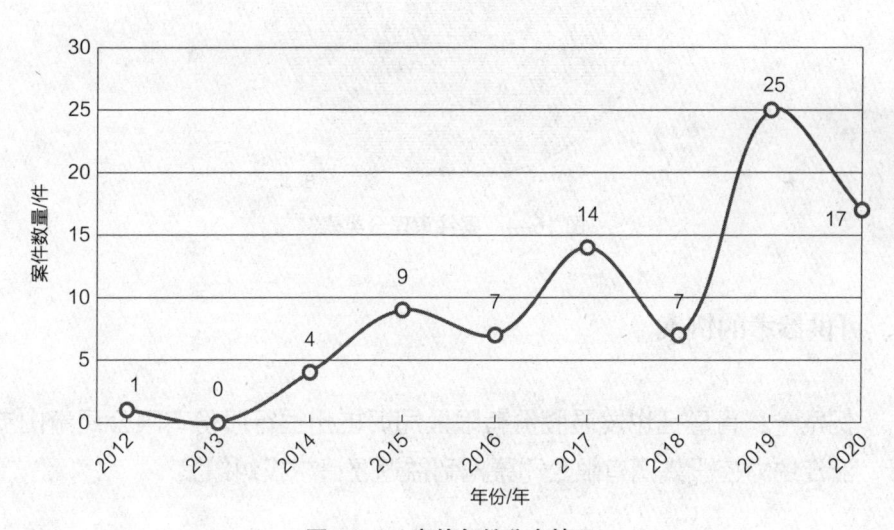

图 16-2　案件年份分布情况

---

① 2022 年 2 月 25 日按照关键词检索，检索到山西省阳泉市矿区人民法院、山西省太原市中级人民法院于 2021 年审结的两个相关案例。

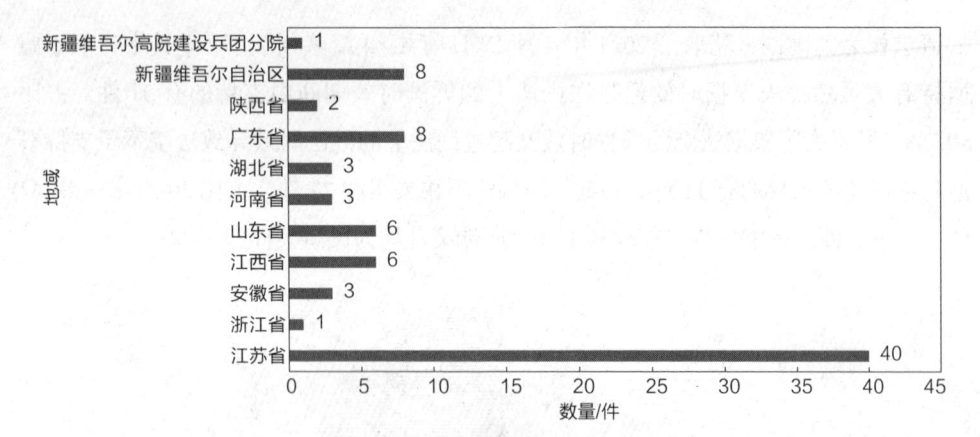

新疆维吾尔高院建设兵团分院 ┤ 1
新疆维吾尔自治区 ┤ 8
陕西省 ┤ 2
广东省 ┤ 8
湖北省 ┤ 3
河南省 ┤ 3
山东省 ┤ 6
江西省 ┤ 6
安徽省 ┤ 3
浙江省 ┤ 1
江苏省 ┤ 40

图 16-3　案件主要地域分布情况

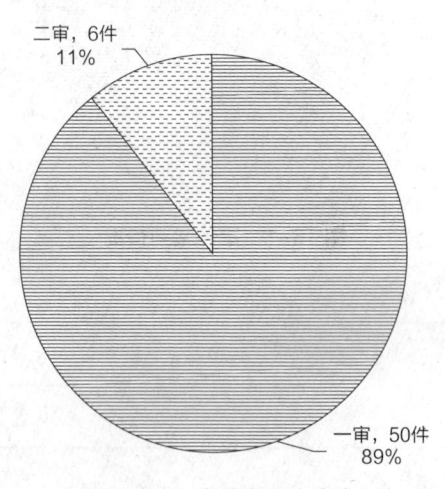

二审，6件 11%
一审，50件 89%

图 16-4　案件审理分类表

二、可供参考的例案

例案一：青岛钰也发展股份有限公司诉杭州银行股份有限公司萧山支行、浙江中力控股集团有限公司票据利益返还请求权纠纷案

【法院】

浙江省杭州市萧山区人民法院

【案号】

（2019）浙 0109 民初 5290 号

【当事人】

原告：青岛钰也发展股份有限公司

被告：杭州银行股份有限公司萧山支行

被告：浙江中力控股集团有限公司

【基本案情】

青岛钰也发展股份有限公司（以下简称钰也公司）通过连续背书取得票号为31300051/23338799的银行承兑汇票一张，汇票载明：出票日期2011年9月21日，出票人浙江中力控股集团有限公司（以下简称中力公司），出票金额20万元，汇票到期日2012年3月21日，付款行杭州银行股份有限公司萧山支行（以下简称杭州银行萧山支行）。钰也公司经背书取得该汇票后于2012年3月16日委托恒丰银行青岛支行进行收款。2012年3月22日，杭州银行萧山支行出具拒绝付款理由书，载明拒付理由为第2被背书人书写有误。

另查，钰也公司就案涉汇票以票据利益返还请求权纠纷曾于2017年4月19日向本院起诉杭州银行萧山支行，案号为（2017）浙0109民初4731号，后因钰也公司未到庭参加诉讼，法院按撤诉处理。

上述事实由钰也公司及杭州银行萧山支行在庭审中的陈述以及钰也公司提交的银行承兑汇票一份、托收凭证、拒绝付款理由书、青岛增值税专用发票，杭州银行萧山支行提交的情况说明一份等证据予以证实。

【案件争点】

钰也公司向杭州银行萧山支行主张票据利益返还请求权是否已经超过诉讼时效。

【裁判要旨】

审理法院认为：根据《票据法》第十七条第一项规定，案涉票据权利自汇票到期日起2年内不行使而消灭。《票据法》第十八条同时规定了持票人丧失票据权利后仍享有请求出票人或承兑人返还其与未支付的票据金额相当的利益的民事权利。因此，持票人享有票据利益返还请求权的前提是基于持票人因超出票据权利时效或者因票据记载事项欠缺而丧失票据权利，故票据权利丧失之日起即应视为持票人知道或应当知道其民事权利被侵害。本案中，案涉汇票到期日为2012年3月21日，钰也公司于2012年3月22日杭州银行萧山支行出具拒绝付款理由书的同时即丧失票据权利，在其未能提供充分证据证明本案存在诉讼时效中止或中断事由的情形下，钰也公司于2019年4月1日再次向法院提起诉讼已超过诉讼时效。

例案二：阳泉市郊区一根筋面粉经销处诉中国银行股份有限公司阳泉矿区支行票据利益返还请求权纠纷案

【法院】

山西省阳泉市矿区人民法院

【案号】

（2021）晋0303民初397号

【当事人】

原告：阳泉市郊区一根筋面粉经销处

被告：中国银行股份有限公司阳泉矿区支行

【基本案情】

阳泉市郊区一根筋面粉经销处（以下简称一根筋经销处）通过背书方式从濮阳市亚利机械制造有限公司处取得银行承兑汇票一张。汇票票号为××××××××，出票人为阳泉煤业集团物资经销有限责任公司，收款人为阳泉煤业（集团）有限责任公司供应处，出票日期为2014年3月17日，汇票到期日为2014年9月15日，出票金额为50000元，承兑人为中国银行股份有限公司阳泉矿区支行（以下简称中国银行阳泉矿区支行）。该汇票系经"阳泉煤业（集团）有限责任公司供应处""濮阳市亚利机械制造有限公司"依次背书而转让，背书具有连续性。原告取得该汇票后，因自身原因未在到期日起二年内将该汇票予以兑付。

另查明，一根筋经销处在诉状中将被告名称"中国银行股份有限公司阳泉矿区支行"写为"中国银行阳泉矿区支行"，中国银行股份有限公司阳泉矿区支行到庭应诉，并向法院提交营业执照及委托手续，当庭表示一根筋经销处起诉的"中国银行阳泉矿区支行"确系"中国银行股份有限公司阳泉矿区支行"。

【案件争点】

一根筋经销处向中国银行阳泉矿区支行主张票据利益返还请求权是否已经超过诉讼时效。

【裁判要旨】

审理法院认为：根据一根筋经销处所持银行承兑汇票记载，票据到期日为2014年9月15日，依照《票据法》第十七条第一款第一项规定："票据权利在下列期限内不行使而消灭：（一）持票人对票据的出票人和承兑人的权利，自票据到期日起二年。见票即付的汇票、本票，自出票日起二年。"一根筋经销处作为案涉票据持票人，对票据出票人和承兑人的票据权利自票据到期日起二年即2016年9月15日灭失。依照《票据法》第十八条："持票人因超过票据权利时效或者因票据记载事项欠缺而丧失票据权利的，仍享有民事权利，可以请求出票人或者承兑人返还其与未支付的票据金额相当的利益。"原告虽因超过票据权利时效而丧失票据权利，但其仍享有民事权利，可以请求承兑人返还其与未支付的票据金额相当的利益，此种权利即票据利益返还请求权。票据利益返还请求权并非票据权利，而是普通民事权利。依照《民法总则》第一百八十八条①规定："向人民法院请求保护民事权利的诉讼时效期间为三年。法律另有规定的，依照其规定。诉讼时效期间自权利人知道或者应当知道权利受到损害以及义务人之日起计算……"故向人民法院请求保护民事权利的诉讼时效期间为三年，超过诉讼时效的，权利人丧失胜诉权。具体到本案，中国银行阳泉矿区支行在庭审中提出时效抗辩，法院应予以审查。案涉票据到期日为2014年9月15日，该票据权利自票据到期日起二年内不行使而消灭。一根筋经销处持有该票据，其对于票据到期日应当是明知的，对于票据权利消灭时间亦应明知，故本案的诉讼时效期间应从票据权利灭失之日起算，且一根筋经销处应在票据权利消灭之日起三年内向承兑银行行使票据利益返还请求权，即本案诉讼时效期间应为2016年9月15日至2019年9月15日。一根筋经销处未举证证明其在上述期间内向中国银行阳泉矿区支行主张过权利，也未举证证明在此期间发生过法定的中断、中止事由。一根筋经销处陈述将票据遗忘而未及时向中国银行阳泉矿区支行主张权利的理由，不属于法定诉讼时效中止的情形。因此，一根筋经销处于2021年3月18日向法院提起诉讼主张返还票据利益，已超过诉讼时效，其诉讼请求不应得到支持。

例案三：北京碧海舟腐蚀防护工业股份有限公司诉中国农业银行股份有限公司太原分行票据利益返还请求权纠纷案

【法院】

山西省太原市中级人民法院

---

① 参见《民法典》第一百八十八条规定："向人民法院请求保护民事权利的诉讼时效期间为三年。法律另有规定的，依照其规定。诉讼时效期间自权利人知道或者应当知道权利受到损害以及义务人之日起计算。法律另有规定的，依照其规定。但是，自权利受到损害之日起超过二十年的，人民法院不予保护，有特殊情况的，人民法院可以根据权利人的申请决定延长。"

【案号】
（2021）晋01民终6779号

【当事人】
上诉人（原审原告）：北京碧海舟腐蚀防护工业股份有限公司
法定代表人：邱某，该公司董事长
被上诉人（原审被告）：中国农业银行股份有限公司太原分行
负责人：李某，该分行行长

【基本案情】
北京碧海舟腐蚀防护工业股份有限公司（以下简称碧海舟公司）提交1030005224758131银行承兑汇票，出票人为太原钢铁（集团）有限公司，收款人太原钢铁（集团）有限公司矿业，付款行中国农业银行山西省分行营业部，出票金额100万元，汇票到期日2015年8月13日，承兑行签章处加盖有中国农业银行股份有限公司汇票专用章。汇票经太原钢铁（集团）有限公司矿业分公司、太钢集团岚县矿业有限公司、中石化胜利油建工程有限公司背书转让，最后一手被背书人为碧海舟公司。中国农业银行股份有限公司山西省分行营业部于2018年1月9日变更名称为中国农业银行股份有限公司太原分行（以下简称农业银行太原分行）。

【案件争点】
碧海舟公司主张农业银行太原分行返还票据利益是否应予支持。

【裁判要旨】
审理法院认为：首先，《票据法》第十八条规定："持票人因超过票据权利时效或者因票据记载事项欠缺而丧失票据权利的，仍享有民事权利，可以请求出票人或者承兑人返还其与未支付的票据金额相当的利益。"本案中，碧海舟公司作为持票人已丧失票据权利，但是其对出票人及承兑人的民事权利并未丧失。其次，农业银行太原分行收取了全部的票据款，但其并未在票据已过承诺期及权利期后，将该款返还出票人太原钢铁（集团）有限公司。最后，碧海舟公司向农业银行太原分行行使票据利益返还请求权是基于《票据法》第十八条规定而产生的，是票据法直接赋予持票人在丧失票据权利后，对获得该权利下的利益的票据债务人行使的非票据上的偿还请求权。利益返还请求权的诉讼时效为三年，从持票人知道或应当知道利益返还请求权成立之日起计算。本案中，碧海舟公司主张其在向一审法院起诉时才知道票据利益款100万元农业银行太原分行并未退还出票人，农业银行太原分行未能提出相应的反驳证据。故碧海舟公司主张权利并未超出诉讼时效，农业银行太原分行应当向碧海舟公司交付票据利益款 100 万元。

三、裁判规则提要

票据利益返还请求权的成立条件为：（1）票据权利曾有效成立并存在；（2）票据权利因时效完成或手续欠缺而消灭。票据利益返还请求权是对票据权利丧失的一种补救性措施，从诉讼时效促使权利人尽快行使权利的功能出发，票据利益返还请求诉讼时效应自持票人知道或者应当知道权利成立之日起算。票据权利是指持票人向票据债务人请求支付票据金额的权利，包括付款请求权和追索权。票据时效是指持票人对票据债务人请求支付票据金额的期限，对汇票出票人和承兑人的请求支付票据金额的期限为票据到期日起 2 年。在票据的流通过程中，有可能因为消灭时效的经过或者票据记载事项的欠缺等原因而使得持票人无法获得清偿，而原来的票据债务人也不再负有票据债务，就可能发生票据债务人从票据权利人处获得额外的利益的情况。

票据利益返还请求权，作为一种非票据上的权利，请求人行使利益偿还请求权的时效适用《民法典》中 3 年诉讼时效期间规定。民事权利的时效应从票据权利丧失起算，原告对票据的承兑人的权利时效自票据到期日起 2 年，民事权利时效从票据权利时效到期日之后 3 年。票据权利时效是指票据上的权利的消灭时效，即票据权利人如果在一定的时间内不行使票据权利，票据债务人就可以依票据权利人超过票据时效而拒绝履行票据义务。

我国《票据法》从票据活动的特点和实际需要出发，对票据权利消灭作了两类不同的规定：一是关于持票人的付款请求权的消灭时效，二是关于票据追索权的消灭时效。第一种情形是关于持票人的付款请求权的消灭时效。对于远期汇票，自票据到期日起 2 年，持票人未对票据的出票人和承兑人的权利行使票据权利，则该票据权利丧失。对于见票即付的汇票、本票，从出票日起计算，持票人超过 2 年一直未向出票人或付款人要求支付票据金额的，则丧失该票据权利。第二种情形是关于票据追索权的消灭时效。持票人对前手的追索权，从被拒绝承兑或拒绝付款之日起 6 个月内不行使，则丧失该追索权。被追索人清偿票据债务后，从清偿之日起或发生清偿纠纷被提起诉讼之日起 3 个月内不向其前手行使再追索权，则该再追索权因此而丧失。

根据《票据法》第十八条"持票人因超过票据权利时效或者因票据记载事项欠缺而丧失票据权利的，仍享有民事权利，可以请求出票人或者承兑人返还其与未支付的票据金额相当的利益"规定，同时鉴于票据债务关系与民事债务关系为不同的债务关系，票据实际债务人须视具体情况认定。商业汇票中存在出票人、承兑人和收款人等三个行为人，通常情况下，出票人为实际债务人，承兑人为债务人的增信人，在票据有效期内对持票人承担第一付款人责任；商业汇票有四种出票方式，因此，出票行为人不同而实际债务人亦有所不同：（1）债务人签发并承兑，此时出票人和承兑人为同一人，实际债务人即为出票人；（2）债务人签发，交由第三人承兑，此时承兑人为增信人，实际债务人为出票人；（3）第三人签发，交债务人承兑，此时实际债务人为承兑人；（4）收款人签发，交债务人承兑，此时出票人为债权人，实际债务人为承兑人。因此，《票据法》第十八条中的"出票人或者承兑人"须根据具体出票方式作相对性选择，而不可任意性选择。

因银行承兑汇票的实际债务人只能是出票人，承兑银行为其承担票据有效期内的付款责任，所以承兑银行与持票人仅为票据债务关系，而非民事债务关系，票据权利消灭后，承兑银行的对外付款义务即自行终止，依法不再承担相关付款责任。即使汇票保证金此时尚存放在银行，但因票据失效和对外付款义务的解除，其保证金的所有权也已回归出票人，此时若需兑付，也须另行征得出票人书面授权。因此，持票人因超过票据权利时效或因票据记载事项欠缺而丧失票据权利的，仍享有民事权利，可以请求商业承兑汇票的出票人（出票人为承兑人时）或者承兑人（当收款人出票，债务人承兑时），银行承兑汇票的出票人返还其与未支付的票据金额相当的利益。银行承兑汇票的承兑人无须承担兑付责任，对已收取的承兑保证金应退回出票人。

四、辅助信息

高频词条：

《票据法》

第十七条　票据权利在下列期限内不行使而消灭：

（一）持票人对票据的出票人和承兑人的权利，自票据到期日起二年。见票即付的汇票、本票，自出票日起二年；

（二）持票人对支票出票人的权利，自出票日起六个月；

（三）持票人对前手的追索权，自被拒绝承兑或者被拒绝付款之日起六个月；

（四）持票人对前手的再追索权，自清偿日或者被提起诉讼之日起三个月。

票据的出票日、到期日由票据当事人依法确定。

第十八条　持票人因超过票据权利时效或者因票据记载事项欠缺而丧失票据权利的，仍享有民事权利，可以请求出票人或者承兑人返还其与未支付的票据金额相当的利益。

第十九条　汇票是出票人签发的，委托付款人在见票时或者在指定日期无条件支付确定的金额给收款人或者持票人的票据。

第二十一条　汇票的出票人必须与付款人具有真实的委托付款关系，并且具有支付汇票金额的可靠资金来源。

第二十二条　汇票必须记载下列事项：

（一）表明"汇票"的字样；

（二）无条件支付的委托；

（三）确定的金额；

（四）付款人名称；

（五）收款人名称；

（六）出票日期；

（七）出票人签章。汇票上未记载前款规定事项之一的，汇票无效。

第二十六条　出票人签发汇票后，即承担保证该汇票承兑和付款的责任。出票人在汇票得不到承兑或者付款时，应当向持票人清偿本法第七十条、第七十一条规定的金额和费用。

第三十一条　以背书转让的汇票，背书应当连续。持票人以背书的连续，证明其汇票权利；非经背书转让，而以其他合法方式取得汇票的，依法举证，证明其汇票权利。前款所称背书连续，是指在票据转让中，转让汇票的背书人与受让汇票的被背书人在汇票上的签章依次前后衔接。

《2020年票据纠纷司法解释》

第八条　票据诉讼的举证责任由提出主张的一方当事人承担。

依照票据法第四条第二款、第十条、第十二条、第二十一条的规定，向人民法院提起诉讼的持票人有责任提供诉争票据。该票据的出票、承兑、交付、背书转让涉嫌欺诈、偷盗、胁迫、恐吓、暴力等非法行为的，持票人对持票的合法性应当负责举证。

第六十二条　人民法院审理票据纠纷案件，适用票据法的规定；票据法没有规定的，适用《中华人民共和国民法典》等法律以及国务院制定的行政法规。

中国人民银行制定并公布施行的有关行政规章与法律、行政法规不抵触的，可以参照适用。

《民法典》

第一百八十八条　向人民法院请求保护民事权利的诉讼时效期间为三年。法律另有规定的，依照其规定。

诉讼时效期间自权利人知道或者应当知道权利受到损害以及义务人之日起计算。法律另有规定的，依照其规定。但是，自权利受到损害之日起超过二十年的，人民法院不予保护，有特殊情况的，人民法院可以根据权利人的申请决定延长。

票据纠纷案件裁判规则第 17 条：

恶意申请公示催告，除权判决作出后，付款人尚未付款的情况下，最后合法持票人可以在法定期限内请求撤销除权判决，待票据恢复效力后再依法行使票据权利

【规则描述】 本条规则是关于恶意申请公示催告，除权判决作出后，付款人尚未付款的情况下，如何保障最后合法持票人的合法权利。在前述情形下，最后合法持票人可根据《民事诉讼法》第二百二十三条的规定，在法定期限内请求撤销除权判决，待票据恢复效力后再依法行使票据权利。

一、类案检索大数据报告

时间：2021 年 2 月 3 日之前，案例来源：Alpha 案例库，案件数量：17 件，数据采集时间：2021 年 2 月 3 日。本次检索获取了 2021 年 2 月 3 日前共 17 篇裁判文书，其中，17 篇案例都与在恶意申请公示催告后除权判决作出且付款人尚未付款的情况下合法持票人申请的救济途径不相关。通过在无讼案例网以关键词：票据纠纷、除权判决、未付款、撤销，得到以下两篇与此条裁判规则相关的案例：乌鲁木齐银行股份有限公司恒丰支行与徐州华众房地产经纪有限公司票据纠纷案与天津富士达电动车有限公司因与天津市津港自行车有限公司票据纠纷案。

二、可供参考的例案

例案一：乌鲁木齐银行股份有限公司恒丰支行与徐州华众房地产经纪有限公司票据纠纷案

【法院】

江苏省高级人民法院

【案号】

（2016）苏民再 115 号

【当事人】

再审申请人（一审原告、二审上诉人）：乌鲁木齐银行股份有限公司恒丰支行

被申请人（一审被告、二审被上诉人）：徐州华众房地产经纪有限公司

【基本案情】

乌鲁木齐银行股份有限公司恒丰支行（以下简称乌鲁木齐银行恒丰支行）申请再审称，原审判决认定事实错误，适用法律不当。乌鲁木齐商业银行恒丰支行是涉案票据的合法持票人，依法应当享有票据权利，徐州华众房地产经纪有限公司（以下简称华众公司）在申请公示催告时提交的汇票复印件与原件明显不符，显系伪造，原判决以除权判决已生效、票据金额已支付为由不进行实体审理，驳回其诉讼请求违反法律规定，华众公司伪报票据丢失的事实清楚，因其伪报票据丢失而作出的除权判决应当撤销。请求依法对本案再审。

【案件争点】

1. 申请人乌鲁木齐银行恒丰支行向原审法院提起诉讼是否符合《民事诉讼法》第二百二十三条① 规定的条件；

2. 江苏省邳州市人民法院作出的对涉案汇票的除权判决应否被撤销。

【裁判要旨】

1. 华众公司伪报票据丢失，不属于法定的申请公示催告情形，申请人在公示催告期间未申报权利，属于有正当理由。涉案票据出票人是徐州飞亚有限公司徐州飞

---

① 该法已于 2021 年 12 月 24 日第四次修正，本案所涉第二百二十三条修改为第二百三十条，内容未作修改。

亚木业有限公司，收款人是邳州市维利板材加工厂，付款行是中国银行邳州支行营业部，根据涉案票据记载，邳州市维利板材加工厂已将涉案两张票据背书给新疆新大新石油化工销售有限公司，然而其又于票据付款到期日前出具汇票转让证明，称将涉案票据转让给华众公司，显与事实不符，华众公司在申请公示催告时提交的汇票复印件上邳州市维利板材加工厂财务专用章的位置与涉案真实汇票上该章的位置不一致，该复印件明显不是由涉案真实汇票复印形成，故华众公司不可能持有涉案票据。华众公司申请公示催告属于伪报票据丧失行为，不属于法定申请公示催告的情形，则乌鲁木齐银行恒丰支行未申报属于有正当理由。

2.公示催告程序作出的除权判决应当被撤销。根据《民事诉讼法》第二百二十三条规定，利害关系人因正当理由不能在判决前向人民法院申报的，自知道或者应当知道判决公告之日起一年内，可以向作出判决的人民法院起诉。该条的文义和立法目的，应该是允许提起撤销除权判决之诉。既然赋予当事人起诉的权利，当事人起诉、法院审理后，对符合法定条件的就可以撤销除权判决。本案因华众公司伪报票据丧失，恶意提起公示催告程序而作出的除权判决应予撤销。

例案二：上诉人天津富士达电动车有限公司因与被上诉人天津市津港自行车有限公司票据纠纷案

【法院】
　　天津市第二中级人民法院

【案号】
　　（2014）二中保民终字第82号

【当事人】
　　上诉人（原审被告）：天津富士达电动车有限公司
　　被上诉人（原审原告）：天津市津港自行车有限公司

【基本案情】
　　2013年1月16日，天津富士达电动车有限公司（以下简称富士达公司）以票据遗失为由向原审法院申请公示催告，原审法院于当日发出公告，催促利害关系人申报权利。该公告于2013年1月19日在人民法院报刊发，载明自公告之日起60日内，利害关系人应向原审法院申报权利，公示催告期间，转让票据权利的行为无效。后公示催告期间届满，法院作出除权判决。

【案件争点】

涉案的除权判决能否予以撤销。

【裁判要旨】

首先，根据《民事诉讼法》第二百一十八条①规定，按照规定可以背书转让的票据持有人，因票据被盗、遗失或者灭失，可以向票据支付地的基层人民法院申请公示催告。本案诉争的承兑汇票，是富士达公司于2012年12月27日交予案外人长兴公司业务员王某某，用于支付富士达公司欠付天能公司的货款的，票据本身并未遗失或灭失，不符合申请公示催告的情形，而富士达公司却隐瞒事实，于2013年1月16日以票据丢失为由，向法院申请公示催告，其行为违反了民事诉讼诚实信用的基本原则，应当承担相应的法律责任。其次，《民事诉讼法》第二百二十三条规定："利害关系人因正当理由不能在判决前向人民法院申报的，自知道或者应当知道判决公告之日起一年内，可以向作出判决的人民法院起诉。"参照《最高人民法院关于适用〈中华人民共和国民事诉讼法〉若干问题的意见》第二百三十九条②规定："依照民事诉讼法第一百九十八条的规定，利害关系人向人民法院起诉的，人民法院可按票据纠纷适用普通程序审理。"津港公司在汇票到期后，向付款人提示付款被拒绝后，知道富士达公司已对涉案汇票申请公示催告并取得除权判决后，即向法院提起诉讼，请求撤销除权判决，确认票据所有权的归属，表明津港公司在知道除权判决后即及时行使了权利，并不存在怠于行使权利的情形，原审法院确认津港公司未在公示催告期间申报权利，具有正当性，并支持津港公司要求撤销（2013）滨功民催字第3号除权判决，确认津港公司为诉争承兑汇票合法持有人的请求，并无不当，法院予以维持。

三、裁判规则提要

因票据被盗、遗失或者灭失，票据持有人可以向票据支付地的基层人民法院申请公示催告。票据丧失是指非因持票人本意丧失对票据的占有，因持票人意志以外的原因导致可背书转让的票据脱离有效控制，下落不明。在实践中，恶意申请人常

---

① 该法已于2021年12月24日第四次修正，本案所涉第二百一十八条修改为第二百二十五条，内容未作修改。

② 参加《最高人民法院关于适用〈中华人民共和国民事诉讼法〉的解释》第四百五十七条："依照民事诉讼法第二百三十条的规定，利害关系人向人民法院起诉的，人民法院可按票据纠纷适用普通程序审理。"

常虚构失票事实或者在明知票据流向的情况下,向法院申请公示催告程序,请求法院作出除权判决。票据的合法持有人发现有人恶意挂失时,常见的一种救济方式是在涉案票据公示催告期间申报票据权利,不过票据权利人看到此类信息的概率极小,在公示催告期间结束后,法院作出判决,宣告票据无效。

除权判决是应失票人申请,在公示催告期间届满一定时期内,根据公示催告申请人的申请而由人民法院作出宣告票据无效的判决。除权判决是宣告票据权利与票据本身相分离,使票据失去效力的判决,除权判决生效后,原来结合于票据中的权利人从票据中分离出来。票据被宣告无效后产生两个相反的法律效力,即积极效力和消极效力。积极效力是失票人可凭除权判决向票据付款人请求付款;消极效力是除权判决后被除权的票据即丧失效力,任何持票人无法再依据被除权的票据行使票据权利,其中也包括追索权。除权判决后,合法持票人虽不能依据所持票据行使票据权利,但可以行使票据法上的非票据权利,在法定期间向人民法院提起撤销除权判决之诉,以诉讼的方式维护自己的合法权益。撤销除权判决之诉,是指丧失票据的利害关系人根据正当理由请求法院撤销除权判决的诉讼。提起撤销除权判决之诉,所启动的是公示催告程序以外的程序,是一个独立的争讼程序。而除权判决是形式上的形成判决,只具有形式上的既判力,对按普通程序审理的票据实体纠纷并不具有既判力,合法持票人在除权判决作出后一年内,有权提起撤销除权判决之诉,以重新恢复票据权利,从而行使票据权利。

恶意申请人申请公示催告且法院作出除权判决后,合法持票人可根据《民事诉讼法》第二百三十条的规定,在法定期限内请求撤销除权判决,诉请恢复票据权利,从而使相分离的票据和票据权利再度融合,实现票据付款请求权、追索权等票据权利和票据利益的完全恢复。合法持票人应证明己方获得票据合法、持有票据,依法应享有票据权利。对于持票人是否需要说明《民事诉讼法》第二百三十条规定的未在判决前申报的正当理由,依据例案一的裁判要旨:恶意申请人伪报票据丢失,不属于法定的申请公示催告情形,申请人在公示催告期间未申报权利,属于有正当理由。因为公示催告申请人为恶意,属于《民诉法司法解释》第四百五十八条关于《民事诉讼法》第二百二十三条规定的正当理由的规定的第三款:不属于法定申请公示催告情形的。所以持票人一般只需证明己方持票的合法性就能证明公示催告申请人的恶意,从而说明己方有正当理由未能在判决前向法院申报。合法持票人提起除权判决撤销之诉后,人民法院应当审查其持票的真实性与合法性,将合法持票人列为原告,公示催告申请人列为被告,以票据权利确认之诉立案受理,人民法院受理后,应当向票据付款人发出止付通知。另外需要注意的是，在此条裁判规则下，合法持票人是指公示催告前受让票据的最后合法持票人，而对于公示催告后受让票据的持票人，由于我国现行法律已经明确规定公示催告期间转让票据的行为无效，所以票据受让人不能依法取得票据权利，也无法对抗除权判决中的申请人，此时的持票人只能向其前手退票，同时依据基础法律关系主张民事权利。因此，在恶意申请公示催告且除权判决作出后的语境中，最后合法持票人可以根据《民事诉讼法》第二百三十条的规定，在法定期限内请求撤销除权判决，待票据恢复效力后再依法行使票据权利。

另外，在《九民会议纪要》第一百零六条中，关于合法持票人的救济，还规定了最后合法持票人也可以基于基础法律关系向其直接前手退票并请求其直接前手另行给付基础法律关系项下的对价。关于此条救济方式，本书持不同意见。2015年前票据公示催告程序中存在信息不对称情况，造成合法持票人在不知情状况下，所持票据被除权、被兑付。但根据最高人民法院2015年修订后《民事诉讼法》所规定的公示催告司法程序，票据公示催告期间已由原60日的基础上延长至票据付款日后15日，现行法律程序上已确保了持票人对票据被公示催告的知情权，即使持票人对公示催告行为的不知晓，但持票人在票据到期日后10日内提示付款后，承兑人开户银行将会就票据已被公示催告书面通知持票人，由其决定是否主张票据权利。若持票人在知道或应当知道情形下放弃对票据的主张权，或未行使票据到期日后10日内的提示付款权，由此产生的法律后果理应自行承担。若持票人在票据提示付款期限后才予提示付款，因为此时合法持票人已丧失了对承兑人、出票人以外的其他前手的追索权，这是因其主观原因所造成，所以持票人已不具有向其直接前手退票并请求其直接前手另行给付基础法律关系项下的对价的权利。鉴于最后合法持票人在知道或应当知道情形下自行放弃票据的主张权，因此，最后合法持票人只可根据《民事诉讼法》第二百二十三条的规定，在法定期限内请求撤销除权判决，而不再享有向其前手主张退票的权利。

四、辅助信息

高频词条：

《票据法》

第五十三条　持票人应当按照下列期限提示付款：

（一）见票即付的汇票，自出票日起1个月内向付款人提示付款；

（二）定日付款、出票后定期付款或者见票后定期付款的汇票，自到期日起10日内向承兑人提示付款。

《民事诉讼法》

第二百二十五条　按照规定可以背书转让的票据持有人，因票据被盗、遗失或者灭失，可以向票据支付地的基层人民法院申请公示催告。依照法律规定可以申请公示催告的其他事项，适用本章规定。

申请人应当向人民法院递交申请书，写明票面金额、发票人、持票人、背书人等票据主要内容和申请的理由、事实。

第二百二十六条　人民法院决定受理申请，应当同时通知支付人停止支付，并在三日内发出公告，催促利害关系人申报权利。公示催告的期间，由人民法院根据情况决定，但不得少于六十日。

第二百二十七条　支付人收到人民法院停止支付的通知，应当停止支付，至公示催告程序终结。

公示催告期间，转让票据权利的行为无效。

第二百二十八条　利害关系人应当在公示催告期间向人民法院申报。

人民法院收到利害关系人的申报后，应当裁定终结公示催告程序，并通知申请人和支付人。

申请人或者申报人可以向人民法院起诉。

第二百二十九条　没有人申报的，人民法院应当根据申请人的申请，作出判决，宣告票据无效。判决应当公告，并通知支付人。自判决公告之日起，申请人有权向支付人请求支付。

第二百三十条　利害关系人因正当理由不能在判决前向人民法院申报的，自知道或者应当知道判决公告之日起一年内，可以向作出判决的人民法院起诉。

《2020年票据纠纷司法解释》

第二十五条　票据法第十五条第三款规定的可以申请公示催告的失票人，是指按照规定可以背书转让的票据在丧失票据占有以前的最后合法持票人。

第二十九条　人民法院决定受理公示催告申请，应当同时通知付款人及代理付款人停止支付，并自立案之日起三日内发出公告。

《民诉法司法解释》

第四百四十七条 公告期间不得少于六十日,且公示催告期间届满日不得早于票据付款日后十五日。

第四百五十八条 民事诉讼法第二百三十条规定的正当理由,包括:

(一)因发生意外事件或者不可抗力致使利害关系人无法知道公告事实的;

(二)利害关系人因被限制人身自由而无法知道公告事实,或者虽然知道公告事实,但无法自己或者委托他人代为申报权利的;

(三)不属于法定申请公示催告情形的;

(四)未予公告或者未按法定方式公告的;

(五)其他导致利害关系人在判决作出前未能向人民法院申报权利的客观事由。

第四百五十九条 根据民事诉讼法第二百三十条的规定,利害关系人请求人民法院撤销除权判决的,应当将申请人列为被告。

利害关系人仅诉请确认其为合法持票人的,人民法院应当在裁判文书中写明,确认利害关系人为票据权利人的判决作出后,除权判决即被撤销。

《中国人民银行支付结算办法》

第三十六条 商业汇票的持票人超过规定期限提示付款的,丧失对其前手的追索权,持票人在作出说明后,仍可以向承兑人请求付款。

银行汇票、银行本票的持票人超过规定期限提示付款的,丧失对出票人以外的前手的追索权,持票人在作出说明后,仍可以向出票人请求付款。

支票的持票人超过规定的期限提示付款的,丧失对出票人以外的前手的追索权。

票据纠纷案件裁判规则第 18 条：

恶意申请公示催告，除权判决作出后，付款人已经付款的情况下，最后合法持票人有权请求申请人承担侵权损害赔偿责任

【规则描述】 本条规则是关于恶意申请公示催告，除权判决作出后，付款人已经付款的情况下，如何保障最后合法持票人的合法权利。在前述情形下，因恶意申请公示催告并持除权判决获得票款的行为损害了最后合法持票人的权利，最后合法持票人可根据《票据法》第一百零六条有权请求申请人承担侵权损害赔偿责任。

一、类案检索大数据报告

时间：2020 年 7 月 5 日之前，案例来源：Alpha 案例库，案件数量：45 件，数据采集时间：2020 年 7 月 5 日，关键词：票据纠纷、除权判决、付款、损害赔偿责任。本次检索获取了 2020 年 7 月 5 日前共 45 篇票据纠纷裁判文书。其中，认同最后合法持票人有权请求恶意申请人承担侵权损害赔偿责任的案件 40 件，不认同的案件 1 件，不相关案件 4 件。整体情况如下：

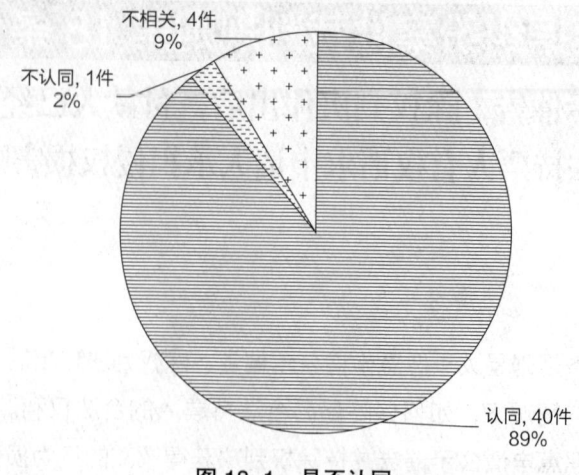

图 18-1 是否认同

如图 18-1 所示,认同最后合法持票人有权请求恶意申请人承担侵权损害赔偿责任的案件 40 件,占比 89%;不认同的案件 1 件,不相关案件 4 件,分别占比 2% 和 9%。

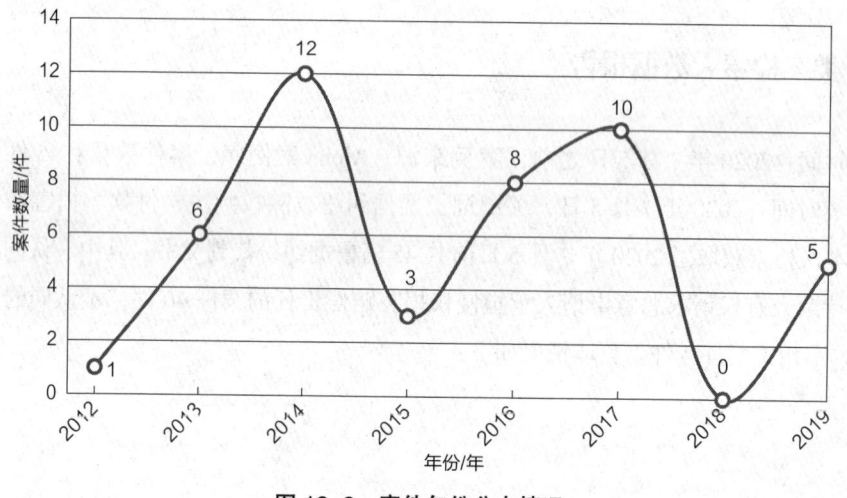

图 18-2 案件年份分布情况

如图 18-2 所示,近几年来审理的最后合法持票人请求恶意申请人承担侵权损害赔偿责任的案件数量波动较大,未呈现规律性。从 2012 年至 2019 年,审理的最低案件数量为 0 件,最高 12 件。

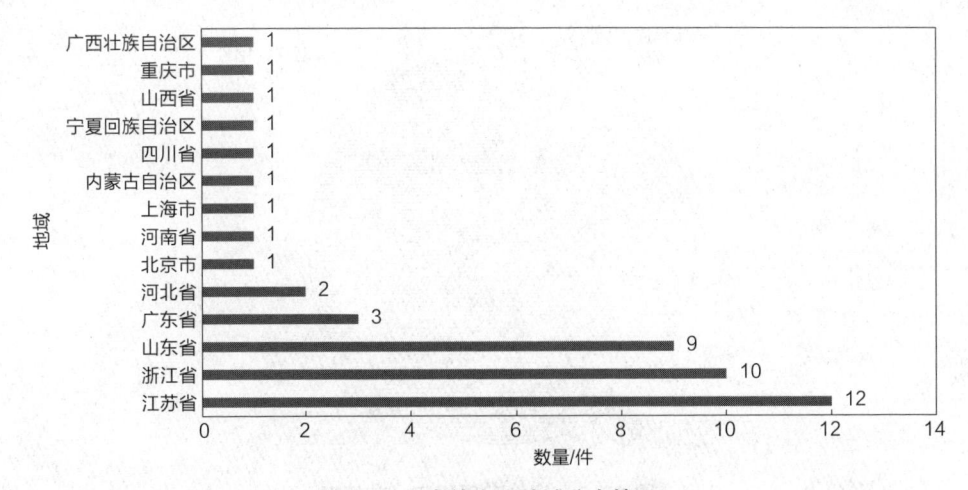

图 18-3 案件主要地域分布情况

如图 18-3 所示,从案件的地域分布情况来看,当前有关最后合法持票人请求恶意申请人承担侵权损害赔偿责任的案件主要分布在江苏、浙江、山东,占检索案例的 69%。

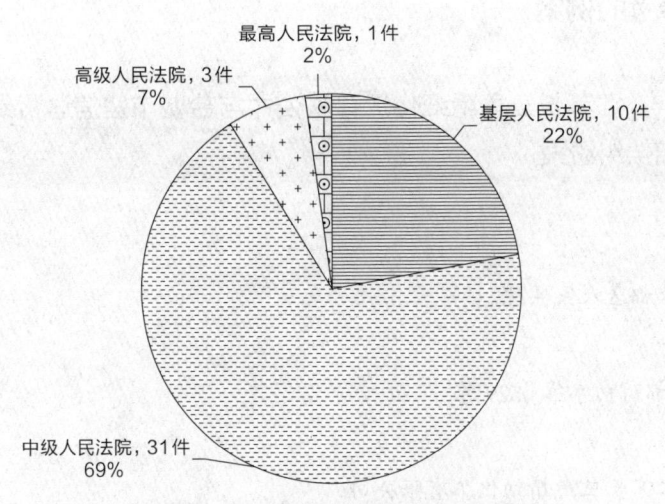

图 18-4 案件审理法院的级别分布情况

如图 18-4 所示,对最后合法持票人请求恶意申请人承担侵权损害赔偿责任的案件主要集中在基层人民法院与中级人民法院。其中,由基层人民法院负责审理的案件有 10 件,由中级人民法院负责审理的案件有 31 件,分别占检索案件数量的 22%、69%。

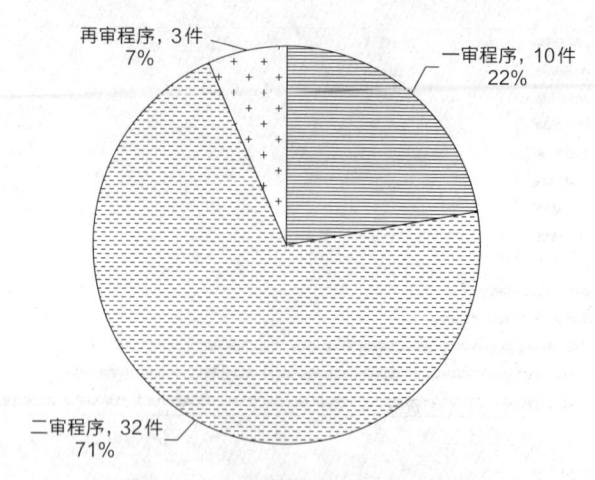

图 18-5 中：
- 再审程序，3 件 7%
- 一审程序，10 件 22%
- 二审程序，32 件 71%

图 18-5　案件审理程序分布情况

如图 18-5 所示，此类案件主要集中在一审和二审程序，多达 42 件。启动再审程序的案件比较少，仅占调查数据的 7%。

二、可供参考的例案

例案一：江苏长三角精细化工有限公司与盐城市盛信达贸易有限公司票据损害赔偿纠纷案

【法院】

盐城市盐都区人民法院

【案号】

（2013）都商初字第 0529 号

【当事人】

原告：江苏长三角精细化工有限公司

被告：盐城市盛信达贸易有限公司

【基本案情】

2012 年 4 月 13 日，众凯公司作为出票人、江苏银行开发支行作为承兑人开具一张面额为 20 万元、号码为 31300051/23659165、到期日为 2012 年 10 月 13 日的银行承兑汇票给收款人盛信达公司。同年 4 月 27 日，大华公司将收到盐城市巨神数码喷绘广告有限公司未加盖印章转让给该司的三张银行承兑汇票其中的号码为

31300051/23659165 的一张以未加盖背书印章的形式转让给长三角公司。长三角公司后以背书方式转让给南方石化公司，南方石化公司又背书转让给川成公司，川成公司又背书转让给华鸿公司，华鸿公司曾将该汇票质押给广发银行南沙支行，后由广发银行南沙支行解除质押后返还华鸿公司。华鸿公司于 2012 年 10 月 13 日汇票到期后向汇票承兑行江苏银行开发支行主张兑付时，江苏银行开发支行遂告知该汇票已由盛信达公司作为申请人以汇票遗失为由于 2012 年 10 月 12 日向亭湖法院申请公示催告，亭湖法院已于受理公示催告的当日通知该行停止支付。亭湖法院后于 2012 年 12 月 20 日作出（2012）亭催字第 0069 号民事判决，宣告上述汇票无效。华鸿公司后通过南方石化公司找到长三角公司，长三角公司通过抵扣往来账款的方式赔偿了华鸿公司汇票金额 20 万元，并将 31300051/23659165 号银行承兑汇票交还长三角公司。长三角公司因向盛信达公司要求赔偿未果，遂诉至法院。

本案审理期间，华鸿公司与长三角公司于 2013 年 9 月签订了一份债权转让协议，约定华鸿公司将 31300051/23659165 号银行承兑汇票所记载金额 20 万元及利息等附属权利的债权转让给长三角公司，华鸿公司并于 2013 年 10 月 11 日通过顺丰快递有限公司邮寄信函形式通知了盛信达公司（盛信达公司因邮费支付问题拒收）。

另查明，2012 年 12 月 20 日，亭湖法院依据盛信达公司的申请和（2012）亭催字第 0069 号民事判决，向江苏银行开发支行发出协助支付通知书，要求将 23659165 号银行承兑汇票票面额 20 万元汇至盛信达公司银行账户。次日，江苏银行开发支行以特种转账方式向盛信达公司开立在中国银行盐城城南支行的账户汇付了票面额 20 万元。

【案件争点】

1. 23659165 号银行承兑汇票是否由盛信达公司在持票过程中遗失的问题，即盛信达公司是否是恶意申请公示催告并骗取人民法院作出除权判决；

2. 长三角公司不是 23659165 号银行承兑汇票的最后持票人，其是否本案适格诉讼主体、是否有权向盛信达公司主张赔偿责任的问题。

【裁判要旨】

关于争议焦点 1，经法院查明的事实是盛信达公司将该张汇票背书转让于盐城市巨神数码喷绘广告有限公司，盐城市巨神数码喷绘广告有限公司以非背书转让方式将该汇票转让于大华公司，大华公司又以非背书转让方式将该汇票转让于长三角公司，长三角公司以后的转让均为背书方式转让，直至转让于最后持票人华鸿公司。故从上述查明的事实来看，盛信达公司并不存在持有 23659165 号银行承兑汇票期间该汇票遗失的事实，而是该司将该汇票背书转让后又虚构汇票遗失的事实，向人民法院恶意申请公示催告并骗取人民法院作出除权判决，持票人当然可以票据侵权为由要求恶意申请公示催告人盛信达公司承担损害赔偿责任。

关于争议焦点2，长三角公司作为华鸿公司持有汇票的前手背书人，其不是汇票的侵权责任人，但其自愿先行承担汇票损害赔偿责任，不为法律所禁止，其在先行赔偿后即代位华鸿公司取得向侵权行为人亦即恶意申请公示催告和除权判决的当事人盛信达公司主张赔偿的权利，且在本案审理期间华鸿公司又与长三角公司以签订债权转让协议的形式进一步明确将本应由最后持票人华鸿公司享有的赔偿请求权转让给长三角公司并书面通知了债务人盛信达公司，该债权转让亦有效成立。故长三角公司虽不是本案承兑汇票的最后持票人，但因其在本案中主张的不是票据权利，而是与票据有关的损害赔偿请求权（系非票据权利），且其又合法受让了华鸿公司转让的赔偿请求权，故其作为本案原告诉讼主体适格，盛信达公司的辩称理由缺乏法律依据。

例案二：深圳市京利华贸易发展有限公司与晶彩（福建）光电有限公司、金福茂（厦门）纺织布业有限公司票据纠纷案

【法院】

石狮市人民法院

【案号】

（2014）狮民初字第3704号

【当事人】

原告：深圳市京利华贸易发展有限公司法定

代表人：钟廷河，该公司总经理

被告：晶彩（福建）光电有限公司

被告：金福茂（厦门）纺织布业有限公司

【基本案情】

2014年4月18日，泉州弘广利服饰有限责任公司签发票号为31300051/32437383的银行承兑汇票一张，票面金额为10万元，收款人为金福茂公司，付款行为泉州银行石狮支行，到期日为2014年10月18日。该汇票背书情况为：泉州弘广利服饰有限责任公司→金福茂公司→南通雄一公司→京利华公司→平安银行深圳桂园支行

（委托收款）。以上背书均未记载背书日期。2014年6月16日，晶彩公司以本案票据遗失为由向法院申请公示催告，法院于2014年7月23日发出公告，于2014年9月28日以（2014）狮民催字第16号判决书宣告汇票无效，并判令晶彩公司有权向付款行请求支付。讼争银行承兑汇票款项已于2014年11月10日由泉州银行石狮支行兑付给晶彩公司。2014年11月11日，付款行泉州银行石狮支行向平安银行深圳桂园支行出具《退票理由书》，以法院已除权判决给晶彩公司为由拒绝付款。2014年11月25日京利华公司向法院提起诉讼。

2014年4月22日，晶彩公司向金福茂公司借款人民币10万元，金福茂公司以本案讼争银行承兑汇票的形式借出该笔款项。晶彩公司于2014年4月22日出具借条一份给金福茂公司收执确认借款事实。

【案件争点】

1. 原告京利华公司请求确认为讼争票据的合法权利人能否成立；
2. 原告京利华公司请求晶彩公司返还人民币10万元及利息能否成立；
3. 被告金福茂公司是否应对晶彩公司的讼争债务承担连带清偿责任。

【裁判要旨】

首先，根据《票据法》第三十一条有关"以背书转让的汇票，背书应当连续。持票人以背书的连续，证明其汇票权利"的规定，持票人以背书的连续，证明其汇票权利。本案诉争票据各背书人与被背书人签章依次衔接、背书连续，背书的连续性本身即具有对持票人享有票据权利的证明力。其次，讼争票据虽然已经过法院在特别诉讼程序中作出除权判决，但在特别诉讼程序中作出的除权判决并不优于普通诉讼程序。除权判决虽然重新确认了票据权利，但并不创设新的权利，其所确认的权利内容应与被宣告无效的票据权利一致，而不能优于票据上记载的权利。因此，晶彩公司即非诉争票据的背书人与被背书人，亦非该票据的最后持有人，其向法院申请公示催告和除权判决并最终获利，导致原告本应享有的票据权利无法实现，应赔偿原告的票据损失10万元及相应利息损失。本案系票据损害责任纠纷，诉争票据的除权判决已发生法律效力，其他持票人的票据权利丧失并不可恢复。原告京利华公司不能依据票据权利向其前手及出票人行使追索权，只能以票据侵权为由要求恶意申请公示催告人承担损害赔偿责任，或以基础法律权利义务关系向其前手主张权利。最后，原告京利华公司提供的证据不足以证明金福茂公司对票据被除权判决存在主观上的恶意或过错，故其主张被告金福茂公司与晶彩公司构成共同侵权，应对其票据损失承担连带清偿责任的主张不能成立，同时，也无权向被告金福茂公司主张票据法上的追索权。

例案三：江阴市劲松科技有限公司与南京东骏机械有限公司票据损害责任纠纷案

【法院】
镇江经济开发区人民法院

【案号】
（2014）镇经商初字第0150号

【当事人】
原告：原告江阴市劲松科技有限公司
被告：南京东骏机械有限公司

【基本案情】

2011年8月5日，原告与物特公司签订合同采购圆钢，物特公司交付给原告出票人为齐航公司，收款人为被告，付款人为新区农业银行营业部，票面金额为20万元，票号为10300052-22961080的银行承兑汇票。原告取得该汇票后未进行背书直接将汇票流转给继平公司用于双方往来结算，继平公司也未背书，再次将汇票流转给下家。2012年2月27日，被告以丢失汇票为由向法院申请公示催告，法院受理后于2012年3月28日发出公告，催促利害关系人在60日内申报权利。公示催告期间届满，无人向法院申报权利。被告于2012年6月5日向法院提出除权判决申请，法院于2012年6月7日作出（2012）镇经催字第4号除权判决书，宣告该票据（票号为10300052-22961080）无效、被告有权向支付人请求支付。除权判决生效后，被告依据除权判决行使了票据权利，于2012年9月份从新区农业银行营业部提取上述票据款项20万元。因该汇票被除权判决，票据持有人层层退票，原告于2012年6月26日收到退回的汇票。原告于2012年8月2日向南京下关区法院起诉，要求物特公司给付货款20万元。该院以原告取得票据追索权为由判决物特公司给付原告货款20万元。因物特公司提起上诉，南京市中级人民法院以原告在票据除权判决后不享有追索权等票据权利，原告可以另行提起侵权诉讼为由，于2013年6月20日判决驳回原告诉讼请求。物特公司曾于2014年1月21日向法院起诉请求判决被告承担恶意公示催告10300052-22961080、10300052-22961081汇票造成的损失40万元及利息。法院以被告恶意申请公示催告，侵害了票据持有人的合法权益，判决被告赔偿票据（票号为10300052-22961081）项下损失20万元。物特公司未能向法院提交票号为10300052-22961080票据原件，无法证明其为该票据持有人，原告要求被告承担10300052-22961080票据损害赔偿责任，法院未予支持。该判决已经生效。

在物特公司与被告的诉讼中，被告曾经于2013年4月2日出具银行承兑汇票遗失经过说明，称：被告2011年10月20日在办理两张汇票贴现业务途中不慎将票据丢失，遂向镇江开发区法院申请公示催告，后该院作出除权判决，判决票据无效。

【案件争点】

1. 原告是否是案涉票据的合法持票人；
2. 被告申请公示催告的行为是否构成对原告的侵权；
3. 原告起诉是否超过诉讼时效。

【裁判要旨】

原告为涉案票据的合法持有人，有原告提交的票据及法院的生效判决证明，法院予以确认。可以申请公示催告的失票人必须有票据丧失的事实，即有票据被盗、遗失或者灭失的事实发生；失票人必须是票据丧失占有前的最后合法持票人，通常是最后一个被背书人，而不是已将票据背书转让的背书人。被告称在2011年10月20日丢失汇票，而向法院申请公示催告时间为2012年2月27日，被告失票后，不立即采取挂失等措施，不符合一般情理，且被告无证据证明有票据被盗、遗失或者灭失的事实发生，被告的行为应认定为恶意申请公示催告。被告恶意申请公示催告，侵害了票据持有人的合法权益，原告要求法院判令被告赔偿票据（票号为10300052-22961080）项下金额20万元及利息的诉讼请求，法院予以支持。原告2012年6月26日收到退回的汇票后即于2012年8月2日向南京下关区法院起诉，南京市中级人民法院二审于2013年6月20日判决原告在票据除权判决后不享有追索权等票据权利，原告可以另行提起侵权诉讼。原告2012年6月26日收到退回汇票知道权利受到侵害，南京市中级人民法院于2013年6月20日判决后侵权主体得以确认，原告2014年5月26日起诉并未超过诉讼时效。

三、裁判规则提要

公示催告程序本为对合法持票人进行失票救济所设，但实践中却沦为部分票据出让方在未获给付对价情形下，通过伪报票据丧失事实申请公示催告、阻止合法持票人行使票据权利的工具，即恶意申请公示催告。《民事诉讼法》第二百二十五条规定，按照规定可以背书转让的票据持有人，因票据被盗、遗失或者灭失，可以向票据支付地的基层人民法院申请公示催告。根据该规定，恶意申请公示催告的认定主要从以下两个方面进行：一是申请主体已以正常背书转让方式将票据权利转让予后手后却又反悔的；二是申请的原因不是可以背书转让的票据被盗、遗失或灭失。

申请人在不存在《民事诉讼法》第二百二十五条第一款规定的"票据被盗、遗失或者灭失"的情形下，向原审法院申请公示催告及除权判决，除权判决后持票人权利救济途径有三：一是提起撤销之诉，善意持票人可以向作出除权判决的人民法院申请撤销该判决；二是提起返还票据利益之诉。在票据善意取得的情形下，公示催告申请人凭除权判决获得了票面款项，真正的票据权利人可以主张其返还该利益；三是提起票据侵权损害赔偿之诉，对于申请人谎称票据被盗、遗失或恶意申请公示催告，导致人民法院作出除权判决的，持票人可以以票据侵权为由要求申请公示催告人承担损害赔偿责任。

除权判决作出后，付款人已经付款的，因恶意申请公示催告并持除权判决获得票款的行为损害了最后合法持票人的权利，最后合法持票人有权请求申请人承担侵权损害赔偿责任。

四、辅助信息

高频词条：

《票据法》

第三条 票据活动应当遵守法律、行政法规，不得损害社会公共利益。

第十条 票据的签发、取得和转让，应当遵循诚实信用的原则，具有真实的交易关系和债权债务关系。

票据的取得，必须给付对价，即应当给付票据双方当事人认可的相对应的代价。

第十二条 以欺诈、偷盗或者胁迫等手段取得票据的，或者明知有前列情形，出于恶意取得票据的，不得享有票据权利。

持票人因重大过失取得不符合本法规定的票据的，也不得享有票据权利。

第一百零六条 依照本法规定承担赔偿责任以外的其他违反本法规定的行

为，给他人造成损失的，应当依法承担民事责任。

《2020年票据纠纷司法解释》

第八条　票据诉讼的举证责任由提出主张的一方当事人承担。

依照票据法第四条第二款、第十条、第十二条、第二十一条的规定，向人民法院提起诉讼的持票人有责任提供诉争票据。该票据的出票、承兑、交付、背书转让涉嫌欺诈、偷盗、胁迫、恐吓、暴力等非法行为的，持票人对持票的合法性应当负责举证。

第二十五条　票据法第十五条第三款规定的可以申请公示催告的失票人，是指按照规定可以背书转让的票据在丧失票据占有以前的最后合法持票人。

第四十八条　依照票据法第二十七条和第三十条的规定，背书人未记载被背书人名称即将票据交付他人的，持票人在票据被背书人栏内记载自己的名称与背书人记载具有同等法律效力。

《民事诉讼法》

第二百二十五条　按照规定可以背书转让的票据持有人，因票据被盗、遗失或者灭失，可以向票据支付地的基层人民法院申请公示催告。依照法律规定可以申请公示催告的其他事项，适用本章规定。

申请人应当向人民法院递交申请书，写明票面金额、发票人、持票人、背书人等票据主要内容和申请的理由、事实。

第二百二十八条　利害关系人应当在公示催告期间向人民法院申报。

人民法院收到利害关系人的申报后，应当裁定终结公示催告程序，并通知申请人和支付人。

申请人或者申报人可以向人民法院起诉。

第二百二十九条　没有人申报的，人民法院应当根据申请人的申请，作出判决，宣告票据无效。判决应当公告，并通知支付人。自判决公告之日起，申请人有权向支付人请求支付。

第二百三十条　利害关系人因正当理由不能在判决前向人民法院申报的，自知道或者应当知道判决公告之日起一年内，可以向作出判决的人民法院起诉。

票据纠纷案件裁判规则第 19 条：

债务人是票据的出票人，被裁定适用破产程序，该票据的付款人继续付款或者承兑的，付款人以由此产生的请求权可以申报债权

【规则描述】 票据作为流通证券，经背书后可不断地转让，所以其债务人是特定的，而债权人则是不确定的，凡持票人即为债权人。由于票据固有的无因支付特性，所以持票人向付款人要求承兑或付款时，付款人便应当履行承兑或付款义务。在票据出票人的破产案件被受理后，付款人继续承兑或付款，由此所产生的债权如不能作为破产债权，付款人便会受到损失。如果苛以付款人在承兑或付款时对票据进行严格审查，必会造成票据的支付拖延，甚至拒绝支付，从而影响其流通性。承认承兑人或付款人的破产债权，则有效地消除了由此造成的不良影响。

一、类案检索大数据报告

时间：2020 年 8 月 30 日之前，案例来源：Alpha 案例库，案件数量 23 件，数据采集时间：2020 年 8 月 30 日。本次检索以破产、票据权利、破产债权为关键词，以全国法院案例为案例范围，获取了 2020 年 8 月 30 日前共 23 篇裁判文书，其中相关联的案件 2 件，无关联的 21 件。

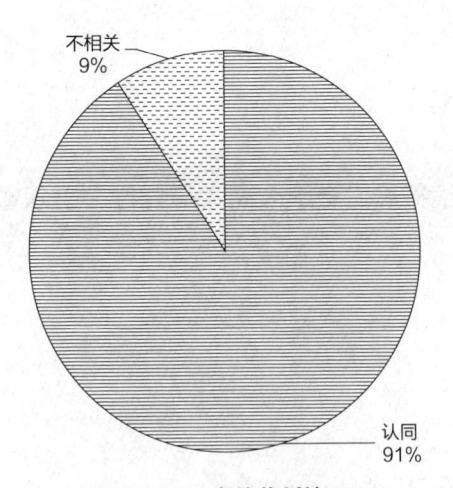

图 19-1　案件裁判情况

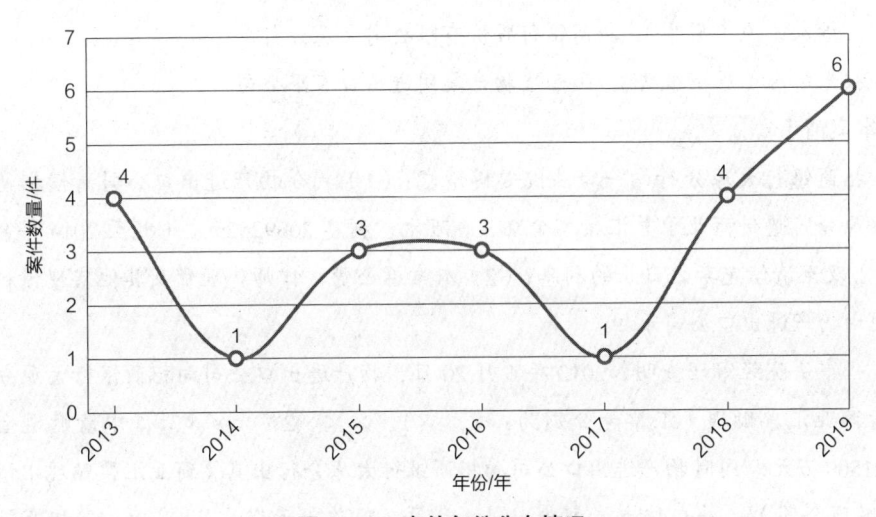

图 19-2　案件年份分布情况

时间：2021年4月14日之前，案例来源：Alpha 案例库，案件数量3件，数据采集时间：2021年4月14日。本次检索以"中华人民共和国企业破产法第五十五条"作为引用法条，以全国法院案例为案例范围，获取了2021年4月14日前共3篇裁判文书，其中相关联的案件1件，无关联的2件。

二、可供参考的例案

例案一：招商银行股份有限公司太原分行、山西省物产集团进出口有限公司质权纠纷案

【法院】

最高人民法院

【案号】

（2017）最高法民终715号

【当事人】

上诉人（原审原告）：招商银行股份有限公司太原分行

被上诉人（原审被告）：山西省物产集团进出口有限公司

【基本案情】

招商银行太原分行向一审法院起诉请求：（1）判令物产进出口公司清偿招商银行太原分行垫付商业承兑汇票本金21500万元，利息20892625元（截至2014年8月8日）及至清偿完毕之日止的利息；（2）本案诉讼费、律师代理费及其他实现债权的费用由物产进出口公司承担。

一审法院经审理查明，2013年6月20日，物产进出口公司向招商银行太原分行申请商业汇票贴现（汇票号分别为：×××1、×××2、×××3），申请贴现金额为21500万元。同时物产进出口公司向招商银行太原分行出具《商业汇票贴现申请书（代贴现合同）》，并在该申请书中以第1条第3项作出承诺："贴现后，若招商银行太原分行依照有关规定向汇票付款人提示付款遭拒付，未能如期足额收回汇票金额，物产进出口公司无条件承担清偿汇票本金、应付利息（包括逾期复息）以及招商银行太原分行因此而发生的费用。"并确认了计息规则。招商银行太原分行依物产进出口公司申请为其办理了商业承兑汇票贴现业务，票面金额共计21500万元。该三张商业承兑汇票的付款人开户行均为招商银行太原并州路支行，出票日均为2013年6月17日，汇票到期日为2013年12月17日。其中：×××1号商业承兑汇票付款人为柳林县浩博煤焦有限责任公司，票面金额5000万元；×××2号商业承兑汇票付款人为山西联盛能源投资有限公司，票面金额11500万元；×××3号商业承兑汇票付款人为山西福龙煤化有限公司，票面金额5000万元。招商银行太原分行于2013年

6月20日将汇票向物产进出口公司贴现后，于2013年6月21日将上述三张商业承兑汇票转贴现给招商银行兰州分行票据中心。汇票于2013年12月17日到期后，招商银行兰州分行票据中心提示三汇票付款人付款遭拒，三付款人在《招商银行结算、拒绝付款理由书》"拒付理由"一栏中加盖公章。招商银行兰州分行票据中心于2013年12月27日向招商银行太原分行发出《关于托收票据逾期处理的函》，内容为："贵行2013年6月21日转卖给我行的票据，于止息日2013年12月17日未托收回票款，现进行系统内追索，该笔票据由你行转为逾期贴现贷款。"并附有相应汇票的票面主要记载事项。招商银行太原分行于当日向招商银行兰州分行票据中心通过转账偿还汇票款21500万元。

另查明：山西省吕梁市中级人民法院审理的山西联盛能源有限公司及涉案汇票付款人山西联盛能源投资有限公司、山西福龙煤化有限公司、柳林县浩博煤焦有限责任公司等32家公司重整一案中，招商银行太原分行已于2015年5月将其对山西福龙煤化有限公司、柳林县浩博煤焦有限责任公司拥有的债权进行申报，该两笔债权系本案中两支涉案商业汇票未得到上述两公司付款所产生的债权，已得到该32家公司合并重整管理人的确认，山西省吕梁市中级人民法院于2017年3月8日作出（2015）吕破字第（1-23、25-31）之五号民事裁定，对上述债权予以确认。

山西省吕梁市中级人民法院作出上述裁定后，一审法院即向32家公司合并重整管理人调取了招商银行太原分行关于山西联盛能源投资有限公司的债权申报资料。经组织双方质证，确认招商银行太原分行该申报债权与本案无关，并非本案涉案商业承兑汇票未得付款形成的债权。

招商银行太原分行对一审查明的案件事实予以认可，物产进出口公司除对招商银行太原分行与招商银行兰州分行票据中心之间的汇票转贴现和招商银行兰州分行票据中心提示付款人付款的行为持有异议之外，对案件其他事实都予认可。

一审法院认为，招商银行太原分行持有的出票人及付款人为柳林县浩博煤焦有限责任公司的×××1号商业承兑汇票和出票人及付款人为山西福龙煤化有限公司的×××3号商业承兑汇票，因已被二付款人拒付，根据《票据法》第六十一条第一款"汇票到期被拒绝付款的，持票人可以对背书人、出票人以及汇票的其他债务人行使追索权"、第七十一条"被追索人依照前条规定清偿后，可以向其他汇票债务人行使再追索权，请求其他汇票债务人支付下列金额和费用……"之规定，招商银行太原分行在向其后手招商银行兰州票据中心清偿票款后，即享有对出票人、付款人及所有前手的票据追索权。

本案在审理过程中，柳林县浩博煤焦有限责任公司、山西福龙煤化有限公司进入破产重整阶段，招商银行太原分行已依照《中华人民共和国企业破产法》规定的程序要求，将对山西福龙煤化有限公司、柳林县浩博煤焦有限责任公司的该两笔本案涉案汇票债权进行了申报，并已得到山西联盛能源公司等32家公司合并重整管理人及吕梁市中级人民法院（2015）吕破字第（1—23、25—31）之五号民事裁定确认。

一审法院认为，如仍在本案中以票据追索的法律关系对招商银行太原分行已申报的债权进行认定和处理，会导致法院既依破产重整程序又依民事诉讼程序对招商银行太原分行主张的债权进行重复认定和处理，也必然影响到山西联盛能源公司等32家公司合并重整管理人及吕梁市中级人民法院对山西联盛能源公司等32家公司破产重整一案的债权确认情况及工作程序。根据《企业破产法》第四十四条"人民法院受理破产申请时对债务人享有债权的债权人，依据本法规定的程序行使权利"之规定，招商银行太原分行应依《企业破产法》规定的法定程序，实现对债务人山西福龙煤化有限公司、柳林县浩博煤焦有限责任公司的债权主张为宜。招商银行太原分行在依上述破产程序主张债权已得到法院生效法律文书确认的情况下，对其前手物产进出口公司不应行使该两笔汇票的再追索权。

综上，依照《企业破产法》第四十四条、《民事诉讼法》第一百二十四条第三项①、第一百五十三条②、第一百五十四条第一款第三项③之规定，一审裁定：驳回招商银行股份有限公司太原分行对出票人及付款人为柳林县浩博煤焦有限责任公司的×××1号商业承兑汇票和出票人及付款人为山西福龙煤化有限公司的×××3号商业承兑汇票，共计1亿元汇票债权的起诉。对本案案件受理费的负担，本裁定中不予处理。

招商银行太原分行上诉请求：撤销山西省高级人民法院（2014）晋商初字第7号民事裁定书，改判支持招商银行太原分行的诉讼请求。本案诉讼费用由被上诉人承担。

【案件争点】

招商银行太原分行在依破产程序主张债权已得到法院生效法律文书确认的情况

---

① 该法已于2021年12月24日第四次修正，本案所涉第一百二十四条第三项修改为第一百二十七条第三项，内容未作修改。

② 该法已于2021年12月24日第四次修正，本案所涉第一百五十三条修改为第一百五十六条，内容未作修改。

③ 该法已于2021年12月24日第四次修正，本案所涉第一百五十四条第一款第三项修改为第一百五十七条第一款第三项，内容未作修改。

下，对其前手物产进出口公司能否行使该两笔汇票的再追索权。

【裁判要旨】

二审法院认为，招商银行太原分行持有的出票人及付款人为柳林县浩博煤焦有限责任公司的×××1号商业汇票和出票人及付款人为山西福龙煤化有限公司的×××3号商业汇票，因已被二付款人拒付，招商银行太原分行在向其后手招商银行兰州票据中心清偿票款后，即享有对出票人、付款人及前手的票据再追索权。虽然出票人柳林县浩博煤焦有限责任公司、山西福龙煤化有限公司进入破产重整阶段，招商银行太原分行也已依照《企业破产法》规定的程序要求，将对山西福龙煤化有限公司、柳林县浩博煤焦有限责任公司的该两笔本案涉案汇票债权进行了申报，并已得到山西联盛能源公司等32家公司合并重整管理人及吕梁市中级人民法院（2015）吕破字第（1-23、25-31）之五号民事裁定确认，但根据《票据法》第六十八条"汇票的出票人、背书人、承兑人和保证人对持票人承担连带责任。持票人可以不按照汇票债务人的先后顺序，对其中任何一人、数人或者全体行使追索权。持票人对汇票债务人中的一人或者数人已经进行追索的，对其他汇票债务人仍可以行使追索权。被追索人清偿债务后，与持票人享有同一权利"的规定，物产进出口公司作为案涉票据的背书人，与出票人柳林县浩博煤焦有限责任公司、山西福龙煤化有限公司共同对持票人招商银行太原分行承担连带责任。招商银行太原分行已经向出票人柳林县浩博煤焦有限责任公司、山西福龙煤化有限公司进行追索的，对物产进出口公司仍可以行使追索权。同时，《企业破产法》亦未禁止债权人向其他连带债务人提起诉讼。故一审裁定认为"招商银行太原分行在依上述破产程序主张债权已得到法院生效法律文书确认的情况下，对其前手物产进出口公司不应行使该两笔汇票的再追索权"，从而驳回招商银行太原分行的起诉，没有法律依据。招商银行太原分行上诉主张原审适用法律错误，二审法院予以采纳。

另，上诉人招商银行太原分行关于二审直接改判支持其诉讼请求的上诉请求，没有法律依据，二审法院不予支持。

综上，上诉人招商银行太原分行的上诉请求及理由部分成立，二审法院予以支持。一审裁定适用法律错误，应予以撤销。依据《民事诉讼法》第一百七十一条①、《民诉法

---

① 该法已于2021年12月24日第四次修正，本案所涉第一百七十一条修改为第一百七十八条，内容未作修改。

司法解释》第三百三十二条①之规定，裁定：一、撤销山西省高级人民法院（2014）晋商初字第7号民事裁定；二、本案指令山西省高级人民法院审理。本裁定为终审裁定。

例案二：中兴世航国际能源投资（北京）有限公司、河北鸿坤建材有限公司票据追索权纠纷案

【法院】

河北省邢台市中级人民法院

【案号】

（2019）冀05民终3059号

【当事人】

上诉人（原审被告）：中兴世航国际能源投资（北京）有限公司

被上诉人（原审原告）：河北鸿坤建材有限公司

被上诉人（原审被告）：榆明电缆有限公司

【基本案情】

原审法院认定事实：原告鸿坤建材公司基于与案外人衡水市兴浩钢构工程有限公司间的买卖合同，从其处受让电子商业承兑汇票一张。该电子商业承兑汇票的票据号码为，票据金额50万元，出票日期为2017年12月12日，汇票到期日2018年12月11日，出票人被告中兴世航公司，收款人为被告榆明电缆公司，承兑人为被告中兴世航公司。承兑信息处载明："出票人承诺，本汇票请予以承兑，到期无条件付款；承兑人承兑，本汇票已经承兑，到期无条件付款。"背书流转页载明，该汇票由榆明电缆公司转让背书于新河县启闭机械有限公司、新河县启闭机械有限公司转让背书于衡水市兴浩钢构工程有限公司、衡水市兴浩钢构工程有限公司转让背书于原告处。汇票到期后，原告于2018年12月14日向承兑人提示付款，2019年1月21日被拒付，拒付理由为作废票据。现原告向二被告行使追索权，要求二被告履行承兑汇票兑付义务向原告兑付50万元及逾期相应利息。

原审认为，号码为××××的商业承兑汇票形式上记载完整，签章真实，系有效票据。原告系依背书取得票据，该票据背书连续，原告享有汇票权利。现涉案商

---

① 该司法解释已于2022年3月22日第二次修正，本案所涉第三百三十二条修改为第三百三十条，内容未作修改。

业承兑汇票到期，原告提示付款遭拒，同时原告亦举证证明与其直接前手衡水市兴浩钢构工程有限公司间存在真实的贸易关系，并就汇票的取得支付了相应对价。《票据法》第六十一条规定，汇票到期被拒绝付款的，持票人可以对背书人、出票人以及汇票的其他债务人行使追索权。现原告持有的商业承兑汇票到期后被拒绝付款，被告中兴世航公司、榆明电缆公司分别作为出票人和背书人，应当承担向原告鸿坤建材公司按照签发的汇票金额付款的连带责任。

票据具有流通性，只要在法定的合理时限内，票据经过背书交付即可将票据权利转让。被告中兴世航公司于2018年2月13日与榆明电缆出具撤销商票声明书，同时自己单方宣布已签发的三张汇票，包括本案汇票票号，票面金额为50万元整，共计300万元商业承兑汇票作废不符合法律规定，系无效行为；被告榆明电缆已经于2017年12月13日背书转让给启闭公司进入流通环节。该撤销声明书没有法律依据，不能在票据关系中对抗已经背书转让的持票人原告。故被告中兴世航依此作为不付款的抗辩理由不能成立，不予采纳。被告榆明电缆、中兴世航主张榆明电缆向启闭公司借款150万元，却给付其300万元，这种不对价转让票据是票据法所禁止的行为。根据庭审中新河县启闭机械有限公司与榆明电缆公司之间的借款合同、转账记录等明细可证实借款金额为300万元。被告中兴世航公司辩称榆明电缆公司以欺诈、偷盗或胁迫等手段取得票据，不得享有票据权利。以上两项主张，被告中兴世航公司均未提交证据支持，中兴世航公司与榆明电缆公司签订了工矿产品购销合同，只是榆明电缆公司并未实际履行合同。无因性是票据法的基本原则，票据行为具有独立性，不受原因关系的影响，持票人行使票据权利时不负证明给付原因的责任，被告中兴世航公司所主张的基础关系不能作为本案的抗辩理由，亦不影响原告在本案票据关系中所享有的票据权利。故对其该两项主张一审法院不予采纳。判决被告中兴世航国际能源投资（北京）有限公司、被告榆明电缆有限公司于本判决生效后五日内连带支付原告河北鸿坤建材有限公司汇票款50万元及利息（利息按中国人民银行同期贷款利率从2019年1月21日起计算至付清之日止）。案件受理费8800元，由被告中兴世航国际能源投资（北京）有限公司、被告榆明电缆有限公司共同承担。

二审期间，被上诉人榆明电缆委托诉讼代理人当庭提交破产裁定书、指定管辖裁定书、指定管理人决定书三份证据。上诉人中兴世航、被上诉人鸿坤建材对该证据均无异议。对于该证据，二审法院予以采信。二审庭审中，经当庭释明征询，被上诉人鸿坤建材明确表示对榆明电缆的诉讼请求不变更为债权确认，坚持一审诉求。

另查明，2017年12月12日，中兴世航与榆明电缆签订货款价值333.2万元的工矿产品购销合同，并将出票日期为2017年12月12日，到期日为2018年12月11日，票面金额总计300万元的三张汇票交付给榆明电缆。其中，票据号码为的票据金额200万元，票据号码为的票据金额50万元，票据号码为的票据金额50万元。次日，榆明电缆将其持有的上述三张汇票，背书转让给案外人新河县启闭机械有限公司（简称启闭公司）偿还债务。2018年2月14日，启闭公司将本案争议的汇票背书转让于衡水市兴浩钢构工程有限公司，2018年10月30日，衡水市兴浩钢构工程有限公司又将此汇票背书转让于鸿坤建材，鸿坤建材2019年1月21日提款时遭到拒付。

又查明，2019年7月29日二审法院裁定受理申请人宋珠瑞等十一人对榆明电缆的破产清算申请，8月6日指定新河县人民法院审理，9月4日该院指定河北鑫旺律师事务所为该公司破产管理人。

【案件争点】

关于鸿坤建材对榆明电缆诉讼请求坚持不变如何判决。

【裁判要旨】

二审法院认为，被上诉人鸿坤建材基于与案外人衡水市兴浩钢构工程有限公司间的买卖合同，从该处受让的票据号码为，金额为50万元电子商业承兑汇票，形式上记载完整，签章真实，系有效票据。鸿坤建材系依背书取得票据，该票据背书连续，其享有汇票权利。

关于中兴世航"榆明电缆取得票据的行为应属无效"的上诉理由。二审法院认为，上诉人在一审审理过程中，提交了其与榆明电缆签署的购销合同，这仅能证明该公司与榆明电缆存在买卖合同关系。在未能举出榆明电缆存在欺诈的其他证据情况下，人民法院也只能认定榆明电缆取得涉案汇票存在合法的基础法律关系。依据《票据法》的无因性原则，其不能以该理由对抗合法持票人。故对中兴世航该项上诉理由，依法不予支持。

关于中兴世航"榆明电缆承诺票据返还未返还应承担责任"的上诉理由。二审法院认为，中兴世航一旦出票，就应该按照法律规定履行付款义务，其在汇票进入流通环节又撤销汇票的行为，没有票据法上的依据。故对中兴世航该项上诉理由，依法不予采纳。

关于"鸿坤建材前手启闭公司取得票据属恶意取得"的上诉理由。二审法院认为，依照《票据法》《2000年票据纠纷司法解释》相关规定，中兴世航基于启闭公司恶意取得汇票，抗辩其对该公司不履行票据责任需举证证明，启闭公司以恶意、欺诈手段取得案涉汇票和取得汇票时明知或存在重大过失。鉴于中兴世航对此始终未提交任何证据证明，故该项上诉理由没有证据支持，依法不予支持。

关于鸿坤建材对榆明电缆诉讼请求坚持不变如何判决的问题。二审法院认为，基于二审查明榆明电缆已进入破产程序审理的实际情况，继续作出给付内容的判决赋予申请强制执行的权利，必导致与破产程序产生冲突，故对其涉及榆明电缆的诉讼请求，依法予以驳回。同时需要释明的是本判决不影响鸿坤建材向榆明电缆主张票据权利，而是可以根据《企业破产法》相关规定向榆明电缆的管理人申报债权。

例案三：交通银行股份有限公司温州分行与永嘉县红晨鞋业有限公司保证合同纠纷案

【法院】

浙江省温州市鹿城区人民法院

【案号】

（2014）温鹿商初字第4683号

【当事人】

原告：交通银行股份有限公司温州分行

被告：永嘉县红晨鞋业有限公司

【基本案情】

被告永嘉县红晨鞋业有限公司与原告签订的《最高额保证合同》中约定：本合同项下的保证为连带责任保证；保证期间为每笔主债务履行期限届满之日后两年止；主合同同时受债务人或第三方提供的抵押或质押担保的，债权人有权自行决定行使权利的顺序，债权人有权要求保证人立即支付债务人的全部到期应付款项而无须先行行使担保物权；债务人放弃担保物权或其权利顺位或变更担保物权的，保证人仍按本合同承担保证责任而不免除任何责任。

2013年3月19日，永嘉县人民法院作出（2013）温永商破字第1-1号民事裁定书，裁定受理了温州金伟皮革有限公司对浙江犀牛鞋业有限公司的破产清算申请。截止浙江犀牛鞋业有限公司破产清算受理之日（即2013年3月19日），浙江犀牛鞋业有限公司所欠原告的主债务欠款情况如下：（1）温交银12年12贷字013号《流动资金借款合同》，尚欠借款本金1998705元，期内利息20044.45元，期内利息的复利535.12元，罚息50533.93元；（2）温交银12年12承字046号《开立银行承兑汇票合同》，尚欠垫款本金 353404 元，逾期利息 19481.81 元；（3）温交银 12 年 12 贷字 102 号《流动资金借款合同》，尚欠借款本金 350 万元，期内利息 86867.67 元，期内利息的复利 1210.77 元；（4）温交银 12 年 12 承字 061 号《开立银行承兑汇票合同》，尚欠垫款本金 334386.09 元，逾期利息 12580 元；（5）温交银 12 年 12 贷字 103 号《流动资金借款合同》，尚欠借款本金 380 万元，期内利息 102172.93 元，期内利息复利 1542.77 元；（6）温交银 12 年 12 贷字 126 号《流动资金借款合同》，尚欠借款本金 300 万元，期内利息 76700 元，期内利息复利 1101.25 元；（7）温交银 12 年 12 贷字 150 号《流动资金借款合同》，尚欠借款本金 3748333 元，期内利息 82600 元，期内利息复利 957.89 元；（8）温交银 12 年 12 贷字 163 号《流动资金借款合同》，尚欠借款本金 360 万元，期内利息 74340 元，期内利息复利 862.10 元；（9）温交银 12 年 12 承字 092 号《开立银行承兑汇票合同》，尚欠垫款本金 984750 元；（10）编号温交银 12 年 12 承字 099 号《开立银行承兑汇票合同》，尚欠垫款本金 393900 元。"

另查明，前述主债务除了被告提供最高额保证之外，还有浙江犀牛鞋业有限公司提供其所有的位于永嘉县乌牛街道东蒙工业园区的房产作最高额抵押，最高债权数额为 2014.9 万元，以及案外人浙江芙蓉印务有限公司、蒋某义、柯某琴分别提供最高额保证。原告对其他保证人均已另案主张权利。在浙江犀牛鞋业有限公司破产案件审理过程中，对前述抵押物进行了处置，偿还了贷款本金 1200 万元，现剩余本息 10245008.78 元未偿还。

【案件争点】

破产程序开始后，未到期的债权，在破产申请受理时视为到期，权利人继续付款的，可对该部分款项主张权利。

【裁判要旨】

涉案《最高额保证合同》《流动资金借款合同》《开立银行承兑汇票合同》均合法有效，应受法律保护。被告红晨鞋业公司为债务人浙江犀牛鞋业有限公司向原告借款提供最高额保证，理应在合同约定范围内承担保证责任。依照规定，破产人的保证人和其他连带债务人，在破产程序终结后，对债权人依照破产清算程序未受清偿的债权，依法继续承担清偿责任，故被告应在债务人浙江犀牛鞋业有限公司破产程序终结后未得清偿的部分继续承担保证责任。未到期的债权，在破产申请受理时视为到期；附利息的债权自破产申请受理时起停止计息。故主债务应全部在破产申请受理时视为到期并停止计息。部分票据款虽系在浙江犀牛鞋业有限公司破产程序开始后由原告继续予以付款，但原告依法可对该部分款项主张权利。原告主张对逾期利息计收复利，缺乏依据,不予支持。依照《合同法》第六十条①、第一百零七条②、第二百零五条③、第二百零六条④、第二百零七条⑤,《担保法》第十四条⑥、第十八条⑦、第二十一条第一款⑧,《企业破产法》第四十六条、第五十五条、第一百二十四条,《民事诉讼法》第九十二条第一款⑨、第一百四十四条⑩的规定,判决:一、被告永嘉县红晨鞋业有限公司在主债务人浙江犀牛鞋业有限公司破产程序终结后一个月内,对原告交通银行股份有限公司温州分行所享有的债权 10245008.78 元未得清偿部分继续承担连带清偿责任,但承担保证责任的总额以 430 万元为限。二、驳回原告交通银行股份有限公司温州分行的其他诉讼请求。

---

① 参见《民法典》第五百零九条规定:"当事人应当按照约定全面履行自己的义务。当事人应当遵循诚信原则,根据合同的性质、目的和交易习惯履行通知、协助、保密等义务。当事人在履行合同过程中,应当避免浪费资源、污染环境和破坏生态。"

② 对应《民法典》第五百七十七条,内容未作修改。

③ 参见《民法典》第六百七十四条规定:"借款人应当按照约定的期限支付利息。对支付利息的期限没有约定或者约定不明确,依据本法第五百一十条的规定仍不能确定,借款期间不满一年的,应当在返还借款时一并支付;借款期间一年以上的,应当在每届满一年时支付,剩余期间不满一年的,应当在返还借款时一并支付。"

④ 参见《民法典》第六百七十五条规定:"借款人应当按照约定的期限返还借款。对借款期限没有约定或者约定不明确,依据本法第五百一十条的规定仍不能确定的,借款人可以随时返还;贷款人可以催告借款人在合理期限内返还。"

⑤ 对应《民法典》第六百七十六条,内容未作修改。

⑥ 参见《民法典》第六百九十条规定:"保证人与债权人可以协商订立最高额保证的合同,约定在最高债权额限度内就一定期间连续发生的债权提供保证。最高额保证除适用本章规定外,参照适用本法第二编最高额抵押权的有关规定。"

⑦ 参见《民法典》第六百八十八条规定:"当事人在保证合同中约定保证人和债务人对债务承担连带责任的,为连带责任保证。连带责任保证的债务人不履行到期债务或者发生当事人约定的情形时,债权人可以请求债务人履行债务,也可以请求保证人在其保证范围内承担保证责任。"

⑧ 参见《民法典》第六百九十一条规定:"保证的范围包括主债权及其利息、违约金、损害赔偿金和实现债权的费用。当事人另有约定的,按照其约定。"

⑨ 该法已于 2021 年 12 月 24 日第四次修正,本案所涉第九十二条第一款修改为第九十五条第一款,内容未作修改。

⑩ 该法已于 2021 年 12 月 24 日第四次修正,本案所涉第一百四十四条修改为第一百四十七条,内容未作修改。

三、裁判规则提要

一般情况下，破产债权是在债务人进入破产程序之前发生的，债务人进入破产程序后，原则上不再设定新的民事权利，共益债务除外。当然，共益债务不发生申报债权的问题。但对票据付款人产生的债权作例外规定。票据活动中，在出票人破产的情况下，如果承兑或者付款行为发生在破产案件受理之前，这种债权依照《企业破产法》第四十四条的规定，作为可申报债权；如果承兑或者付款行为发生在破产案件之后，按照《企业破产法》第四十四条的规定，不能作为可申报债权。但是，票据是流通性很强的有价证券，票据的收款人是不特定的，票据的承兑和付款也会随时发生。如果不允许在破产案件受理后进行承兑或者付款的权利人向破产的出票人主张权利，不能以其权利作为可申报债权来行使，对于这些承兑人和付款人是不公平的，也不利于保护票据的流通性。因此，《企业破产法》第五十五条专门作出规定：票据出票人进入破产程序，而付款人付款或者承兑，因此所产生的债权为可申报债权，付款人为债权人。这也是我国现行《企业破产法》司法实践中的一贯做法。

（1）该破产债权是因付款人履行义务而产生，而非因为其他关系所产生。是在出票人破产时，付款人因为继续承兑或者付款而产生的债权，而非付款人对出票人因为其他关系所产生的债权。而且，这种票据关系，因为出票行为在出票人破产申请受理前就已经形成，在破产申请受理后因为付款人继续承兑或者付款而实际发生。也就是说，出票行为发生在出票人破产申请受理前，而付款人继续承兑或者付款的行为发生在出票人破产申请受理后，由此产生的付款人对出票人的债权，付款人才可按照《企业破产法》第五十五条的规定进行债权申报。如果出票行为与付款行为均发生在出票人破产申请受理前，以及出票行为与付款行为均发生在出票人破产申请受理后，付款人则不能适用这一规定进行债权申报。前者即出票行为与付款行为均发生在出票人破产申请受理前而发生的付款人对出票人的债权，可以按照《企业破产法》第四十四条规定依法行使权利包括债权申报权利；后者则因出票人破产已丧失处理内外事务包括出票事务的权利而属于无权出票，除非得到管理人追认，收款人对出票人破产的事实确实不知情而出于善意，否则属于确定不发生效力的无权出票行为。为此，付款人对收款人不负有承兑或者付款责任。应当指出，《企业破产法》第五十五条规定的票据关系中，付款人在出票人破产后因为继续承兑或者付款所产生的债权可以按照此规定进行债权申报。但是，付款人没有履行继续承兑或者付款如票据付款期限未到或者票据付款期限已到拒绝承兑或者付款的，持票人虽然可以向出票人行使追索权，但付款人的责任没有因此而消灭，付款人为此仍然可能因为继续承兑或者付款而对出票人享有债权，因此，付款人、持票人均可依法对出票人主张权利而申报债权。但两者源于同一债务，应当注意不能重复申报与受偿。

（2）没有付款人"不知进入破产程序"的限定条件。2002年最高人民法院《关于审理企业破产案件若干问题的规定》第五十五条第一款第四项规定，票据出票人被宣告破产，付款人或者承兑人不知其事实而向持票人付款或者承兑所产生的债权，属于破产债权。但是，《企业破产法》第五十五条的规定并没有"不知其事实"的限定条件。这主要是因为，按照我国《票据法》的规定，出票人进入破产程序并不是付款人拒绝承兑或者付款的法定抗辩理由。也就是说，即使付款人知道了发票人进入破产程序的事实，也没有法定权利拒绝承兑或者付款（如支票为见票即付，付款人无权以发票人破产作为拒绝付款的理由）。因此，既然付款人从法律上来说必须承兑或者付款，就没有理由以其知道出票人进入破产程序作为限制权利的理由。从另外一个角度来说，如果要求付款人在承兑或者付款之前都有查明发票人是否进入破产程序的义务，将增加交易成本，降低交易安全，不利于票据的流转。所以，对破产案件受理后发生的承兑或者付款行为所产生的债权作为可申报债权，没有规定限制条件。即使付款人在承兑或者付款时知道发票人进入破产程序的事实，也不影响该条规定的适用。

（3）仅限于汇票、支票关系中的债权申报。《企业破产法》第五十五条规定的票据关系中的债权申报，涉及的是出票人破产，付款人继续承兑或者付款时而对出票人主张权利进行债权申报的问题，显然，要求出票人、付款人不为同一人。如果出票人与付款人为同一人，如本票中的出票人与付款人为同一人，因此，自不存在付款人根据《企业破产法》第五十五条的规定向管理人申报债权的问题。

（4）因承兑或者付款产生不同的债权。因对票据的付款而产生的债权属于现实之债权，可不受限制地参加破产清偿。但因对票据的承兑而产生的债权则属于将来之债权，性质为附停止条件的债权，在对票据实际付款之前，对其清偿应遵循有关对附条件债权清偿的原则。而且，此项规定不适用于票据的付款人事先已经收受票据资金的情况，此时付款人付款后不再享有对破产人的债权。

四、辅助信息

高频词条：

《票据法》

第六十一条　汇票到期被拒绝付款的，持票人可以对背书人、出票人以及汇票的其他债务人行使追索权。

汇票到期日前，有下列情形之一的，持票人也可以行使追索权：

（一）汇票被拒绝承兑的；

（二）承兑人或者付款人死亡、逃匿的；

（三）承兑人或者付款人被依法宣告破产的或者因违法被责令终止业务活动的。

第六十四条　承兑人或者付款人被人民法院依法宣告破产的，人民法院的有关司法文书具有拒绝证明的效力。

承兑人或者付款人因违法被责令终止业务活动的，有关行政主管部门的处罚决定具有拒绝证明的效力。

《2020年票据纠纷司法解释》

第十六条　票据出票人或者背书人被宣告破产的，而付款人或者承兑人不知其事实而付款或者承兑，因此所产生的追索权可以登记为破产债权，付款人或者承兑人为债权人。

《企业破产法》

第四十四条　人民法院受理破产申请时对债务人享有债权的债权人，依照本法规定的程序行使权利。

第五十五条　债务人是票据的出票人，被裁定适用本法规定的程序，该票据的付款人继续付款或者承兑的，付款人以由此产生的请求权申报债权。

《最高人民法院关于审理企业破产案件若干问题的规定》

第五十五条　下列债权属于破产债权：

（一）破产宣告前发生的无财产担保的债权；

（二）破产宣告前发生的虽有财产担保但是债权人放弃优先受偿的债权；

（三）破产宣告前发生的虽有财产担保但是债权数额超过担保物价值部分的债权；

（四）票据出票人被宣告破产，付款人或者承兑人不知其事实而向持票人付款或者承兑所产生的债权；

（五）清算组解除合同，对方当事人依法或者依照合同约定产生的对债务人可以用货币计算的债权；

（六）债务人的受托人在债务人破产后，为债务人的利益处理委托事务所发生的债权；

（七）债务人发行债券形成的债权；

（八）债务人的保证人代替债务人清偿债务后依法可以向债务人追偿的债权；

（九）债务人的保证人按照《中华人民共和国担保法》第三十二条的规定预先行使追偿权而申报的债权；

（十）债务人为保证人的，在破产宣告前已经被生效的法律文书确定承担的保证责任；

（十一）债务人在破产宣告前因侵权、违约给他人造成财产损失而产生的赔偿责任。

（十二）人民法院认可的其他债权。

以上第（五）项债权以实际损失为计算原则。违约金不作为破产债权，定金不再适用定金罚则。

票据纠纷案件裁判规则第 20 条：

持票人因票据拒付向直接前手行使原因债权的，持票人可先行使票据权利（票据追索权），若票据债权兑付后，原因债权自然消灭；若债权人实现原因债权，须同时返还相关票据；如债权人无法返还相关票据，债务人也无须履行原因债务

【规则描述】本条规则主要阐述的是持票人在票据拒付后，票据追索权与原因债权的行使顺序及行使后果问题。该规则是对《票据法》第六十一条和《民法典》第五百七十七条内容的适用，当原因债权与票据债权存在竞合的情况下，债权人可任意选择其中一种行使。

一、类案检索大数据报告

时间：2020 年 7 月 5 日之前，案例来源：Alpha 案例库，案件数量：33 件，数据采集时间：2020 年 7 月 5 日。其中，认同持票人在票据拒付后，可以选择行使票据权利（票据追索权）或基于基础交易关系行使原因债权的案件 30 件，不相关案件 3 件。整体情况如下：

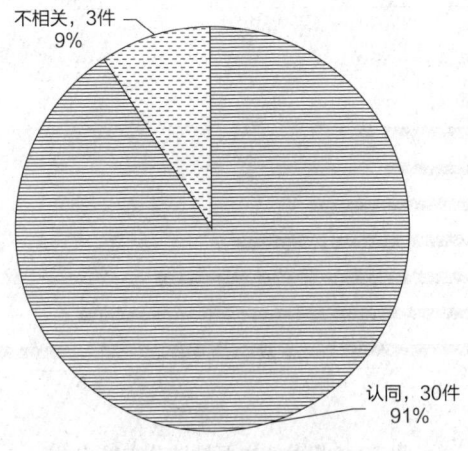

图 20-1 是否认同情况

如图 20-1 所示，在筛选得到的 33 件案例库中，认同持票人在票据拒付后，可以选择行使票据权利（票据追索权）或基于基础交易关系行使原因债权的案件 30 件，占比 91%；不相关案件 3 件，占比 9%。

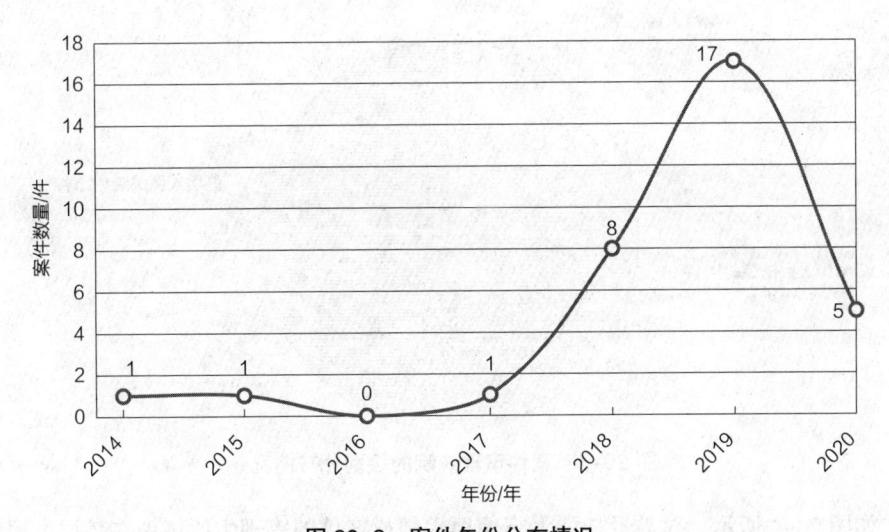

图 20-2 案件年份分布情况

如图 20-2 所示，近两年审理的涉及持票人行使原因债权的案件较之前年份有明显的增长且增长幅度较大。2018 年和 2019 年的案件数量占比达 75% 以上。

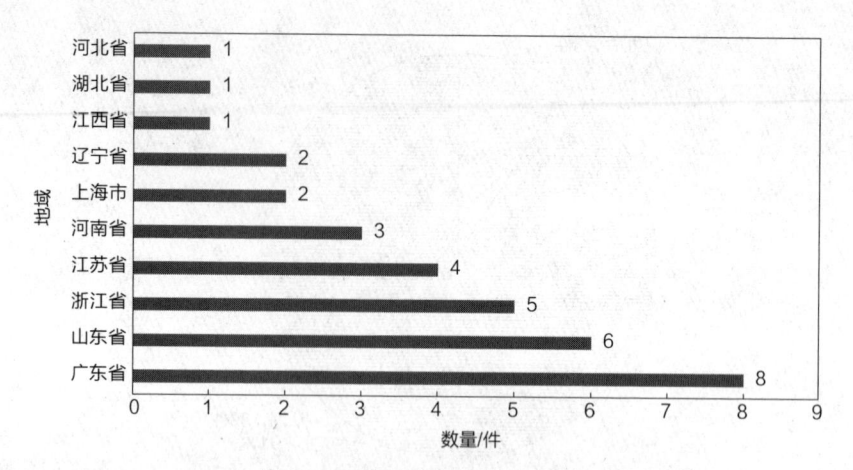

图 20-3　案件主要地域分布情况

如图 20-3 所示，从案件的地域分布情况来看，当前有关持票人行使原因债权的案件主要分布在广东、山东、浙江。其中，广东的案件数量最多，达 8 件。

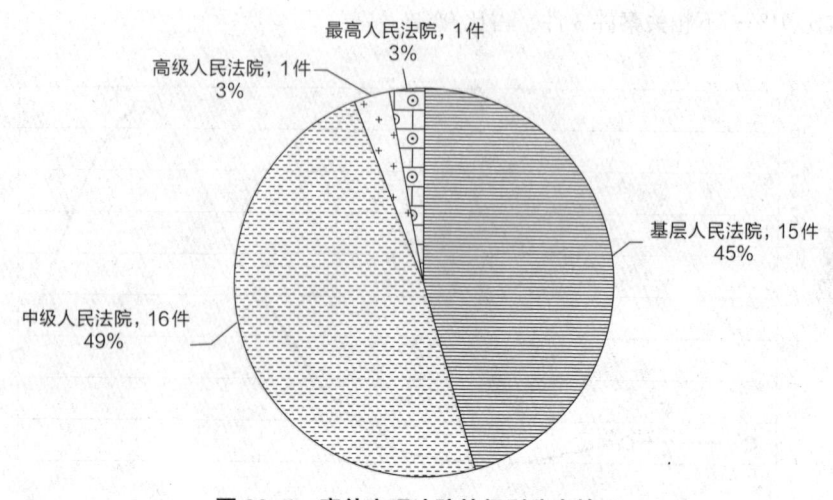

图 20-4　案件审理法院的级别分布情况

如图 20-4 所示，对涉及持票人行使原因债权案件的审理主要集中在基层人民法院与中级人民法院。其中，由基层人民法院负责审理的案件有 15 件，由中级人民法院负责审理的案件有 16 件，占所有案件数量的 94%。

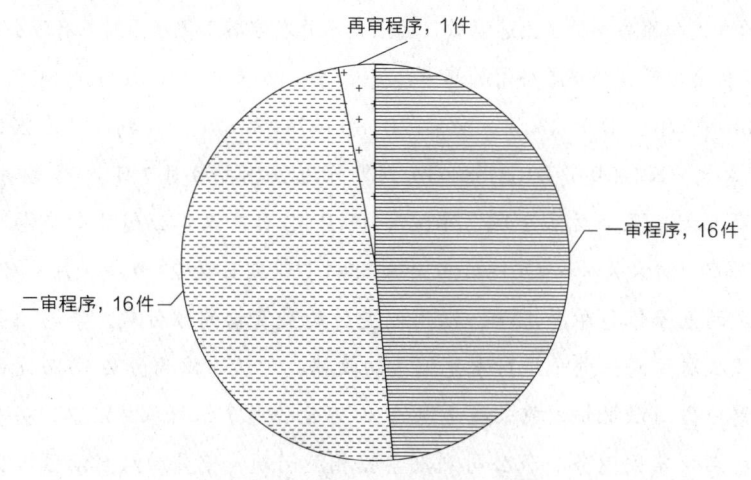

图 20-5 案件审理程序分布情况

如图 20-5 所示，此类案件主要集中在一审和二审程序，多达 32 件。启动再审程序的案件比较少，仅占调查数据的 3%。

二、可供参考的例案

例案一：温州汉华照明科技有限公司、东莞华港国际贸易有限公司买卖合同纠纷案

【法院】

浙江省温州市中级人民法院

【案号】

（2019）浙 03 民终 5334 号

【当事人】

上诉人（原审被告、反诉原告）：温州汉华照明科技有限公司

被上诉人（原审原告、反诉被告）：东莞华港国际贸易有限公司

【基本案情】

东莞华港国际贸易有限公司（以下简称华港公司）与温州汉华照明科技有限公司（以下简称汉华公司）长期有业务往来。汉华公司于 2017 年 12 月 13 日至 2018 年 8 月 16 日期间向原告购买了 949975 元的塑胶原料，汉华公司陆续通过银行转账和背书转让电子银行

承兑汇票的方式向原告支付了上述货款。因汇票承兑人宝塔石化集团财务有限公司资金断裂，导致汉华公司开具给华港公司的其中票据号码为130××××120180111147877020（到期日为2018年7月11日）、130×××120180307168488014（到期日为2018年9月7日）、130×××120180307168488063（到期日为2018年9月7日），金额共计30万元的电子商业汇票至今无法兑现。2018年11月13日，汉华公司又向华港公司开具了票据号码为131×××420181109285837854（到期日为2019年5月9日），金额各为5万元的电子银行承兑汇票，欲用以支付购买货物的预付款，华港公司向汉华公司出具了收取该两份电子银行承兑汇票的收据，但认为该两份共10万元的电子银行承兑汇票应当用以抵扣之前未能兑现的30万元的电子银行承兑汇票。另查明，为了解决宝塔石化集团财务有限公司到期票据相关问题，宁夏回族自治区人民政府进驻宝塔石化集团有限公司工作组于2018年11月26日发布《自治区进驻宝塔石化集团工作组第一次公告》，公告内容为："……为保护合法票据项下合法持有人权益，请现场到期票据持有人提供相关资料，包括但不限于交易合同和增值税发票原件或复印件、银行流水单原件等，以及其他有效证明材料……二、宝塔财务公司将在银川宝塔石化大厦及指定地点设登记点……三、鉴于宝塔财务公司有关票据活动涉嫌违法犯罪，公安机关正在调查取证，现场到期票据持有人应予配合。"

华港公司向一审法院起诉请求判令汉华公司向华港公司支付货款。一审法院认为，汉华公司为支付合同对价向华港公司交付银行承兑汇票，华港公司作为出卖方享有两种债权，即原因债权（合同价金请求权）和票据债权（票据上的付款请求权）。本案争议的就是该两种债权如何行使的问题。双方并未约定交付票据后原因债权即消灭，因此不能直接以票据的交付来认定双方合同权利义务灭失。虽然汉华公司以电子银行承兑汇票的方式偿付了全部货款，但现有证据证实汉华公司所交付的电子银行承兑汇票中有30万元的电子银行承兑汇票无法兑现，故华港公司可以选择行使原因债权，现华港公司起诉要求汉华公司继续偿付货款，理由正当。至于汉华公司应当偿付货款的金额问题，汉华公司主张其于2018年11月13日向华港公司支付的两份各5万元的电子银行承兑汇票系用于支付购买货物的预付款，但华港公司予以否认，汉华公司未能提供证据证实双方均已认可该两份电子承兑汇票系用于支付预付款，且汉华公司支付该两份电子银行承兑汇票时，之前支付给华港公司的电子银行承兑汇票中有三份计30万元的电子银行承兑汇票已到期尚未能兑现，故华港公司将该两份计10万元的电子银行承兑汇票用以抵扣之前的货款，仅要求汉华公司支付20万元货款，有事实、法律依据。因双方未约定付款期限，债权人请求付款的，债务人应当及时付款，汉华公司未及时还款，给华港公司造成了经济损失，故华港公司要求汉华公司偿付20万元货款并支付逾期付款利息损失，符合法律规定，一审法院予以支持。汉华公司反诉要求华港公司返还10万元预付款的请求无事实、法律依据，一审法院不予支持。

二审中，华港公司向法院提交了两份票据清单，用以证明华港公司原收取汉华公司的两张票据各10万元已由华港公司发起非拒付追索。汉华公司二审期间未向法院提交新的证据。

法院组织双方当事人进行了证据交换和质证。汉华公司对华港公司提交的证据质证认为，首先，2019年12月9日下午、10日上午，经汉华公司在公司的票据接入系统多次查询，没有查询到有待签收票据，也没有查询到该两份票据的追索信息，因此，对华港公司提供的该两份票据的追索信息的真实性持有异议。其次，假设该两份票据追索信息是真实的。（1）华港公司在提示付款期内未提示付款，只能向出票人、承兑人进行追索，而且已经超过了对汉华公司进行追索的期限，因此，华港公司已经丧失了对汉华公司进行票据追索权利，汉华公司不承担票据付款责任。（2）行使票据追索权利的是持票人，假设华港公司发起了票据追索，那么持票人仍然是华港公司。再次，假设该两份票据追索信息是真实的。（1）华港公司应当通过票据追索权纠纷解决，而不能在本案买卖合同纠纷中解决；华港公司既发起票据追索，又主张买卖合同货款，属于重复主张权利。（2）本案属于买卖合同纠纷，华港公司所主张的货款，汉华公司已经通过汇款和背书电子承兑汇票的方式将货款支付完毕；华港公司起诉要求汉华公司再次支付货款没有法律依据。最后，华港公司在2019年1月根据通过宁夏回族自治区人民政府进驻宝塔石化集团工作组的公告，向宁夏回族自治区人民政府进驻宝塔石化集团工作组登记票据权利，实际上就是华港公司向出票人、承兑人发起追索，在一、二审审理过程中，华港公司的部分票据款也已经分多次得到兑付，一审判决给买卖合同、票据制度造成严重的混乱，因此，证明了一审判决认定华港公司仍然享有主张货款的权利是完全错误的。

法院对华港公司提交的证据审查后认为，该些证据系打印件，没有相关单位盖章确认，真实性难以认定，对此不予确认。

经审查，法院除对一审法院查明的"因汇票承兑人宝塔石化集团财务有限公司资金断裂，导致汉华公司开具给华港公司的其中票据号码为130×××120180111147877020（到期日为2018年7月11日）、130×××120180307168488014（到期日为2018年9月7日）、130×××120180307168488063（到期日为2018年9月7日），金额共计

30万元的电子商业汇票至今无法兑现"不予确认外，对其他事实予以确认。另根据双方当事人陈述，查明：因汇票承兑人宝塔石化集团财务有限公司资金断裂，导致汉华公司开具给华港公司的票据号码为130×××120180111147877020（到期日为2018年7月11日）、130×××120180307168488014（到期日为2018年9月7日）、130×××120180307168488063（到期日为2018年9月7日）各为10万元的电子商业汇票在一审判决前无法兑现。二审期间，华港公司收取了宁夏回族自治区人民政府进驻宝塔石化集团有限公司工作组10万元兑付款。

【案件争点】

原因债权与票据债权如何行使的问题。

【裁判要旨】

原因债权与票据债权存在竞合的情况下，债权人可选择行使其中一种权利。本案中，汉华公司作为票据背书人，在华港公司取得票据而不能实现票据权利时，华港公司可根据《票据法》的规定以票据债权请求背书人的汉华公司支付票据金额，华港公司亦可基于基础关系以汉华公司付款方式存在瑕疵要求汉华公司支付未付货款。现华港公司基于买卖合同关系要求汉华公司支付未付货款，一审法院予以支持，并无不当，法院予以维持，但华港公司在向汉华公司主张原因债权时，负有返还票据的义务。汉华公司要求返还10万元预付款的主张，因票据不能兑付而致汉华公司仍欠华港公司20万元货款，为减少当事人诉累，法院对华港公司将该10万元在20万元货款中扣减的请求予以支持。同时，因华港公司在二审期间又收取涉案票据的兑付款10万元，该款亦应扣减。

例案二：上海电力环保设备总厂有限公司与无锡港盛重型装备有限公司买卖合同纠纷案

【法院】

上海市第二中级人民法院

【案号】

（2021）沪02民终4222号

【当事人】

上诉人（原审被告）：上海电力环保设备总厂有限公司

被上诉人（原审原告）：无锡港盛重型装备有限公司

【基本案情】

2018年4月4日，上海电力环保设备总厂有限公司（以下简称电力公司）背书转让给无锡港盛重型装备有限公司（以下简称港盛公司）的电子银行承兑汇票的出票人为宁夏宝塔能源化工有限公司；收票人为宝塔石化集团有限公司；承兑人为宝塔石化集团财务有限公司；票据号码：×××；票据金额：10万元；出票日期：2018年2月28日；汇票到期日：2019年2月28日；汇票承兑信息：出票人承诺：本汇票请予以承兑，到期无条件付款；承兑人承诺：本汇票已经承兑，到期无条件付款等。港盛公司接收后又将该承兑汇票转让给了无锡市科源电器设备厂（以下简称科源电器厂），科源电器厂接收后又将该承兑汇票多次转让他人，最终于2019年2月2日仍由科源电器厂背书转让给常州双凯电器有限公司（以下简称双凯公司，系最后持票人）。2019年2月28日，该电子银行承兑汇票到期后，双凯公司经提示付款，票据状态一直显示为"提示付款待签收"，承兑人未予兑付。2020年1月6日，双凯公司诉至常州市天宁区人民法院，要求科源电器厂继续履行付款义务。2020年3月30日，常州市天宁区人民法院作出（2020）苏0402民初138号民事判决书，该判决书查明科源电器厂为清偿货款而向双凯公司背书转让的承兑汇票被拒付的事实，认定科源电器厂与双恺公司的买卖合同付款义务并未解除，判决科源电器厂继续履行10万元货款的付款义务，科源电器厂履行付款义务后，票据号码×××的承兑汇票的权利归科源电器厂。2020年3月31日，科源电器厂向双凯公司履行了支付10万元货款的义务。2020年5月8日，科源电器厂诉至无锡市惠山区人民法院，要求港盛公司继续履行给付10万元货款的义务并赔偿逾期付款损失。2020年7月24日，无锡市惠山区人民法院认定涉案汇票被拒绝兑付的事实，港盛公司的付款义务并未解除，判决港盛公司支付科源电器厂货款10万元，港盛公司履行付款义务后，票据号码×××的承兑汇票的权利归港盛公司所有。2020年9月9日，港盛公司向科源电器厂履行了支付10万元货款的义务。

【案件争点】

在涉案票据被拒绝兑付后，港盛公司能否基于原因债权向电力公司主张权利。

【裁判要旨】

一审法院认为，虽然《票据法》赋予持票人在付款请求权得不到实现后可行使追索的权利，但并无法律规定债权人在票据付款请求权无法实现时只能依据《票据法》继续行使追索权或《票据法》上规定的其他权利。当买卖合同关系的买受人为支付价款而向出卖人出具承兑汇票之后，出卖人同时享有原因债权及票据债权。若无特别约定，债权人一般应先行使票据债权即票据付款请求权，当票据付款请求权遭到拒绝，且债权人获得拒绝证书后，债权人即可选择行使原因债权。

二审法院认为，涉案票据被拒绝兑付后，持票人双凯公司基于原因债权向其前手科源电器厂主张货款，得到法院支持，科源电器厂依据生效判决向双凯公司清偿了货款。随后，科源电器厂基于原因债权向其前手港盛公司主张货款，同样得到法院支持，港盛公司亦依据生效判决向科源电器厂清偿了货款。港盛公司清偿货款后，涉案票据的权利归港盛公司享有，而此时港盛公司的前手为电力公司。鉴于电力公司以交付涉案票据的方式履行其与港盛公司之间的货物支付义务，而涉案票据被拒绝兑付，则电力公司与港盛公司之间的货款实际并未结清，原因债权亦未消灭。在此情况下，又基于电力公司系港盛公司的直接前手，港盛公司既可以依据原因债权向电力公司主张货款，也可以基于票据权利向电力公司追索。港盛公司在本案中选择以原因债权主张自身权利，并未违反法律规定，应予支持。港盛公司在行使原因债权项下权利后，涉案票据的权利归属于电力公司。

例案三：上海鑫旺钢铁有限公司、赣州江钨钨合金有限公司买卖合同纠纷案

【法院】

江西省高级人民法院

【案号】

（2020）赣民再119号

【当事人】

再审申请人（一审被告、二审上诉人）：上海鑫旺钢铁有限公司

被申请人（一审原告、二审被上诉人）：赣州江钨钨合金有限公司

【基本案情】

赣州江钨钨合金有限公司（以下简称江钨钨合金公司）与上海鑫旺钢铁有限公司（以下简称鑫旺钢铁公司）分别于2018年2月6日与2018年4月4日签订两份货物销售合同，约定江钨钨合金公司向鑫旺钢铁公司出售规格为 Fe W 80-C 钨铁合计100吨，并约定买方不按期支付货款的，违约方向对方偿付未按期付款的货款总值10%的违约金。合同签订后，江钨钨合金公司依约向鑫旺钢铁公司交付了钨铁100吨，鑫旺钢铁公司向江钨钨合金公司提供承兑汇票用于支付上述货款。但其中有5笔承兑汇票（出票人宝塔盛华商贸集团有限公司，收票人北京宝塔国际经济技术合

作有限公司，承兑人宝塔石化集团财务有限公司）合计600万元，到期无法兑付。

鑫旺钢铁公司向江钨钨合金公司提供用于支付案涉货款的电子银行承兑汇票中，有五张电子银行承兑汇票（出票人宝塔盛华商贸集团有限公司，收票人北京宝塔国际经济技术合作有限公司，承兑人宝塔石化集团财务有限公司）合计600万元，尚未兑付。其中四张电子银行承兑汇票的票据状态为"逾期提示付款待签收"，一张电子银行承兑汇票的票据状态为"质押解除已签收"。江钨钨合金公司就该票据纠纷于2018年9月向宁夏回族自治区银川市金凤区人民法院起诉宝塔石化集团财务有限公司，该法院以宝塔石化集团财务有限公司有关票据活动涉嫌经济犯罪为由，裁定驳回江钨钨合金公司的起诉。

【案件争点】

原因债权与票据债权如何行使的问题。

【裁判要旨】

二审法院认为，鑫旺钢铁公司与江钨钨合金公司自愿订立《购销合同》，不违反法律、行政法规的强制性规定，合法有效，应予确认。江钨钨合金公司依约向鑫旺钢铁公司交付了货物，鑫旺钢铁公司也应当按照合同约定向江钨钨合金公司支付相应的货款。鑫旺钢铁公司为支付商品对价向江钨钨合金公司交付电子银行承兑汇票，江钨钨合金公司作为商品对价的接收方和汇票权利的接收方，在未获得汇票款的情况下，并未实际取得汇票上的支付功能，也就是说在江钨钨合金公司与鑫旺钢铁公司签订的购销合同中，并未实际获得相应价款，即鑫旺钢铁公司并未实际履行支付货款的义务，未能按照合同的约定履行付款义务，应承担违约责任，但江钨钨合金公司应将案涉电子银行承兑汇票返还给鑫旺钢铁公司。鑫旺钢铁公司上诉称原审判决认定案涉票据无法承兑没有事实依据，其不存在违约行为，与审理查明的事实不符，不予支持。现江钨钨合金公司依据其与鑫旺钢铁公司买卖合同关系，向鑫旺钢铁公司主张货款600万元及60万元逾期付款违约金，有事实和法律依据。

再审法院认为，本案中江钨钨合金公司和鑫旺钢铁公司存在两种法律关系，一是买卖合同法律关系，二是票据债权债务法律关系。在本案所涉电子银行承兑汇票至今未能兑付的情况下，持票人江钨钨合金公司享有两种请求权，即基于买卖合同法律关系的原因债权请求权和基于票据债权债务关系的票据追索请求权，江钨钨合金公司有权择一票据权利或者原因债权提起诉讼。但因电子银行承兑汇票为有价证券权利凭证，故江钨钨合金公司在以原因债权主张权利的同时，应当将原票据返还鑫旺钢铁公司，以保障鑫旺钢铁公司可以向前手及出票人、承兑人再行主张票据权利。然而，本案电子银行承兑汇票目前的票据状态为"逾期提示付款待签收""质押解除已签收"，江钨钨合金公司客观上无法通过电子商业汇票系统将案涉电子银行承兑汇票返还给鑫旺钢铁公司。二审判决依据原因债权买卖合同关系判决鑫旺钢铁公司继续支付600万元货款，但又未对五张电子银行承兑汇票进行处理，导致江钨钨合金公司对货款和票据双重占有，鑫旺钢铁公司给付了双倍的货款，但却不能依法取得票据权利进行追索，明显不当，应予纠正。由于本案电子银行承兑汇票目前仍处于无法返还给鑫旺钢铁公司的状态，为保障鑫旺钢铁公司的票据追索权，法院对江钨钨合金公司基于买卖合同法律关系要求鑫旺钢铁公司支付案涉汇票对应的600万元款项并承担逾期付款违约金的诉讼请求不予支持。江钨钨合金公司可以依法行使其票据权利，另行向宝塔石化集团财务有限公司、鑫旺钢铁公司或其前手主张票据权利。

三、裁判规则提要

　　票据的无因性是指票据因一定的基础关系产生后，票据上的权利义务关系即与产生或转让票据的原因关系相分离，票据持有人不必证明其取得票据的原因。基础关系债务人因交付票据而使其对基础关系债权人所负债务归于消灭，但基础关系债务人应保证所交付票据的真实性和可兑付性。原因债权与票据债权存在竞合的情况下，债权人可任意选择其中一种行使。

　　债务人为向债权人偿还既存债务而向债权人支付票据，对该原因债权会产生何种影响，法律上并无明文规定，但在理论界存在共识：一般认为，对这一问题应该分不同情形进行探讨。第一种情形是当事人事先在既存的债务中明确约定使用某种票据来作为结算工具的。在此种情形下，债务人向债权人支付票据后，原因债权消灭。理由是，使用该票据是当事人在原因关系之债中约定的结算方式，债务人交付票据给债权人的行为实际上是在按约履行合同的主债务，债权人在获得该票据后，债务人的义务已经履行完毕，债权人基于原因关系对于债务人的债权因此消灭。在此情形下，如债权人在获得票据后，置票据权利于不顾，又来主张原因关系之债权，则违反合同约定，债权人仅能通过票据关系来实现其债权。此种情形可称之为代物清偿或债的更改。第二种情形是当事人对于清偿既存原因关系之债的方式未作任何约定，或约定以票据方式结算但票据付款后原因关系才消灭的。此种情形下，债务人交付票据以清偿债务的，则成立新债清偿的法律关系。票据之债是新债，原来的原因之债是旧债，两者同时并存。在适用方面，债权人请求履行应当先依新债的法律关系请求，即应当先提示票据付款，不得舍弃新债的法律关系于不顾，而直接行使原因之债的权利。但如果票据被拒绝承兑或付款的，则债权人可在新债与旧债法律关系中，即票据法关系与非票据法关系中，选择其一行使。此种情形下，票据交付的作用可以归纳为，使原因债权暂时停止作用，新的票据债权履行则原因债权消灭，新的票据债权不履行则原因债权恢复作用。

当标的为纸票时，《票据法》有关"持票人对前手的追索权，自被拒绝承兑或者被拒绝付款之日起六个月"的时效规定并未严格落实，原告提起原因债权胜诉后，被告可以要求原告将票据返还被告，被告也可以在3个月内向其他前手及出票人、承兑人行使再追索权。但是当标的为电票时，每个票据行为在ECDS系统中都具有时间戳，持票人对前手的追索权被严格限定在被拒绝付款之日起6个月内，逾期持票人则丧失追索权。如果原告仅提出原因债权诉讼，没有在6个月内在电票系统行使追索权的，持票人的票据权利将缩减至只可对承兑人、出票人及其保证人的追索。因此，如果原告发起原因债权诉讼的，应该同时在电票系统发起对被告的票据追索，否则即使原告获得了原因债权的胜诉判决，由于其自身原因导致不能返还票据，也无权要求被告偿还欠款。如果原告起诉时尚在被拒付之日起的6个月内，法官可以释明要求原告须在电票系统发起票据追索，以利于执行原因债权的判决书。如果超过了6个月或原告本无对除出票人、承兑人及其保证人以外的前手的追索权时，也应向原告释明其已丧失追索权，如果原告坚持起诉的，可告知其风险。

需注意的是，司法实践中，一些法院将持票人的原因债权诉讼与被告对原告的票据返还请求权的反诉列为两个独立的法律关系来审理，结果会造成被告偿付原告原因债权之后，原告却未返还被告票据权利，形成原告双重获利，被告双重受损的结果，引发后续被告诉原告不当得利的诉讼。同样，当事人把票据关系和基础关系在诉讼请求中一并主张的，法官应当行使释明权，要求当事人明确其诉讼请求是票据关系诉讼还是基础关系纠纷诉讼，被告就基础关系债务被诉后，向原告提起相关票据返还请求权反诉时，法官应当合并审理。

四、辅助信息

高频词条：

《票据法》

第五十三条　持票人应当按照下列期限提示付款：

（一）见票即付的汇票，自出票日起一个月内向付款人提示付款；

（二）定日付款、出票后定期付款或者见票后定期付款的汇票，自到期日起十日内向承兑人提示付款。持票人未按照前款规定期限提示付款的，在作出说明后，承兑人或者付款人仍应当继续对持票人承担付款责任。通过委托收款银行或者通过票据交换系统向付款人提示付款的，视同持票人提示付款。

第六十一条　汇票到期被拒绝付款的，持票人可以对背书人、出票人以及汇票的其他债务人行使追索权。

汇票到期日前，有下列情形之一的，持票人也可以行使追索权：

（一）汇票被拒绝承兑的；

（二）承兑人或者付款人死亡、逃匿的；

（三）承兑人或者付款人被依法宣告破产的或者因违法被责令终止业务活动的。

第六十二条　持票人行使追索权时，应当提供被拒绝承兑或者被拒绝付款的有关证明。

持票人提示承兑或者提示付款被拒绝的，承兑人或者付款人必须出具拒绝证明，或者出具退票理由书。未出具拒绝证明或者退票理由书的，应当承担由此产生的民事责任。

第六十三条　持票人因承兑人或者付款人死亡、逃匿或者其他原因，不能取得拒绝证明的，可以依法取得其他有关证明。

《民法典》

第五百七十七条　当事人一方不履行合同义务或者履行合同义务不符合约定的，应当承担继续履行、采取补救措施或者赔偿损失等违约责任。

第五百七十九条　当事人一方未支付价款、报酬、租金、利息，或者不履行其他金钱债务的，对方可以请求其支付。

票据纠纷案件裁判规则第 21 条：

票据后手承诺对直接前手及其指定的前手放弃追索权，按照《票据法》对追索权的规定，持票人仍享有对其前手的起诉权，前手也可依据双方约定免追索的合同关系进行抗辩，人民法院应依据双方的合同关系作出裁判

【规则描述】此条是关于票据后手对票据前手免追索协议的认定效力。免追索协议主要发生在贴现行与转贴现行之间，对其效力的认定直接影响前手依据免追索协议对持票人的抗辩权。如果认定免追索协议有效，前手对持票人的抗辩权能够得到人民法院的支持，反之，人民法院不予支持。

一、类案检索大数据报告

时间：2021 年 2 月 5 日之前，案例来源：Alpha 案例库，案件数量：31 件，数据采集时间：2021 年 2 月 5 日。通过 Alpha 平台，输入关键词：免追索，获得 31 条信息。大数据显示，案由：民事 28 件，刑事 2 件。法院层级：最高人民法院 5 件，高级人民法院 11 件，中级人民法院 13 件，基层人民法院 2 件。地域：最高人民法院 5 件，北京 2 件，河北 1 件，江苏 13 件，浙江 2 件，山东 2 件，广东 1 件。年份：2016 年 7 件，2017 年 12 件，2018 年 2 件，2019 年 4 件，2020 年 3 件。审理程序：一审 12 件，二审 19 件。民事案由中票据追索权纠纷 28 件，其他案由还有票据纠纷、合同纠纷、追索权纠纷。

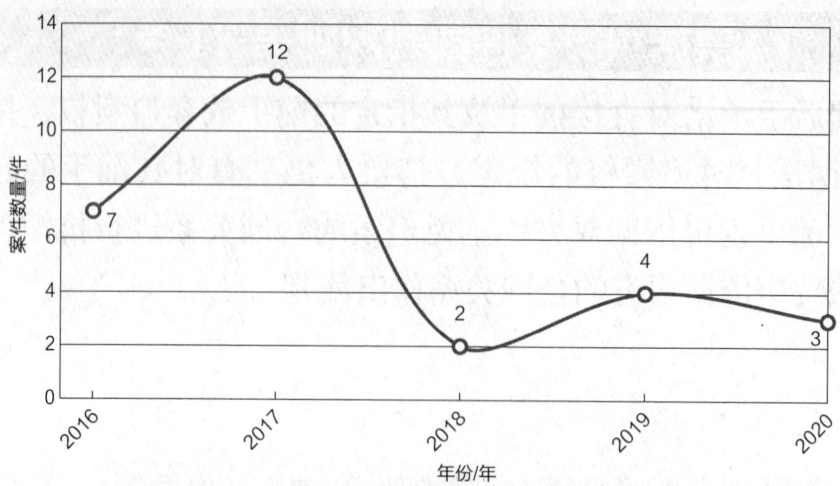

图 21-1　案件年份分布情况

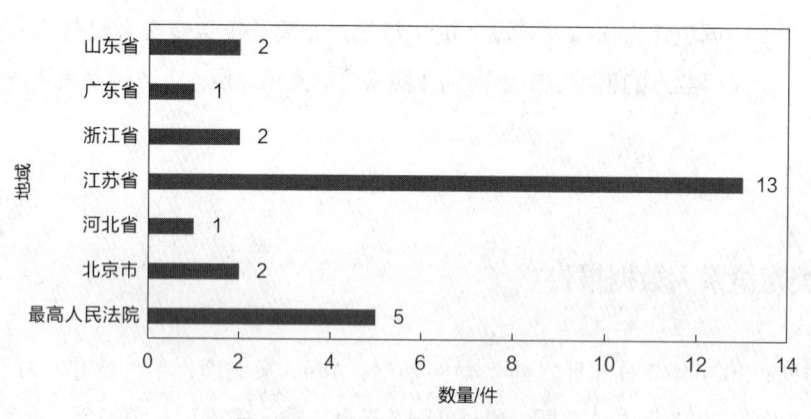

图 21-2　案件主要地域分布情况

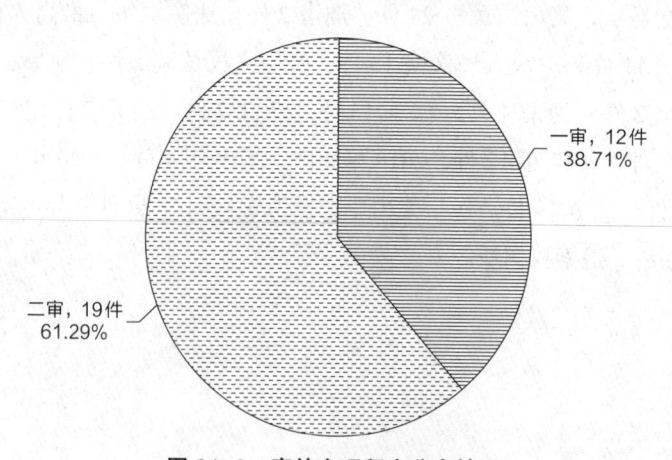

图 21-3　案件审理程序分布情况

二、可供参考的例案

> **例案一：兴业银行股份有限公司上海分行与招商银行股份有限公司南京分行、浙江稠州商业银行股份有限公司南京分行票据追索权纠纷案**

【法院】

江苏省高级人民法院

【案号】

（2017）苏民终663号

【当事人】

上诉人（原审被告）：招商银行股份有限公司南京分行

上诉人（原审被告）：浙江稠州商业银行股份有限公司南京分行

被上诉人（原审原告）：兴业银行股份有限公司上海分行

【基本案情】

兴业银行股份有限公司上海分行（以下简称兴业银行）与华福证券于2013年12月签订了《华福沪2013-004号定向资产管理计划资产管理合同》，2015年7月14日，兴业银行根据该合同向华福证券发出《投资指令》，委托华福证券于2015年7月15日购买商业汇票票据资产，授权华福沪2013-004号定向资产管理计划与宁波银行签署编号为HF-PJ-20150715-01的《票据资产转让合同》。次日，华福证券与宁波银行签订了该编号的《票据资产转让合同》，受让了包括案涉票据在内的8张票据资产，票面总金额为409203000元，转让价款为400627923.78元，并在合同中表明其系代表华福沪2013-004号定向资产管理计划及其委托人。

案涉票号为0010006320246723的商业承兑汇票，票面金额为5000万元，出票日期为2015年7月15日，到期日为2016年1月15日，出票人为徐州方放公司，收款人为南京蓝鹏电子科技有限公司。当天，案涉票据由南京蓝鹏电子科技有限公司背书转让给长沙卡特钢铁销售有限公司，再由长沙卡特钢铁销售有限公司背书转让给无锡宝业钢铁贸易有限公司，再由无锡宝业钢铁贸易有限公司背书转让给从江月明银行，再由从江月明银行背书转让给浙江稠州商业银行股份有限公司南京分行（以下简称稠州银行），再由稠州银行背书转让给招商银行股份有限公司南京分行（以下简称招商银行），招商银行受让票据后，与宁波银行签订了《商业承兑汇票转贴现合同》,并在背书人栏内签章,但未在票据上记载被背书人名称。其后,华福证券代表华福沪2013-004号定向资产管理计划及其委托人与宁波银行签订了前述《票据资产转让合同》,并约定宁波银行将标的票据交付至代保管行兴业银行。该合同签订后,华福证券将兴业银行支付的400627923.78元付至宁波银行账户,后案涉票据交至兴业银行处,兴业银行在票据被背书人栏内记载自己的名称。

案涉汇票到期后,兴业银行在票据背书人栏记载"委托收款"并签章,于2016年1月18日向出票人徐州方放公司发起托收,徐州方放公司的开户行招商银行南京分行汉中门支行于2016年1月19日出具拒绝付款理由书,理由为"无款支付"。2016年1月21日,兴业银行向招商银行寄送通知书,告知其包括案涉票据在内的8张汇票被退票拒付,总计金额409203000元,要求招商银行及时履行相关义务。2016年1月22日,兴业银行向招商银行寄送追索函,要求招商银行在2016年1月28日前承担付款责任,因招商银行未付款,遂引发本案纠纷。

原审另查明,华福证券于2016年10月17日出具情况说明函一份,并委派其合规法律事务部工作人员骆锦田出庭作证。情况说明函载明:根据《华福沪2013-004号定向资产管理计划资产管理合同》,我司为该计划之管理人,兴业银行为该计划之委托人,我司作为管理人仅进行事务性管理。委托资产自始属于委托人所有,投资收益与风险均由委托人承担。我司于2015年7月15日根据委托人指令,代表委托人与宁波银行签订《票据资产转让合同》,受让商票资产一笔,包括商业承兑汇票8张,票面金额共计409203000元。该商票资产归委托人所有。我司于2015年12月18日收到委托人就上述8张商业承兑汇票的《委托资产提取通知书》,2015年12月21日回复《提取通知书回函》,表示我司将按委托人要求办理票据提取事宜。2016年1月15日完成提取。

宁波银行委派其市场交易部经理刘某某出庭作证陈述:宁波银行与招商银行签署了《商业承兑汇票转贴现合同》,当时是招商银行委托宁波银行做这笔当天的过桥业务,招商银行让宁波银行联系兴业银行,兴业银行是以资管的形式请华福证券来"起"这笔定向资产,由华福证券与宁波银行签订合同。2015年7月15日当天,宁波银行在《票据资产转让合同》上盖章后扫描发给华福证券,兴业银行才能打款给华福证券,然后华福证券打款给宁波银行。宁波银行收到华福证券款项后,当日打款给招商银行。该业务是收钱方先盖章。其没有见到票据,票据实物没有到过宁波银行,招商银行说票据直接送到上海去。宁波银行与招商银行之间签订了一份不放弃追索权的《商业承兑汇票转贴现合同》和一份《部分放弃追索权转贴现协议》,之所以签订《部分放弃追索权转贴现协议》是招商银行要求其配合,为了降低内部的风险资产，资产成本会低一点；其没有跟兴业银行和华福证券提起过宁波银行与招商银行之间的免追索情况。

根据当事人提供的证据，宁波银行收到案涉8张票据转让款当天，向招商银行汇款400481520.04元，招商银行向稠州银行汇款400209627.39元，稠州银行向从江月明银行汇款400000479.23元。

【案件争点】

招商银行与宁波银行之间的免追索协议能否对抗兴业银行行使票据权利。

【裁判要旨】

二审法院认为，根据《票据法》第十三条第一款之规定，票据债务人不得以自己与出票人或者与持票人的前手之间的抗辩事由，对抗持票人。但是，持票人明知存在抗辩事由而取得票据的除外。本案中，宁波银行并未在案涉票据上签章，不属于票据法所规定的兴业银行的前手，招商银行以与宁波银行之间签订过免追索协议对兴业银行进行抗辩，并无法律依据。即便招商银行的说法成立，宁波银行构成兴业银行票据上的前手，招商银行亦未能举证证明兴业银行明知抗辩事由存在。因宁波银行在一审中明确表示兴业银行或华福证券对宁波银行与招商银行签订过免追索协议一事并不知情，同时招商银行以其与兴业银行通过华福证券签署的其他几份票据转让合同，以证明签订免追索协议是其与兴业银行间交易的惯例，由于招商银行所提供的合同均是2015年9月以后所签，而案涉票据转让及免追索协议签订的日期在2015年7月，招商银行所举证据尚不足以证明双方之间有免追索的惯例以及兴业银行知晓招商银行与宁波银行免追索协议的存在。故招商银行的抗辩理由既缺乏法律依据也缺乏事实证据。

例案二：恒丰银行股份有限公司南通分行、兴业银行股份有限公司哈尔滨分行票据追索权纠纷案

【法院】

最高人民法院

【案号】

（2017）最高法民终449号

【当事人】

上诉人（原审被告）：恒丰银行股份有限公司南通分行

被上诉人（原审原告）：兴业银行股份有限公司哈尔滨分行

被上诉人（原审被告）：中国民生银行股份有限公司郑州分行

原审第三人：华福证券有限责任公司

【基本案情】

2014年11月，兴业银行股份有限公司哈尔滨分行（以下简称兴业银行）和华福证券有限责任公司（以下简称华福证券）签订了"华福黑2013-007号定向资产管理计划资产管理合同"，由兴业银行委托华福证券成立"华福黑2013-007号定向资产管理计划"，华福证券依照兴业银行委托投资指令用资管计划项下资金投资商业承兑汇票。2015年6月8日，恒丰银行股份有限公司南通分行（以下简称恒丰银行）与包头农信社签订《票据代理转贴现协议》，约定包头农信社委托恒丰银行代理其对涉案39张汇票向中国民生银行股份有限公司郑州分行（以下简称民生银行）办理代理转贴现业务。同日，恒丰银行向包头农信社转款927131556.68元，转账原因为票据买断。同日，民生银行与恒丰银行签订《商业承兑汇票转贴现合同》，约定由民生银行对恒丰银行所持本案39张票据进行转贴现。民生银行当日向恒丰银行转款927538412.2元。同日，兴业银行向华福证券发出投资指令，授权华福证券与民生银行签订《票据资产转让合同》，交易日期为2015年6月8日，交易金额为928158638.81元。同日，华福证券与民生银行签订"兴业哈尔滨—华福—票据转让2013007—第1期票据资产转让合同"，受让本案商业承兑汇票39张，票面总金额为9.48亿元。民生银行收到转让款后将该39张商业承兑汇票直接签章背书并交付给兴业银行。兴业银行与华福证券还签订了一份无签署日期的《票据资产服务合同》，合同约定由兴业银行为华福证券受让的票据提供票据审验、保管、托收等服务。该合同附件三为"票据资产转让通知函（样本）"，内容为：兴业银行：根据贵行与我公司签署的《票据资产服务合同》，我公司委托贵行对《票据资产清单》中列明的票据资产对应的票据进行审验、托收及保管，现我公司正式通知贵行：将《票据资产清单》中列明的全部/部分票据资产向包头农信社进行转让，请贵行予以协助。华福证券。2015年11月30日，内蒙古自治区公安厅直属公安局向包头农信社出具《立案告知书》，将包头农信社被票据诈骗一案立案。2015年12月1日至3日，39张商业承兑汇票全部逾期，兴业银行向出票人开户行提示付款，2015年12月7日，兴业银行收到出票人开户行退回的票据原件和拒付理由书。兴业银行依被拒绝付款的证明向民生银行、恒丰银行送达追索通知书，民生银行和恒丰银行分别于2015年12月11日和14日签署了送达回执。2015年12月10日，兴业银行向民生银行和恒丰银行通过大额支付系统发出了该批票据已被拒付的报文通知，民生银行和恒丰银行均已接收。2015年12月16日，包头农信社向民生银行出具《告知书》，主要内容为：包头农信社从未办理过任何商业承兑汇票贴现业务，凡加盖包头农信社印章的票据粘单被用于商业承兑汇票贴现的所有业务均存在票据诈骗的嫌疑。包头农信社已就此事向公安机关报案，公安机关已正式立案。2017年7月3日，恒丰银行因被票据诈骗向烟台市公安局报案，认为案涉9.48亿元商业承兑汇票涉嫌刑事犯罪。2017年8月16日，烟台市公安局决定对恒丰银行被票据诈骗案立案侦查。2017年8月24日，包头市公安局向烟台市公安局发出移送案件通知书，因管辖问题将包头农信社被骗取贷款案移送烟台市公安局。2018年8月31日，公安部指定由山东省公安机关管辖恒丰银行被票据诈骗案。

2015年5月19日，民生银行与恒丰银行签订了《商业汇票转贴现业务免追索协议》，该协议第一条约定："就甲方（民生银行）和乙方（恒丰银行）在办理商业汇票转贴现业务时，在本协议有效期内未到期的商业汇票，相互放弃对对方在票据法项下的票据追索权，但不包括放弃对其他票据当事人的追索权。"2017年7月2日，恒丰银行以民生银行为被告、包头农信社为第三人向河南省高级人民法院提起诉讼，请求判决民生银行对恒丰银行案涉39张商业承兑汇票剩余票面金额人民币8.63亿元无票据再追索权。2017年8月1日，河南省高级人民法院受理该案。2015年6月5日，恒丰银行在案涉汇票贴现凭证上盖章确认，2015年6月8日兴业银行受让案涉票据并付款。在二审开庭前，票号为0010006222913791~795的5张商业承兑汇票的付款人杭州瀚基实业有限公司再次偿还兴业银行0.25亿元，杭州瀚基实业有限公司在该5张票据项下共偿还兴业银行1.33亿元，尚余0.17亿元没有支付。

【案件争点】

恒丰银行与民生银行签订的《商业汇票转贴现业务免追索协议》是否有效。双方签订的《商业承兑汇票转贴现合同》能否优先于《商业汇票转贴现业务免追索协议》适用。

【裁判要旨】

一审法院认为，根据《票据法》的规定，民生银行在清偿债务后，对恒丰银行享有追索权，民生银行的该请求符合法律规定。本案已经对兴业银行、民生银行、恒丰银行之间的票据追索权纠纷进行了审理，如果民生银行在清偿债务后，还要通过另一个诉讼主张追索权的话，会增加当事人的时间成本和经济成本。从减轻当事人诉累的角度出发，对民生银行的请求予以支持。本案39张商业承兑汇票形式完备,各项必要记载事项齐全,符合《票据法》第二十二条及相关规定,应认定为有效票据。兴业银行在提示付款遭拒后,依照票据法的规定向其前手行使追索权,应当予以支持。因兴业银行认可出票人已经偿还 1.08 亿元,故剩余金额应为 8.4 亿元。依照《票据法》第十条第二款、第二十二条、第三十一条、第六十一条第一款、第六十二条、第六十八条之规定,判决:民生银行和恒丰银行连带偿还兴业银行 39 张汇票剩余票面金额合计人民币 8.4 亿元及利息(自 2015 年 12 月 10 日起计算至实际付清之日止,按年利率 4.35% 计算);民生银行承担上述责任后,在承担责任范围内享有对恒丰银行的追索权。

恒丰银行上诉认为,民生银行与恒丰银行签订过《商业汇票转贴现业务免追索协议》,民生银行就案涉票据对恒丰银行无票据追索权。民生银行辩称,本案是票据追索权纠纷,该协议仅体现了民生银行与恒丰银行之间的合同关系,与本案没有关联,不应该在本案的票据纠纷中审理。双方签订该协议是为了在办理票据转贴现业务中降低风险,民生银行应恒丰银行的提议签订了该协议,并不是真正意义的免追索协议,双方都没有免追索的真实意思表示。

二审法院认为,本案是兴业银行提起的票据追索权纠纷,民生银行作为原审被告之一参加诉讼。原审法院并未将恒丰银行与民生银行之间的再追索权问题作为争议焦点进行审理。二审中,恒丰银行提交了其与民生银行签订的《商业汇票转贴现业务免追索协议》,民生银行认为双方签订的《商业承兑汇票转贴现合同》明确约定民生银行享有对恒丰银行的追索权,《商业承兑汇票转贴现合同》优先于《商业汇票转贴现业务免追索协议》适用。如果法院对《商业汇票转贴现业务免追索协议》是否有效以及上述两个合同优先适用的问题进行审理,将剥夺双方的上诉权利。法院认为不宜在本案中合并审理民生银行的再追索权问题。遂判决撤销一审判决第二项,即民生银行承担责任后,在承担责任范围内享有对恒丰银行的追索权。

> **例案三:贵州有色矿业股份有限公司与贵州圣杰煤炭供销有限公司、贵州省金属材料有限责任公司、贵州省外商投资企业物资供销有限责任公司、广西物资集团有限责任公司及一审第三人贵州广电实业有限公司票据追索权纠纷案**

【法院】

最高人民法院

【案号】

（2021）最高法民申 5052 号

【当事人】

再审申请人（一审原告、二审上诉人）：贵州有色矿业股份有限公司

被申请人（一审被告、二审被上诉人）：贵州圣杰煤炭供销有限公司

被申请人（一审被告、二审被上诉人）：贵州省金属材料有限责任公司

被申请人（一审被告、二审被上诉人）：贵州省外商投资企业物资供销有限公司

被申请人（一审被告、二审被上诉人）：广西物资集团有限责任公司

一审第三人：贵州广电实业有限公司

【基本案情】

再审申请人因与被申请人贵州圣杰煤炭供销有限公司（以下简称圣杰煤炭公司）、贵州省金属材料有限责任公司（以下简称金属公司）、贵州省外商投资企业物资供销有限公司（以下简称外商投资公司）、广西物资集团有限责任公司（以下简称广西物资公司）及一审第三人广电公司票据追索权纠纷一案，不服贵州省高级人民法院（2020）黔民终1177号民事判决，向最高人民法院申请再审。申请再审的主要理由：第一，本案系票据追索权纠纷，其诉讼标的是票据法律关系，二审判决以《票据法》规定以外的理由和案涉票据记载事项以外的约定来否定票据持有人对票据背书人行使票据追索权，适用法律错误。第二，根据《会议备忘录》《会议备忘录（二）》和《接收单》无法得出有色矿业公司放弃了票据追索权，二审判决认定事实错误。（1）从文义解释看，"互相不得追索"是指作为本案票据原因关系的债权债务不得追索，并非放弃票据关系中的票据追索权。（2）从合同目的和诚信原则解释来看，上述文件也不能得出有色矿业公司放弃了票据追索权的结论，只有该汇票得到兑付，才能实现各方当事人之间平账，有色矿业公司的债权才能得到清偿。（3）从真实意思来看，《会议备忘录（二）》中约定的"互相不得追索"，其真实含义并无放弃票据追索权的意思，只是主张当事人之间没有真实的贸易关系，案涉票据的签发、背书转让只是用于平账，以及对票据的使用行为进行约束。（4）根据票据的要式性要求，当事人的意思表示必须符合票据法的规定，并且记载于规定的票据位置才能生效，口头表示或者记载于合同等处均不产生效力。本案将《会议备忘录（二）》中约定的"互相不得追索"解释为放弃票据追索权，但该约定记载于预约合同上，当然不能产生票据效力。（5）将作为票据预约的会议备忘录约定的"互相不得追索"解释成为当事人相互之间放弃票据追索权，案涉票据只用于平账，不具有正常的法定的票据支付结算功能，实质上是对案涉汇票背书

转让附加条件，违反《票据法》第三十三条规定的汇票背书不得附条件的规定，约定无效。第三，《会议备忘录》《会议备忘录（二）》《接收单》上，有色矿业公司的签章、公司法定代表人的签字是伪造的，不能作为认定事实的依据。二审判决作为认定依据的贵州中一司法鉴定中心出具的相关司法鉴定意见违反鉴定技术规范，鉴定依据明显不足，应不予采信。第四，《会议备忘录》《会议备忘录（二）》上，金属公司均没有签章，而《会议备忘录（二）》第四条明确约定，本会议备忘录"对签章各方具有法律约束力"，金属公司没有在《会议备忘录》《会议备忘录（二）》上签章，约定对其无效，有色矿业公司没有对金属公司放弃追索权。

【案件争点】

有色矿业公司能否就案涉四张汇票对金属公司、外商投资公司、广西物资公司行使票据追索权。

【裁判要旨】

最高人民法院认为，《会议备忘录（二）》约定"各方已经平账处理，互相不得追索，各不相欠"，其中"追索"一词通常用于票据、保理等商业领域向他人进行追偿，结合《会议备忘录（二）》主要内容均是围绕"票据"展开这一情形，可以认定"互相不得追索"是对票据追索权的约定。票据追索权产生的前提在于票据持票人未得到兑付，持票人可向票据背书前手进行追索，本案各方当事人在票据出票之前已经预计到了票据未能兑付的风险，故约定不得相互追索，若案涉票据已经得到兑付，则无约定放弃追索权的必要，因此，从《会议备忘录》《会议备忘录（二）》的文义和目的上看，均可得出上述文件系对当事人之间票据追索权的限制。票据追索权系持票人的法定权利，当事人可以通过明示的方式放弃该项权利。根据《2000年票据纠纷司法解释》第十五条关于"票据债务人依照票据法第十二条、第十三条的规定，对持票人提出下列抗辩的，人民法院应予支持：……（五）其他依法不得享有票据权利的"的规定，票据的直接当事人之间对票据签发、转让、使用等存在特别约定，若持票人违反该约定时，该票据债务人可以此为向作为直接当事人的持票人主张抗辩。此抗辩源于当事人之间的合法约定，构成特定票据债务人对特定持票人之间的抗辩，符合《2000年票据纠纷司法解释》第十五条第五项规定的情形。在本案中，《会议备忘录（二）》系当事人之间真实且合法的意思表示，在当事人之间具有法律上的约束力，构成协议当事人之间的合法抗辩，故二审法院认定有色矿业公司已放弃票据追索权并无不妥。有色矿业公司另主张，《会议备忘录（二）》约定不得追索违反了票据要式性要求和背书不得附条件的规定。然而，根据《票据法》第二十七条关于"背书是指在票据背面或者粘单上记载有关事项并签章的票据行为"的规定，以签订协议的方式约定放弃追索权不属于票据的背书行为，不违反票据背书不得附条件的规定。

经原一、二审法院查明，因《会议备忘录》《会议备忘录（二）》涉及8张票据，涉及其中的3张票据在贵州省贵阳市云岩区人民法院进行审理，云岩区人民法院在诉讼过程中依照申请对两份备忘录上的签章进行了鉴定，经鉴定，两份备忘录上的签章与有色矿业公司在贵州省市场监督管理局的备案公章一致，法定代表人贾广华的签字系其本人所签。有色矿业公司提交自行委托贵州警察学院司法鉴定中心作出的司法鉴定意见书，拟证明有色矿业公司法定代表人贾广华在《会议备忘录》《会议备忘录（二）》的签字系伪造。但根据《民事诉讼法》的相关规定，作为民事诉讼证据的鉴定意见限于人民法院依当事人申请或依职权委托而形成，单方委托形成的"鉴定意见"不属于民事诉讼关于鉴定意见的规定，其证明力显然不能等同于民事诉讼法意义上的鉴定意见，故该"鉴定意见"并不足以推翻原判决认定的基本事实。

债权人放弃权利属于单方民事法律行为，票据追索权的本质系要求背书人承担相应的债务，债权人免除债务人部分或者全部责任的，债权债务部分或者全部终止，但是债务人在合理期限内拒绝的除外。本案《会议备忘录（二）》明确了有色矿业公司放弃对金属公司的票据追索权，对此金属公司未予以拒绝。因此，金属公司虽未在《会议备忘录（二）》中签章，但有色矿业公司放弃对其的票据追索权亦能对其产生法律效力。

综上，最高人民法院认为有色矿业公司的再审申请不符合《民事诉讼法》第二百条[①]第二项、第三项、第六项和第九项规定的再审情形。依照《民事诉讼法》第二百零四条第一款[②]规定，《民诉法司法解释》第三百九十五条第二款[③]规定，裁定驳回贵州有色矿业股份有限公司的再审申请。

[①] 该法已于2021年12月24日第四次修正，本案所涉第二百条修改为第二百零七条，内容未作修改。

[②] 该法已于2021年12月24日第四次修正，本案所涉二百零四条第一款修改为第二百一十一条第一款，内容未作修改。

[③] 该司法解释已于2022年3月22日第二次修正，本案所涉第三百九十五条第二款修改为第三百三十条第二款，内容未作修改。

三、裁判规则提要

（一）放弃追索权的约定条款是否有效

理论界有不同认识，一种意见认为，放弃全部追索权的约定是无效的，免追索约定是违反《票据法》的强制性规定。《票据法》规定的票据权利包括付款请求权和追索权，不允许约定排除追索权。《票据法》是强行法，如果违反票据法规范，这个票据就不具有票据的功能。另一种意见认为，放弃追索权的约定在合同相对人之间是有效的。本书认为，放弃追索权的约定在合同相对人之间是有效的。理由是，根据《民法典》第一百四十三条的规定，具备下列条件的民事法律行为有效：（1）行为人具有相应的民事行为能力；（2）意思表示真实；（3）不违反法律、行政法规的强制性规定，不违背公序良俗。票据权利包括付款请求权和追索权，权利是可以放弃的，追索权既然是一种权利，持票人与其前手之间达成放弃追索，是其权利处分的结果。这种处分也不会损害第三人利益。持无效主张的观点主要理由认为放弃追索权违反了《票据法》的强制性规定，其实，《票据法》并没有强制性规定持票人在付款请求权没有实现时，必须行使追索权，持票人不行使追索权也不会导致违反《票据法》强制性的法律后果，况且，持票人与其前手之间约定放弃追索也不会损害其他人的合法利益，因此，有关放弃追索权的约定在合同相对人之间有效。

（二）过桥行被持票人追索后，能否向与其签订追索协议的直接后手要求损害赔偿

根据《票据法》第六十五条的规定，持票人不能出示拒绝证明、退票理由书或者未按照规定期限提供其他合法证明的，丧失对其前手的追索权。但是，承兑人或者付款人仍应当对持票人承担责任。放弃追索权的约定与不能出示拒绝证明、退票理由书或者未按照规定期限提供合法证明的情形相类似，持票人丧失的是追索权，其他基础权利没有仍然存在，因此，持票人仍可基于基础关系行使民事权利，包括损害赔偿请求权。持票人主张基础民事权利的对象范围是否限于承兑人或付款人。《票据法》第六十五条的立法精神在于，持票人丧失对前手的追索权的情形下，承兑人或者付款人仍应当对持票人承担责任，这种责任是指《票据法》规定的承兑人或者付款人的责任。具体而言，就是依法承兑和支付票据款项。这种责任仍属于票据责任，而不是基于基础法律关系应承担的责任。持票人虽与前手达成了免追索的条款，这种免追

索是基于票据关系,如果基础合同关系有效,不能影响持票人基于基础合同关系向其相对人主张其他民事责任。人民法院应依据双方的合同关系作出裁判。

(三)在电票时代,认定免追索协议条款有效有利于促进票据市场的规范发展

第一,认定免追索协议条款效力有利于解决银行间转贴现环节风险资产重复计量问题。商业银行通过贴现或转贴现买入票据成为持票人,根据《商业银行资本管理办法(试行)》第六十一条规定,应当计提风险资产。在票交所成立之前,银行通过转贴现卖出票据后仍存在被追索的风险,因此在票据债务履行完毕前不得释放风险资产。而实践中票据往往经多家银行转贴现,造成风险资产重复计提,严重限制了票据流通,抑制了银行为实体经济提供贴贷款的能力。银行普遍希望通过主协议放弃部分追索权,解决传统转贴现环节风险资产重复计量的问题。第二,认定免追索协议条款效力便于转贴现行依据主协议行使抗辩权。上海票据交易所成立后,票据市场转贴现业务均已通过票交所办理,转贴现业务的参与主体均为金融机构,目前约三千家交易主体均签署了《票据交易主协议》(以下简称主协议),主协议第三条约定持票人"放弃对前手背书人行使追索权,但保留对票据出票人、承兑人、承兑人的保证人、贴现人、贴现人的保证人及贴现人前手背书人的追索权"。作为成熟商事主体的金融机构,对于票据交易具体规则及风险有着清晰的认识与判断。对其经审批决策签署的主协议应受其约束。否则,如法院否认银行之间免追索的协议效力,将导致持票人有约不守,破坏票据交易秩序,损害金融机构之间的信任基础。主协议是采用多边签署模式,在签署方签署主协议后,主协议即在该签署方与其他各签署方之间生效。转贴现行与其任意后手之间,均受到主协议的直接约束。转贴现行无论被直接后手追索,还是被间接后手追索,均有权依据主协议相关条款提出抗辩。票交所场内金融机构均明确知晓转贴现行相互放弃追索权的约定。持票行在买入票据时,均明知其前手转贴现行均存在放弃追索的抗辩事由。因此,退一万步,认为转贴现行与间接后手不能直接适用主协议,转贴现行仍可以依据《票据法》第十三条"票据债务人不得以自己与出票人或者与持票人的前手之间的抗辩事由,对抗持票人。但是,持票人明知存在抗辩事由而取得票据的除外"之规定,依法享有向其后手持票行提出抗辩。例案认为,宁波银行未在案涉票据上签章,不属于《票据法》所规定的兴业银行的前手,不认可招商银行以其与宁波银行之间签订过免追索协议对持票行兴业银行的抗辩权,并坚持认为,即使宁波银行构成兴业银行票据上的前手,招商银行亦未能举证证明兴业银行明知抗辩事由存在。这一认定在纸质

票据流通中成立，但在电子票据流通中则难以成立。因此，电子票据流通中，如果贴现行与转贴现行之间、转贴现行之间在票交所场内交易，应推定各参与主体即金融机构明知免追索协议抗辩事由的存在。

四、辅助信息

高频词条

《票据法》

第六十五条　持票人不能出示拒绝证明、退票理由书或者未按照规定期限提供其他合法证明的，丧失对其前手的追索权。但是，承兑人或者付款人仍应当对持票人承担责任。

第六十八条　汇票的出票人、背书人、承兑人和保证人对持票人承担连带责任。

持票人可以不按照汇票债务人的先后顺序，对其中任何一人、数人或者全体行使追索权。

持票人对汇票债务人中的一人或者数人已经进行追索的，对其他汇票债务人仍可以行使追索权。被追索人清偿债务后，与持票人享有同一权利。

第六十九条　持票人为出票人的，对其前手无追索权。持票人为背书人的，对其后手无追索权。

后 记

经过了反复地研讨、修改后，票据纠纷案件裁判规则终于能和大家见面了。在写作之初，所有的参与人员就已经意识到，完成这样一个专业性极强而实践样本又偏少的课题，是一个巨大的挑战。后来写作的过程，也印证了这一想法。今天，终于能有些如释重负地回顾漫长的写作过程。

本书的写作总体上分为四个阶段：第一阶段为裁判规则确定阶段（2020年2月至5月）：在检索相关案例和参考最高人民法院相关司法观点集成的基础上，向全省法院、金融机构征求意见，于2020年5月30日召开了"中国票据市场与票据纠纷案件裁判规则"专题研讨会，经与会专家学者讨论确定了21条票据纠纷案件裁判规则初稿。第二阶段为课题初稿形成阶段（2020年6月至12月）：课题组成员根据分工进行写作，并经内部研讨，形成初稿。第三个阶段为课题初稿修改阶段（2021年1月至3月）：2021年1月15日，课题组再次邀请有关专家学者召开研讨会，对裁判规则、写作内容和遇到的疑难问题进行了讨论，提出了修改方向和具体意见。课题组成员按照会议要求，对初稿进行了修改完善。第四个阶段为定稿阶段（2021年4月至7月）。

在写作过程中，课题组遇到一些规范性问题，研究后作如下处理：（1）关于规则的拟定。鉴于本书的研究方法为类案分析，对于学理观点与类案的主流观点不一致的，采用类案的主流观点。（2）关于类案大数据分析问题。由于一些规则能够搜索到的类案不多或者没有类案，无法进行大数据分析，则用文字如实叙述检索过程和结果。（3）关于例案的问题。例案出现早期判例与近期判例不一致，则选择近期判例。层级不同的法院作出的判决，选择层级较高法院作出的判决。在数量上，对于无足够例案的，则尽可能选取一个或两个例案。（4）关于裁判规则摘要。每条规则项下有不同意见和观点的，分别列出。如果理论与实务界观点不同，采实务观点，实务观点有最高人民法院观点的，以最高人民法院观点为准。对于缺乏类案参考的，则通过列举理论观点和分析的方式予以阐述。当然，即便如此，对于研究中存在的一些基础案例、数据缺乏的问题，也是无法回避的遗憾。

  本课题组的成员既有法官，也有高校教授，平时工作比较繁忙，主要是利用业余时间从事研究工作，具体分工如下：第1条、第2条、第3条规则，由魏巍编写；第4条、第5条规则，由邓相红编写；第6条、第11条规则，由汪娣娣编写；第8条、第21条规则，由黎章辉编写；第9条、第10条、第16条规则，由张满洋编写；第7条、第14条、第20条规则，由熊进光编写；第12条、第13条、第15条规则，由张丽敏编写；第17条、第18条规则，由王冬编写；第19条规则，由李源源编写。需要特别指出的是，本课题是在最高人民法院应用法学研究所的具体指导下完成的，丁文严副研究员从每条规则的确定、大数据检索、写作中疑难问题的解决以及成果形成等给予了悉心指导。黎章辉作了大量组织协调工作，魏巍承担了全部文稿的审阅，李源源承担了大量类案检索、研讨召集、文稿印刷等事务性工作。

  还需要说明的是，九江银行、江西财经大学九银票据研究院为多次研讨提供了便利条件，中信银行上海分行电票专家赵慈拉、江西财经大学九银票据研究院肖小和、上海票据交易所经理朱颖、华东政法大学教授曾大鹏、九江银行票据中心总经理秦书卷的倾情参与和真知灼见让课题获益匪浅。在此，一并予以诚挚感谢！对本书存在的一些遗憾和疏漏，敬请读者谅解！